Descriptio peninsulæ Arabum.

Abu al-Fida Isma'il ibn 'Ali

ECCO
PRINT EDITIONS

Descriptio peninsulæ Arabum.
Abu al-Fida Isma'il ibn 'Ali
ESTCID: T153851
Reproduction from British Library
Drop-head title. The first part of an edition of the Geography of Abu Al-Fida, by Isma'il ibn 'Ali, containing the whole of the description of Arabia and the first few pages of that of Egypt. No more published. Parallel Arabic and Latin texts. Edited
[Oxford, 1740]
72p. ; 2°

Gale ECCO Print Editions

Relive history with *Eighteenth Century Collections Online*, now available in print for the independent historian and collector. This series includes the most significant English-language and foreign-language works printed in Great Britain during the eighteenth century, and is organized in seven different subject areas including literature and language; medicine, science, and technology; and religion and philosophy. The collection also includes thousands of important works from the Americas.

The eighteenth century has been called "The Age of Enlightenment." It was a period of rapid advance in print culture and publishing, in world exploration, and in the rapid growth of science and technology – all of which had a profound impact on the political and cultural landscape. At the end of the century the American Revolution, French Revolution and Industrial Revolution, perhaps three of the most significant events in modern history, set in motion developments that eventually dominated world political, economic, and social life.

In a groundbreaking effort, Gale initiated a revolution of its own: digitization of epic proportions to preserve these invaluable works in the largest online archive of its kind. Contributions from major world libraries constitute over 175,000 original printed works. Scanned images of the actual pages, rather than transcriptions, recreate the works *as they first appeared.*

Now for the first time, these high-quality digital scans of original works are available via print-on-demand, making them readily accessible to libraries, students, independent scholars, and readers of all ages.

For our initial release we have created seven robust collections to form one the world's most comprehensive catalogs of 18th century works.

Initial Gale ECCO Print Editions collections include:

History and Geography
Rich in titles on English life and social history, this collection spans the world as it was known to eighteenth-century historians and explorers. Titles include a wealth of travel accounts and diaries, histories of nations from throughout the world, and maps and charts of a world that was still being discovered. Students of the War of American Independence will find fascinating accounts from the British side of conflict.

Social Science

Delve into what it was like to live during the eighteenth century by reading the first-hand accounts of everyday people, including city dwellers and farmers, businessmen and bankers, artisans and merchants, artists and their patrons, politicians and their constituents. Original texts make the American, French, and Industrial revolutions vividly contemporary.

Medicine, Science and Technology

Medical theory and practice of the 1700s developed rapidly, as is evidenced by the extensive collection, which includes descriptions of diseases, their conditions, and treatments. Books on science and technology, agriculture, military technology, natural philosophy, even cookbooks, are all contained here.

Literature and Language

Western literary study flows out of eighteenth-century works by Alexander Pope, Daniel Defoe, Henry Fielding, Frances Burney, Denis Diderot, Johann Gottfried Herder, Johann Wolfgang von Goethe, and others. Experience the birth of the modern novel, or compare the development of language using dictionaries and grammar discourses.

Religion and Philosophy

The Age of Enlightenment profoundly enriched religious and philosophical understanding and continues to influence present-day thinking. Works collected here include masterpieces by David Hume, Immanuel Kant, and Jean-Jacques Rousseau, as well as religious sermons and moral debates on the issues of the day, such as the slave trade. The Age of Reason saw conflict between Protestantism and Catholicism transformed into one between faith and logic -- a debate that continues in the twenty-first century.

Law and Reference

This collection reveals the history of English common law and Empire law in a vastly changing world of British expansion. Dominating the legal field is the *Commentaries of the Law of England* by Sir William Blackstone, which first appeared in 1765. Reference works such as almanacs and catalogues continue to educate us by revealing the day-to-day workings of society.

Fine Arts

The eighteenth-century fascination with Greek and Roman antiquity followed the systematic excavation of the ruins at Pompeii and Herculaneum in southern Italy; and after 1750 a neoclassical style dominated all artistic fields. The titles here trace developments in mostly English-language works on painting, sculpture, architecture, music, theater, and other disciplines. Instructional works on musical instruments, catalogs of art objects, comic operas, and more are also included.

The BiblioLife Network

This project was made possible in part by the BiblioLife Network (BLN), a project aimed at addressing some of the huge challenges facing book preservationists around the world. The BLN includes libraries, library networks, archives, subject matter experts, online communities and library service providers. We believe every book ever published should be available as a high-quality print reproduction; printed on-demand anywhere in the world. This insures the ongoing accessibility of the content and helps generate sustainable revenue for the libraries and organizations that work to preserve these important materials.

The following book is in the "public domain" and represents an authentic reproduction of the text as printed by the original publisher. While we have attempted to accurately maintain the integrity of the original work, there are sometimes problems with the original work or the micro-film from which the books were digitized. This can result in minor errors in reproduction. Possible imperfections include missing and blurred pages, poor pictures, markings and other reproduction issues beyond our control. Because this work is culturally important, we have made it available as part of our commitment to protecting, preserving, and promoting the world's literature.

GUIDE TO FOLD-OUTS MAPS and OVERSIZED IMAGES

The book you are reading was digitized from microfilm captured over the past thirty to forty years. Years after the creation of the original microfilm, the book was converted to digital files and made available in an online database.

In an online database, page images do not need to conform to the size restrictions found in a printed book. When converting these images back into a printed bound book, the page sizes are standardized in ways that maintain the detail of the original. For large images, such as fold-out maps, the original page image is split into two or more pages

Guidelines used to determine how to split the page image follows:

• Some images are split vertically; large images require vertical and horizontal splits.
• For horizontal splits, the content is split left to right.
• For vertical splits, the content is split from top to bottom.
• For both vertical and horizontal splits, the image is processed from top left to bottom right.

DESCRIPTIO
PENINSULÆ ARABUM

ذكـر

حَـزِيـرَة الـعَـرَب

الذي يحيط بجزيرة العرب من جهة الغرب
بحر القلزم من اطراف اليمن المصاعد
الساير التي دلى الى أيلة .

وايلة من جزيرة العرب في وسط العرب .
وذمام الحد العربي من أيلة دهقن اطراف الشام .
وتحيط دها من جهة الشمال بعض الشام
الي ذالب الى الفرات الي الرحبة وعادة .

وفي وسط الجهة الشمالية وذمام الحد
الشمالي دمتن من عانه علي العرات الى الكوفة .

وتحيط دها من جهة الشرق من حدود
الكوفة ممتدا مع العرات الى البصرة .

PENINSULAM ARABUM à plagâ occiden
tali cingit mare 'Al-Kolzom (five Rubrum) (initio fumpto) à finibus (Provinciæ) Al Taman conterminæ ñ (Provinciæ) Al-Hhegjâz, quæ ufque ad 'Ilah pertingit

Ailah, quæ ad Peninfulam Arabum pertinet,
fita eft in medio plagæ occidentalis, & reliqua
pars limitis occidentalis ab Ailah ad confinia Al'-
Shâm (Syriæ) protenditur

A plagâ feptentrionali imbitur parte Al-
Shâm (Syriæ, ducto limite ab Ailah) ad bêles,
ad Al-Forât (Euphratem) ad Al-Rahhbah, &
ad Anah

Anah fita eft in medio plagæ feptentrionalis,
& reliqua pars limitis feptentrionalis ab Anah
extenditur fecundùm Al-Forât ufque ad Al-
Cûfah

A plagâ orientali pergendo à terminis Al-
Cufah cum Al-Forât, limes protenditur ad Al-
Bafrah

---

1 جزيرة Peninfula] Dictio Arabica حزيرة Gjezirah
proprie fignificat portionem terræ à continente penitus
refectam ex vi verbi جزر Refecuit, amputavit, cecidit, quæ Græcis Νησος, Latinis Infula dicitur. Quod
fi verò illa terræ portio aliqua fui parte per Ifthmum
continenti annectatur, hanc Græci Χερσονησον, Latini autem Peninfulam appellant. Verum Arabes, ut & Hebræi, cum non habeant hujufmodi voces Compofitas, nifi quifdam propriorum nominum appellationes, aut peregrina nomina, coguntur utramque fignifi-

cationem & Infula, & Peninfulæ eidem voci جزيرة
Gjezirah tribuere. Quare, et utetur confufo recte
ab Edmundo Porocio in Notis ad Spec Hift A ab p 33
& à Johanne Gravio in Titulo fui Vetforuis Latinæ
hujus Climatis Ibu-Koa Geographiæ, adhibetur vox
Peninfula, quam ante illos ufurpavit Plinius Lib 4
cap 28 Ipfe vero, inquit, Peninfula Arabia inter duo
maria Rubrum Perficumque procurrens quod tam natura
artificio ad fimilitudinem atque magnitudinem Italiæ, nifi
circumfufa in eardem foli partem, (Euro auftralem videlicet,) nulla different adhibet

2 العرب Arabum] Ita Pocokius loco citato, recte,

Gravius vero Arabia, nimis bene Nam عرب Arab,
non eft nomen fingulæ Regionis, fed nomen plurale

denotans Arabes, quemadmodum فرس denotat Perfas,
التُرك Turcas, الفرنج Francos &c. Arabi autem in
ling mafc dicitur عربي Arabi, Al Kor Sur 41 v 43.
cujus fœm eft عربية Arabiah Ipfa vero Arabia, qua-

renus eft Regio vocatur in fing fœm جزيرة Arabia
in plur اعراب Arabes, fed fupius بلد الـ
Belau Al-arab, Regio Arabum, ديار العرب Dur al
'rab, Provincia Arabum جزيرة العرب Peninfula Arabum, de qua in hoc opere Geographico agitur

3 يحيط cingit] In roftro codice fequitur ال
mittere, fed extra locum pofitam & male fecit cum pro-
voce من a plaga, quod reponimus per ال من جهة
bum, idque auctoritate Codicum Poc 156 Gra
Gol fiunt & S 7

4 جزيرة Peninfulam] In noftro syriaco codice, qui
re etiam reftituimus col ts omnibus fupradictis codicibus

5 اطراف اليمن content rin in provin At Al-
Hegjiz] Hæc defunt in noftro codice, habent in
codice

6 التي تهي quæ pertingit] Ita noftro codice &
S 7 fed ride utrique addit اليمن ال lethriy,
quod jam præcefi

7 تمتد proceditur d] Poc 156 Gra
اعراب protenditur ad numeros

8 الفرات ad Euphraten] Poc 156 et 2 Gol
& S 7 الفرات de fupr Euphratem pr Qui lectio videtur præferenda, nam ibi lethriath, ubi de
hanc urbem effe اليمن etro e earum, quum
falutio Auctor eas ad pontendum ab Euphrat dicet,
ut fui loco obfervabimus

9 الكوفة ad Al-Cûfah] Poc 156 Gra Gol
fiunt & S 7 اعراب ad numerum Al-Cûfah

'Al-Baſrah ſita eſt in medio plagæ orientalis, & reliqua pars limitis orientalis protenditur ab Al-Baſrah ſecundùm litus maris Fâres, ad (regionem) Al-Bahhrain, atque ita donec (regionem) 'Omân pertranſeat

A plaga meridionali mare Al-Hend ultra (regionem) Omân, ad litora (regionis) Mahrah, quæ ad (Provinciam) Al-Yaman pertinet, deſertur, Limes autem per Al-Yaman circumductus pertingit ad Adan

'Adan ſita eſt in medio plagæ meridionalis, & reliqua pars limitis meridionalis ab Adan protenditur ſecundùm litora Al-Yaman uſque ad extremos fines Al-Yaman, tendendo Al-Hhegjâz verſùs, ad initium limitis plagæ occidentalis, unde initium fecimus

Quod ſpectat medium limitem quatuor ſingularum plagarum Peninſulæ Arabum, hoc modo ſe res habet Et quidem latus ejus meridionale habet pro medio limite urbem 'Adan, cui ex adverſo opponitur in medio limite ſeptentrionali urbs Anah, ſiquidem utriuſque loci Longitudo una eademque eſt, videlicet ſexaginta ſex graduum, ſed Latitudine differunt, nam Latitudo Adan eſt undecim graduum, & Latitudo 'Anah triginta quatuor graduum Ambæ autem poſitæ ſunt ſub eodem Meridiano

Medium autem utriuſque lateris, orientalis nempe & occidentalis, ſunt Al-Baſrah, & Ailah, ambarum enim Latitudo una eademque eſt, ſcilicet triginta graduum, quam proxime, verùm Longitudine differunt, nam Longitudo Ailah eſt quinquaginta ſex graduum cum fractionibus, & Longitudo Al-Baſrah ſeptuaginta quatuor Ambæ autem ſunt ſub eodem Parallelo ab oriente in occidentem

Adan itaque ſita eſt in medio latere meridionali

Anah in medio latere ſeptentrionali

Ailah in medio latere occidentali

Al-Baſrah denique in medio latere orientali.

Qui limites Peninſulæ Arabum circum peragrare voluerit, iter inſtituet ſecundum oram maritimam, faciẽ in luſtrum obverſa, & mari ad dextram adjacente, ad Madian, ad Yanbo, ad Barwah, ad Gjoddah, ad initium, (ſive primum limitem Provinciæ) Al-Yaman, ad Zabid, ad Adan

وقع في وسط الجهة الشرقية. وتمام الحد الشرقي من البصرة يمتد علي ساحل بحر فارس الي البحرين وكذلك حتي يتجاوز عمان .

ويحيط بها من جهة الجنوب بحر الهند من ورا عمان الي سواحل مهرة من اليمن ويستدير علي اليمن الي عدن .

وقع في وسط الجهة الجنوبية وتمام الحد الجنوبي من عدن يمتد علي سواحل اليمن الي بحر اليمن من جهة الاحجار الي اول حد الجهة العربية من جنش ابتدانا .

* واما وسط الجهات الاربع الجزيرة العرب . فان طرفها الجنوبي عدن عدن ويقابلها في وسط الشمال عانة لان طولهما واحد وهو ست وستون درجة وعرضهما مختلف وعرض عدن احدي عشرة وعرض عانة اربع وثلثون كل منهما علي خط نصف النهار.

واما وسط الشرق والعرب والبصرة وايلة لان عرضهما واحد وهو ثلثون درجة بالتقريب والطول مختلف وطول ايلة ست وخمسون وكسر وطول البصرة اربع وسبعون وهما علي وسط الشرق والعرب .

فعدن في وسط الجنوب .

وعانة في وسط الشمال .

وايلة في وسط العرب .

والبصرة في وسط الشرق .

والسائر علي حد من جزيرة العرب يسير من ايلة علي حافة البحر وهو مستقبل الجنوب البحر علي يمينه . الي مدين الي ينبع الي المروة 3 الي جدّه 4 الي اول اليمن الي زبيد الي عدن .

---

1 في وط وط Codex noſter habet من وط وط Poc 196 Gr w 2 Gol & Hunt في مدير, omiſſa præpoſitione في سوا m, ſed S / في مدير Quæ eſt vera Lectio, ut ſupra in tribus locis huic paribus, quare ita reſtituimus

* Hinc uſque ad ‡ eſt Additio Abu'l-fedæ per modum Corollarii id præcedentia ⁊ codd Poc 196 & Grav 2 qui d⁊ ſecundam Editionem repræſentant

2 الي مدين ad Madian] Poſt hæc verba Poc & Hunt addunt الي ساحل بحر الحرم ſi m al litus mari Al-Kolzom (ſive Rubri) Deſunt Gol Hunt & S /

3 والي جدّه الي an Gjoddah] Poc 196 & Grav 2 الي جدّه 'Al-Gjoddah Non ita bene, nam Gjoddah alias ſemper ſcribitur ſine Articuli nota الـ Al-

4 الي اول ad initium] Poc 196 & Grav 2 omittunt اول initium Codex noſter, ut & Graviana Editio p 2 habent tantum اول initium, omiſſa præpoſitione الي ad, cujus præpoſitionis omiſſio illum errorem peperit, quo Gravius & poſt cum D I a Roque in ſua verſione Galli i p 278 vertunt, ad Gjoddah, unde incipit Al-yaman, quod falſum eſt, nam initium Al-Yaman, ſive terminus, qui Provinciam Al-Yaman à Provincia Al-Hhegjâz

ويستدير على: دسر اليُمَن ويصير مستقبل
الشرق والبحر على دممه كما كان الى سواحل
ظفار الى سواحل مهرة ويستدير على اليَمَن.

ويستقبل الشمال والبحر على دممه ويتجاور
سواحل مهرة الى عُمان إلى حربن إلى أول الى
انقطعم الى كاظمه الى البَصْرة.

ويستدير على حزيرة العرب ويستقبل المغرب
ودعارق البحر وصير البحر العراب على دممه ويصير من
البصرة الى السيّب الى الكُوفة الى عَادَه الى الرحمه
الى بالس الى حدود حلب + الى سلمة إلى
البلقاء وأهله من حسن انتهائها.

انقضى الكلام على دور حزيرة العرب.

ذكر

بعض اماكن مكّة. منها.

أبو قُبَيْس. وهو حمل مشرف علي مكّة من
ذروها. ومنها.

قُعَيْقِعَان. وهو حمل مشرف على مكّة من
عربها ومنها.

بطن مُحَسِّر. وهو وان دِس مِنى ومُزدلفة
وليس هو من واحد منها.

والغار الذي كان يتعبّد فيه رسول الله صلى
الله عامه وسلم مارى حمل حرا. وهو مطل على
مكّة. وحرا على دما أدمال من مكّة.

Inde circumibit continentem *Al Yaman*, facie in ortum obversa, & mari ad dextram adjacente, ut ante, tendetque ad litora *Dhafâr*, tum ad litora *Mahrah*, atque ita (totam Provinciam) *Al-Yaman* circumibit

Tum facie ad septentrionem obversa, & mari ad dextram adjacente, litori *Mahrah* usque ad *Omân* perlustrabit usque ad Insulam, *Awâl*, ad *Al-Katîf*, ad *Câthemah*, ad *Al-Basrah*

Denique, ut totum absolvat circuitum *Peninsulæ Arabum*, faciem in occasum obvertet, & a mari recedens, fluvio *Al-Forât* ad dextram adjacente, ab *Al-Basrah* iter diriget ad *Al-Sîb*, ad *Al-Cufah*, ad *Anah*, ad *Al-Rahhbah*, ad *Bâles*, ad confinia *Hhalab*, ad *Salamiah*, ad regionem *Al-Balkâ*, demùm ad *Ailah*, unde initium fecimus

Explicit Sermo de Circuitu *Peninsulæ Arabum*

Descriptio aliquot Locorum circa Maccah Ex eis est

ABU KOBAIS, mons imminens τῆ *Maccah* ab oriente Ex eis est etiam

KOAIKA'AN, mons imminens τῆ *Maccah* ab occidente. Ex eis est

BAIN MOHHASSER, vallis inter *Mena* & *Mozdalefah*, neque ad alterutram pertinens Ex eis est

AL-GAR, in quo Apostolus Dei, cui Deus bene precetur & salutem largiatur, solebat cultui divino vacare *Gâr*, specus est in monte *Hhera*, qui supra *Maccah* adtollitur *Hhera* tria millia passuum i *Maccah* dirimitur

Elhegjâ, diuinat, est vicus *Al Seivam* multis para sanguis ad austrum τῆ *Gjoddah* remotus. Quare illam præpositionem الى, ò nonio necessariam restituimus horum MSS codicum authoritate Poc 196 Grav 2 Gol Hun. & S Z qui omnes illam habent

1 منها *continentem* Al Yaman] Vocula دسر deest in Gol. & S Z Illam habet codex noster, et & Poc 196 Grav 2 & Hunt

2 الى درا أوال الى *ad Insulam* Awâl] Ita codex noster & cæteri omn sex exceptio Poc 196 & Grav 2 qui habent الى البحرين *ad regionem* 'Al-Bahhrim Qui Lectio videtur præferenda accurate loquendo, siquidem *Abû l Fedah*, cum Virito in suum per continentem *habire* & secundum oram ad austrum ducere instituerit, ob servivit si in primis Geographia suæ Editione perperam posuisse *Insulam* in ortu, quod totum erit se destre, quare ut huic erroricorrigeret, pro Insula *Awâl* reposuit in secunda Editione, quæ extat in codd Poc & Grav regionem *Al-Bahhrin*, quæ est illi pars continentis *Arabiæ*, quam ex adverso respicit Insula prædicta

3 الى بالس *ad Bâles*] Poc 196 & Grav 2 و بالس

4 الى الروذ وبالس *ad Al Raihkah* S Z الى الروذ وبالس *ad Al Raccal & Bâles*

4 سلامية الى *ad Salamiah*] Posthanc addunt Poc 196 Grav 2 & S Z الى عُولة دمشق الى اطراف حوران *ad Gûtah De reshik* (sive Planitiem inguam *Demasci*) in confinia regionem *Hh wan*

5 البلقاء الى *ad regionem* 'Al-Balkâ] Poc 196 Grav 2 & S Z addunt الى السراه *ad* (montem) Al-Sharâh

6 بطن محسّر Bain Mohhasser] S Z idh hit lixtonem hoc modo يعني الوحيده بكسر الطك المهملة وبعد وكسر الحا مع أله. وتشديد السين المهملة وكسر السين مهملة *cum Latibh super* El'hâ *unico puncto inhi i not ivan quiescente* El *puncto diacritico libero, tum* Nun *I i Dhimm super* Mim, *cum* Latibh *super* El'hâ *puncta diacritico libero, deinde* Cif *sub* Sin *puncto diacritico tivero, cum* Laibh'll, *cum ferici* El *puncto diacritico liberum* In fine hujus Paginæ addita Poc 196 & Grav 2 descriptio urbis ivi m, sed mile huc translata, pertinet enim ad *Adan*, ubi deest m præ cis codicibus

AL-GAR, (specus alterum,) in quod Apostolus Dei, cui Deus adprecetur, & salutem largiatur, (à *Maccah* ad *Yathreb* fugiens,) se recepit cum *Abu Bacr*, cui Deus sit propitius. Illud specus est in monte *Thawr*, qui supra *Maccah* adtollitur ab austro. Ex eis quoque sunt

ARAFAT, nempe id omne quod inter *Ornâh*, & *Hhâret Ebn'Amer*, & *Al-Mâzemaïn* includitur. Vallis *Ornah* non est pars *Arafât*, sed terminus *Arafât*, quo τῇ *Mena* annectitur.

Prope *Hhâret Ebn'Amer* Templum est, in quo convenit *Al-Emâm*, (sive Antistes sacrorum,) eo temporis spatio, quod est inter duas Precationes, meridianam, & pomeridianam diei, qui vocatur Dies *Arafah*. Celebre est nomine Templi *Ebrâhim*. Pars Templi hujus sita est in *Ornah*, pars altera in *Arafât*.

Ebn'Amer à quo *Al-Hhâret* (i. e Hortus) ille prædictus denominatur, fuit *Abdo'llah Ameri* filius filii *Cariz*.

Ex locis quæ ad *Arafât* pertinent, est

AL-RAHHMAH, quæ & vocatur *Al-Elâl*, [cum *Casr* sub *Hamzah*, & *Lam* levi, i e sine *Tasbdid*]

Ex libro *Abu Bacr ben Mohammad ben Al-Iakih*

"Dicit *Al-Madâïeni*, inquit ille. Peninsula "*Arabum* in quinque partes dividitur, quæ sunt,

"I TEHAMAH,

"II NAGD,

"III HHEGJAZ,

"IV ARUDH,

"V YAMAN

"TEHAMAH est Provincia ad Australem plagam τῆς *Al-Hhegjâz*

"NAGD est Provincia inter *Al-Hhegjâz*, & "*Al-Erâk*

"AL HHEGJAZ est (Provincia comprehen-"dens) illum tractum montium, qui inde ab "*Al-Yaman* extensus usque ad *Al-Shâm* pro-"tenditur. In eo tractu sitæ sunt *Al-Madinah* "& *Amman*

والغارة الّتى اوى اليه رسول اللّه صلّى اللّه عليه وسلّم ومعه ابو بكر رضى اللّه عنه فى جبل ثور وهو مطلّ على مكّة من جنوبها. * ومنها عرفات. وفى ما دين عرنة وحايط ابن عامر والمأزمين، وليس وادى عرنة من عرفات وهو حد عرفات مما يلى منى.

وبالعرب من حايط ابن عامر مسجد الذى يجمع فيه الامام بين الظهر والعصر يوم عرفة وفيه استهل مسجد ابراهيم وبعض المسجد المذكور واقع فى عرفة وبعضه فى عرفات.

وابن عامر المنسوب اليه الحايط المذكور هو عبد اللّه ابن عامر بن كريز.

ومن جملة عرفات الرحمة. ويسمى الالال [بكسر الهمزة وتخفيف اللّام.]

من كتاب ابى بكر بن محمّد بن الفقيه.

قال. قال المدائنى. جزيرة العرب خمسة اقسام

تهامة

ونجد

وحجاز

وعروض

ويمن

واما تهامة فهى الناحية الجنوبية من الحجاز.

واما نجد فهى الناحية التى بين الحجاز والعراق.

واما الحجاز فهو جبل يقابل من اليمن حتّى يتّصل بالشام وبه المدينة وعمّان.

---

1 روان [... ومنها Ex eis quoque sunt Arafât] Ad his verbis inclusive, usque ad ista ... من كتاب ابى بكر Ex libro Abu Bacr, exclusive, omnia desunt Poc 196 & Gol ... desunt etiam Gol & Hunt. Sed habet S ... cum nostro codice ... ejus codicum repugnantia illi ... potius ... qui ... diligent ... vel negligentia ...

2 عرنة Ornah] Codex noster habet عرنة Granah, ut legit Granus pag 5 & ex eo D La Roque Granah p 280 male. Veram Lectionem restituimus ex S / qui solus hic habet Pericopam cum nostro codice, uti supra monuimus, additque عرنة على ... Ornah secundum normam Homzah. Ita etiam habet Idem in Lexico Geogr. e quo habet Spahi Zidel

والمأزمين Al Mazeman] Desit S /

4 وعمّان Ammân] Cum hæc dictio vocalibus, & notis dieraticis hoc loco destituta sit, varia Lectioni occasionem præbuit. Gravius p 5 & D La Roque p 281 legerunt Oman, cujus nominis nulla est urbs, vel vicus in tota provincia Hhegjaz, neque in vicinia ejus. Est autem Oman nomen amplissimæ regionis ad oram maritimam orientalem Arabiæ sitæ, ac pro ind provinciæ Al-Hhegjaz, quæ ad litus maris Rubri sita est, remotissima. Ego vero omnino legendum arbitror عمّان Ammân, quæ est urbs celebris in Syriæ finibus, olim Ammonitarum Regia, nunc pertinens ad regionem Al Balka, quæ est provincia Al-Hhegjaz concurrens, quousque tractus ille montium, de quo hic termo est, protenditur.

واما العَرُوض فهى اليمامة الى البحرين
قال. وانما سمى الحجاز حجازا لانه حجز
بين نجد وتهامه.

قال وقال الواقدى الحجاز من المدينه الى
تبوك وايضا من المدينه الى طرف الكوفة وراء
ذلك الى ان تشارف البصره وهو نجد ومن
المدينه الى طريق مكه الى ان يبلغ مهبط
العرج حجاز ايضا وما وراء ذلك الى مكه
وجده فهو تهامه

قال. وقال ابن الاعرابى. وما كان بين العراق
وبين وجره وعمره الطايف وهو نجد. وما كان
وراء وجره الى البحر وهو تهامه وما كان بين
تهامه ونجد وهو حجاز

قال. والشَّرَوات فى المواضع المشرفه على تهامه.
قال فى المشترك

والعُذَيْب [بضم العين المهمله وفتح الذال
المعجمه ثم مثناه من تحتها وفى اخرها باء موحده]
قال وهو ماء لبنى تميم وهو و اول ماء يلقى
الاحساس والبادية انا سار من قادسيه
الكوفه يريد مكه. والعُذيب اسم لعده مياه
بالبريه

والعَرج [بفتح العين وسكون الراء المهمله
وفى اخرها جيم] قريه جامعه من نواحى الطايف
واليها ينسب العرجى الشاعر.

والعَرج ايضا عقبه بين مكه والمدينه على حده
الطريق. ومنه حمل العرج.

Latin column

" AL-ARUDH eft (Provincia comprehendens
"regionem) Al-Yamâmah ufque ad (regionem)
" Al-Bahhrain

" AL-HHEGJAZ, inquit ille, appellatur Hheg-
"jâz, eo quod ‎حجر‎ Yahhgjaz, i e dirimit inter
" Nag d & Tehâmah

" Dicit Al-Wâkedì, inquit (idem Al-Ma-
"dâienì) Al-Hhegjâz ab Al-Madinah ufque
" ad Tabuc extenditur, & etiam ufque ad viam
"ducentem ad Al-Cûfah Id autem quod ultra
" illam viam excurrit, donec eminùs profpicia-
"tur Al-Bafrah, eft Nag d Ab Al-Madinah
"verò ufque ad illam partem viæ, qua ad Mac-
"cah itur, quoufque perventum fit ad defcen-
"fum (clivi) Al-'Arg, eft etiam Al-Hhegjâz
" Et quod ultra iftud ufque ad Maccah, & Gjod-
"dah, eft Tehâmah

" Addit (idem Al-Madâienì) Dicit 'Ebn
" Al-Arâbì Quod inter ' Al-Erâk & Wag rah
" & Gamrah τῆς Al-Tâief interjacet, eft Nag d
" Et quod eft ultra Wag rah ufque ad mare, eft
" Tehâmah Quod autem eft inter Tehâmah &
" Nag d, illud eft Hhegjâz

" AL-SHARWAT, inquit ille, funt loca im-
"minentia fuper Tehâmah

Dicit Auctor Libri Al-Moshtarec

" AL-'ODHAIB [cum Dhamm fuper 'Ain
"puncto diacritico liberum, & Fatahh fuper
" Dhâl punctatum, deinde Yâ duobus punctis
"infra notatum, & in fine Bâ unico puncto in-
"fra notatum] Eft, inquit, Aqua pertinens ad
"filios Tamim, eftque prima Aqua, quæ occurrit
"in Deferto homini tendenti à Kâdefiah τῆς Al-
" Cûfah, & volenti ad Maccah proficifci. 'Al-
" Odhaib eft nomen plurium Aquarum in De-
"ferto

'AL-'ARG [cum Fatahh fuper 'Ain, quiefcente
Râ, utroque puncto diacritico libero, & in fine
Gjim] Vicus, in quo eft Templum conventus,
in Tractibus Al-Tâief Ab eo denominatur Al-
'Argjì Poeta

'AL-'ARG' etiam eft Clivus (-montis) inter
Maccah & Al-Madinah, juxta ftratam viæ pub
licam, quam pede comprimit Mons 'Al-Arg

---

1 دشارف em eminùs profpiciatur] Poc 196 Grav 2 Gol
Hunt & S Z دشارف eminùs profpiciat (viator) Addunt Gol & Hunt ارض litteram Nihil addit S 7

2 وجره Wag'rah] Poc 196 & Grav 2 وجره , malè ,
nempe Librarius omifit و , primam nominis literam.

3 وعمره & Gamirah] Omnes Codices وعمر Amrah,
fine puncto diacritico fuper ع , fed ecitè feribendum
ع , ut patet è Lexico Geogr Takfit, qui hunc locum
ponit fub litera ع Gin Quoad vocem fequentem
الطايف Al-Tâief, fufficit monere in Editione Gravii
pag. 6 & Verfione Gallica D La Roque p 289 malè
feribi الصيف 'Al-faif, qui eft error manifeftus.

4 والشروات 'Al Sharwât] Ita reftituimus è Poc 196
& Grav 2. pro السروات 'Al Sarwât

5 انا سار من القادسيه tendenti à Kâdefiah] Ita
reftituo è Poc 196 Grav 2 Gol Hunt & S 7 pro
انا صار بين قادسيه exiftenti inter Defertum, nullo fen
fu, quæ fic corrupta leguntur in noftro Codice

6 وذمه quam pede comprimit] Ita reftituo è S Z pro
وذم quod exhibet Codex nofter, & alii Codices fatis
imperfecti Gravius p 7 accipit primam literam و pro
copulativa, Et, & duas fequentes literas ذم , pro par
ticula fignificante Tum, deinde, vertitque, Deinde eft
mons 'Alarg Et D La Roque, pag 283 Il y a enfin fur
la même route une Montagne qui porte encore le nom d'A-
lardg Sicque, textu malè intellecto, novum montem
fingunt Cùm verò Docti illi viri non obfervant literam و , effe unam è tribus Radicalibus verbi وذم ,
وذم contudit, comminuit, prefßit pede calcando terram, &c

B   Dicit

Dicit *Al-Naſr ben Shamuel.*

"AL-NAGD, eſt nomen ſignificans clivoſam
"partem terræ, & ſcabritiem ejus, & quidquid
"craſſum ſit & emineat

De *Nag'd* autem, (quatenus eſt Provincia,)
celebris eſt (inter Geographos) ſententiarum
diverſitas, verum major pars in eo convenit,
ut ſit nomen terræ illius eminentioris, quæ dirimit, ſeu interpoſita eſt inter *Al-Yaman,* & *Tehamah,* & inter *Al-Erâk,* & *Al-Shâm;* ejuſque
pars ſuperior ſit verſùs *Al-Yaman* & *Tehâmah,*
inferior autem, qua ſpectat *Al-Erâk* & *Al-
Shâm,* ac denique initium ejus, a tractu *Al-
Hhegiaz,* ſit vicus *Dhât-Erk.*

F Locis celebrioribus in Provinciis *Arabum*
ſunt

AL-AKIK [cum *Fatahh* ſuper *'Ain* puncto
diacritico liberum, & *Caſr* ſub *Kâf,* quieſcente
Yâ duobus punctis infra notato, & *Kâf* altero
in fine]

"Nomen eſt, inquit Auctor Libri *Al-Moſh-
"tarec,* multarum Vallium, e quibus eſt

"AL-AKIK ſuperior prope *Madinah* (ſeu
"Urbem) Apoſtoli, cui Deus adprecetur, & ſa-
"lutem largiatur, qua parte ſpectat *Al-Hhar-
"rah,* uſque ad vicinam *Al-Baki,* quæ ſunt ſe-
"pulchri *Al-Madinah* Ex eis eſt

"AL-AKIK inferior, quæ vallis eſt infra
"priorem Ex eis eſt etiam

"AKIK AL-AREDH in *Al-Yamâmah* Val-
"lis eſt, cujus torrens defluit in *Gavr,* (i e regi-
"λlu ~rs) *Tehâmah,* pertingens ad duas *'Akik
"Al Madinah* (prædictas) Atque ea eſt cujus
"meminit *Al-Shâfei,* Deus ſit ei propitius, in-
"quiens *Si connubia inveniſſent cum incolis Al-
"Akik, id mihi magis placuiſſet*

"AL-AKIK etiam eſt *Batn* (i e humilior
"terræ fundus) vallis dictæ *Dhû l-Hholaiſah*

E Provincia *Al-Yaman* eſt

"*Sahhûl,* ſecundùm Auctorem Libri *Al-Lo-
"bâb* [cum *Fatahh* ſuper *Sin* & *Dhamm* ſuper
"*Hhâ,* utrumque puncto diacritico liberum, tum
"*Waw* & *Lâm*] Eſt, inquit ille, vicus in *Al-
"Yaman,* ut quidem putat *Al-Samâni.* Ab hoc
"vico denominantur veſtes dictæ *Sahhûlienſes,*
"eæque candidæ

قال ۱ النصر بن شمويل .

النجد ۲ قفاف الارض وصلابها وما غلظ واشرف .

وفى نحن ۳ المشهورة خلاف والاكثر على اذها
اسم للارض المرتفعة العاصلة بين اليمن ودهامه
وبين العراق والشام . فاليمن وتهامه اعلاها
والعراق والشام ا سفلها واولها من ناحية الحجاز
ذات عرق .

ومن مواضع المشهورة فى ديار العرب

العقيق [۴ بفتح العين المهملة وكسر القاف
وسكون المثناة من تحت وقاف ثانية فى الاخر]

قال فى المشترك . هو اسم لعدة اودية . منها

العقيق ۵ الاعلى عند مدينة الرسول ۶ صلى الله
عليه وسلم وهو و ممـا دلـى ۷ الحرة الى منتهى
۸ الجميع معاشر المدينة . ومنها

العقيف الاسفل وهو اسفل من ذلك . ومنها
عقيف العارض بالـيمامة ايضا وادى ۹ يدفع
سيله فى غور تهامه ۱۰ بعقيقى المدينة وهو الذى
ذكره الشافعى رضى الله عنه وقال لو اهلوا من
العقيف كان احب الى

والعقيف ايضا ۱۱ بطن وادى ذى الحليفة
ومن بلاد اليمن

سحول . قال فى اللباب [بفتح السين وضم
الحاء المهملتين وواو ولام] قال وهى قرية فى
اليمن وبها ينسب الثياب
السحولية وهى البيض

---

1 النصر بن شمويل] Poc
196 Grav 2 & S Z المصر *Al-Nuſr,* male ſed vice
verſâ pro شمول *Shomul,* quod eſt in noſtro Codice
ubique, iidem Codices recte habent شمويل *Shamuel*
pro شمول *Samuel*

2 قفاف clivoſam partem terræ] Ita Poc 196 & Gr 2
e quo in cl *Gauſus* in Apographum ſuum tranſtulit,
rotque ejus exemplo, & quod præterea invenimus ſic
hunc e alios Codices Gol H & S Z pro قبال in noſtro Codice, i e ſartoria, quæ ſignificatio ab hoc loco
prorſus aliena eſt Gravius pag 7 vitioſâ Lectione ſei-
in i, tunc in recte reddit *terram clivoſam.*

3 المشهورة celebris] In ſum pro مشهور in maſc
quod eſt in noſtro Cod Prius habent Poc 196 Gr 2
Hunt & S Z quare illud repoſuimus

4 بفتح cum Fatahh &c] Hanc Fixionem addi-
mus S Z

5 الاعلى ſuperior] S Z الاعلى, perinde eſt, & eodem modo utrumque pronunciatum

6 صلى الله cui Deus adprecetur &c] Pro hac for-

mula benedicendi, S Z habet عليه السلام cui pax,
quæ brevior formula etiam uſurpatur, ſed ratius

7 الجرة 'Al-Hharrah] Poc 196 & Grav 2 الجرى
'Al-Gjarah male

8 الجميع 'Al-Baki] Nulla hic varietas in omnibus
MSS Codicibus, niſi quod *Gravius* in Impreſſo p 7
in fine, vitioſè legit البكباو 'Albakbao, quem fideliter
ſequitur D La Roque p 284 cırcte vix tironibus con-
donando, qui, ſi dubia eſſet Lectio, Lexicon conſu-
lere neglexerint

9 يدفع defluit] Poc 196. & Grav 2 يدوو vox
nihili

10 بعقيقى ad duas Akik | In duali, ita Poc 196
& Grav 2 recte omnino, pro بعقيق in ſingulari, ut
noſter Codex aliique omnes, mox enim 'Abul Fedah
duas alias hujus modi Akik, ſeu valles præmiſerat,
nempe ſuperiorem & inferiorem, in quas hujus tertiæ
ſcilicet Akik 'Al-Aredh torrens ſe exoneret

11 بطن Batn] Dicit S Z. omnes alii habent cum
noſtro Codice

واما ادن حوقل فقال ٠

ديار العرب ٠ منها

الحجاز: التي تشتمل علي مكه والمدينه

واليمامه. ٠ مخاليفها. ومنها

د نحن الحجاز المتصله بارض البحرين ٠ ومنها

باديه العراق٠

وبادية الجزيره٠ ومنها

بادية الشام، ومنها

اليمن المشتمله علي تهامه ونجد اليمن

وعمان ومهره وحضرموت ودلاق صنعا وعدن وسائر

مخاليف اليمن وما ان من حد السرين الي

ان ينتهي الي ذلك دملم ٧ وظهر الطائف ممتد

٩ الي حد اليمن الي بحر فارس منشرق وهو من

اليمن وال ٠ ويكون ذلك نحو الثلثين

من العرب٠

وما صار من حد السرين ٠٠٠ بحر القلزم

الي قرب مدين راجعا في حد المشرق الي ٠٠٠ الحجر

الي حمل طي علي ظهر اليمامه الي بحر فارس

من الحجاز

وما صار من حد اليمامه الي قرب المدينه راجعا

<hr/>

Jam verò *Ebn Hhawkal* sic loquitur (de *Pro-vinciis Arabum*)

"PROVINCIÆ ARABUM sunt

"I AL-HHEGJAZ, ea est, quæ *Maccah* &
"*Al-Madinah*, & *Al-Yamâmah* cum earumdem
"*Makhâlif* (sive Territoriis,) comprehendit.

"II NAGD τῆς *Al-Hhegjâz*, ea est quæ ter-
"ræ *Al-Bahhrain* conjungitur

"III BADIIAH (i e. Desertum) τῆς *Al-Irâk*

"IV BADIIAH τῆς *Al-Gjazirah*, (seu Penin-
"sulæ Arabum)

"V BADIIAH τῆς *Al-Shâm*, (i e Syriæ)

"VI AL-YAMAN, ea est, quæ complectitur
"*Tehâmah*, & *Nagd* τῆς *Al-Yaman*, & *Omân*, &
"*Mahrah*, & *Hhadharmawt*, & regionem *Sana*,
"& *'Adan*, cæteraque *Makhâlif* (seu Territoria)
"τῆς *Al-Yaman*, tum etiam id totum quod pro-
"tenditur à limite (vici) *Al-Serrain*, donec per-
"ventum sit ad tractum (vici) *2alamlam*, tum
"ad tergum (seu partem exteriorem territorii)
"*Al-Tâief* pergendo ad *Nagd* τῆς *Al-Yaman*,
"& inde ad mare *Fâres* orientem versus, hoc
"totum ad *Al-Yaman* pertinet, adeo ut, inquit
"ille, istud (terrarum spatium) duas propemo-
"dum tertias partes Provinciarum *Arabum* con-
"stituat.

"Quod itaque protenditur a limite *Al-Serrain*
"sitæ ad mare *Al-Kolzom* (sive mare *Rubrum*,)
"usque ad viciniam *Madian*, & inde reflectendo
"per limitem tendentem in ortum ad *Al-Hhegr*,
"ad montem *Tai*, transeundo juxta tergum, (i e
"partem exteriorem) *Al-Yamâmah*, ad mare
"*Fâres*, hoc totum ad *Al-Hhegjâz* pertinet.

"Et quod protenditur à termino *Al-Yamâ-*

<hr/>

1 ابنى اما قما comprehendit] In fem pro المشتمل in masc Ita textus *Ebn Hhawkal*, rectè, nam hujusmodi nomina Provinciarum sunt fem gen

2 واليها & Makhâlif (i e Territoria) *eorum*] Restituimus è Textu ipsius *Ebn Hhawkal*

3 الحجاز نحن Nagd τῆς *Al-Hhegjâz*] Ita & Poc 196 & Grav 2 In MSS Codice Libri *Ebn Hhawkal* الحجاز وحد أ الحجاز & terminus *Al-Hhegjâz* Qui est in-signis error Librarii, quo non modo è medio tollit di-midiam partem unius è Provinciis *Arbiæ*, sed etiam, ablata hac, terminum Provinciæ *Al-Hhegjâz* usque ad regionem *Al-Bahhrain* producit, quod falsum est, nam inter utramque intercedit ipsa pars provinciæ *Nig'd*, quæ appellatur *Nagd* τῆς *Al-Hhegjâz*, quiæ cidem conterminia est ab ortu, ad differentiam alterius partis, quiæ appellatur *Nag d* τῆς *Al-Yaman*, quiæ itidem huic vicina est ab austro Lit igitur cur *Abulfedae* nostro gratulemur, qui nobis verba *Ebn Hhawkal* hoc loco in-corrupta servavit Similem corruptionem vide infra n 9

4 المتصل quiæ conjungitur] In fem pro المتصل masc Hanc correctionem nobis suppeditant Poc 196 & Grav 2 rectè, nam *Nig'd* quatenus provincia, est fœm gen Codex *Ibn Hhawkal* habet متصل sine Ar-ticulo, & masc gen quia præcedit نحن terminus, iti-dem masc gen

5 المشتمله quiæ complectitur] In fem Codex noster, aliique omnes المشتمل male. Hæc correctio debetur Codici *Ebn Hhawkal*

6 (الي ان donec] *Ebn Hhawkal* حتي, donec, per-inde est

7 وظهر tum ad tergum] *Ebn Hhawkal* ثم علي ظهر deinde per tergum

8 ممتد pergendo] *Ibn Hh wk l* ممتده idem, sed melius

9 اليمن نحد الي ad Nag d τῆς *Al-Yaman*] Ita omnes, rectè, sed in codice *Ibn Hhawkal* vitiose علي بحر ad mare, similis corruptio cim ea quam observavimus supra num 3 ubi pro نحد

10 القلزم بحر علي ad mare Al Kolzom] Sic ru-dacter corrigo pro فارس بحر علي ad mare Fâres, quod est in omnibus *Abu-l-feda* codicibus MSS & in ipso codice *Ibn Hhawkal*, è quo *Abul-fedah* descrip-sit Certissimè urbs *Al-Serrain* id mare *Al-Kol-zom*, sive Rubrum sita est, ut *Abu l Fed ih* ipse & omnes Geo-graphi *Arabes* unanimiter testantur Mirum itaque tam crassum errorem nomine subolunsse, ne quidem *Gravio* & D *I t Roque*, quorum ille transtulit *Serain* dum *Littus Persicum*, hic vero, te long du mi age du Golfe Per sique Verum quidem est mare *Rubrum Herodoto* in *Melpomene Persicum* appellari, & sic verse sinum *Persi-cum à Plinio*, Q *Curtio*, ubique mare *Rubrum* vocari, sed nostri boni *Arabes* in illis Auctoribus plinè pere-grini sunt & hospites Nihil ergo superest nisi ut cul-pam in Librarios conjiciamus

11 الحجر الي ad Al Hhegr] MSS *Ibn Hhawk n* الحجاز علي per Al-Hhegjâz, errore manifesto Li-brarii qui ab *Abu-l-fedah* in omnibus codicibus re-d gnitur

"mah ad viciniam *Al-Madînah*, indeque refle-
"tendo per tractum *Al-Basrah*, donec perven-
"tum fit juxta *Al-Bahhrain*, illud est *Nag'd*

    "Et quod protenditur à termino *'Abbâdân* ad
"*Al-Anbâr*, facie adversa ad *Nag'd* & *Al-*
"*Hhegjâz*, illud est e *Bâdiah* (feu Deserto *Al-*
"*Erâk*)

    "Et quod protenditur à termino *Al-Anbâr*
"ad *Bâles*, ad *Taima*, & *Wâdi l-kora*, illud est
"*Bâdiah* (five Desertum *Al-Gjazîrah*, i e Pe
"ninsulæ *Arabum*)

    "Quod denique protenditur à termino *Bâles*
"ad *Ailah*, facie adversa ad *Al-Hhegjâz* & in-
"clinante ad terram *Tabûc*, illud est *Bâdiah*
"(five Desertum) *Al-Shâm* (i e *Syriæ*)

    "Sunt, inquit, (idem *Ebn Hhawkal*) non-
"nulli eruditi, qui in harum Provinciarum di-
"visione existimant *Al-Madînah* pertinere ad
"*Nag'd*, & *Maccah* ad *Tehâmah* ం *Al-Yaman*

E Locis celebrioribus est

AL-GJOHHFAH, nempe Status-locus *Ægy-*
ptiorum, propè *Râbe* Rudera sunt, sine incolis, nomen tamen ejus celebre est.

    "AL-MOHHASSAB, secundùm Auctorem
"Libri *Al Moshtarec* [cum *Dhamm* super *Mîm*,
"& *Fatahh* super *Hhâ* puncto diacritico libe-
"rum, & *Tashdîd* super *Sâd* puncto diacritico
"liberum, cum *Fatahh*, tum *Bâ* unico puncto
"infra notatum] Iocus est, inquit, inter *Mac-*
"*cah* & *Mena*, propior tamen ం *Mena* Est,
"addit ille, Planities glareofa ం *Maccah* erat-
"que portio filiorum *Kenânah* Appellatur hoc
"nomine (*Mohhassab*) a voce *Hhasbâ* (i e
"*Glarea*, quæ plurima reperitur in solo ejus.

على ، داحية البصرة حتى يمتد على المعريس
فهو نجد .

وما كان من حد عبادان الي الاندار مواجها
لنجد ، والحجاز ومن بادية العراق

وما كان من حد الاندار الي بالس ، الى تيما
، ووادي العري وهو بادية الجزيرة .

وما كان من بالس الي ايله مواجها ، للحجاز
معارضا ، لارض تبوك وهو بادية الشام .

قال علي ان من العلماء تعسيم هذه الديار
من يزعم ان المدينة ، من نجد ، وان مكة من
تهامة اليمن .

ومن الاماكن المشهورة
و الجحفة . وهي منهات المصريين بالعرب من
رابع . وهي رسم حال لا ساكن به . واسمها مشهور .
والمحصب . من المشترك [بضم المبم وفتح الحاء
المهملة وتشديد الصاد المعجو حد المهملة بضم بضم ساء
موحدة] قال . وهو موضع فيما بين مكة ومنى
وهو الى منى اقرب . قال . وهو بطحا مكة . وهو
حيف بني كنانة . سمى بذلك للحصاء الذي
في ارضه .

---

1 على ناحية per tractum] MSS '*Ebn Hhawkal*
على ناحية per defertum, haud ita benè, quare ab omnibus *Abu'l Fida* codicibus meritò corrigitur.
   2 Post والحجار & Al-Hhegjaz] MSS '*Ebn Hhaw-*
kal addit على انس وطى وتقدم وسادر وماثل مصر
transeundo per Afaditas, Taitas, Tamimitas, ceterasque
Tribus Modhar Hæc videtur omisisse *Abu'l-Fedah*, ut
pl. rum necessaria, a saltem hic e istarum Tribuum se-
in Mappa ritè collocandas discimus
   3 الى تيما ad Taima] MSS '*Ebn Hhawkal* hæc
plenius habet hoc modo موجها الباديه السام على
ارض تيما ودرجه حمان الى ورب وادي العرب واحجر
وهو بادية الجزيرة i e facie adversa ad defertum '*Al-*
Shâm, per terram Taima, & solitudinem *Hhanân*, ad vicinam Wâdi l-Kora, & '*Al-Hhegr*, illud est è deserto Peninsulæ *Arabum*, Hinc discimus & nomen & situm solitudinis *Hhanân*, cujus nullibi meminit *Abul-Fedah*.
حمان *Hhanan* in Lexico Geogr. *Takût* est
Tumulus arenarum ingens instar montis
Gravius p 1? initio, pro تيما Taima habet تاتم Tatam
vocem nihili, ex priva legendi ratione ortam D La
Roque p ?86 lectione Gravii servata, & vera subjuncta,
ut videtur e codice MS D Petis de la Croix, ponit Ta-
tim, ou Teyma, quasi hæc urbs duo habeat nomina
   4 ووادي العرب & Wâdi l-Kora] Ita restitui è codicibus Poc 196 Grav 2 Hunt & S ? pro وادي
العرب Wâdi l-'Akîk, quod est in nostro codice, &

Gravii editione pag 10 D La Roque utrumque habet
hoc modo *La vallée Akik Ovadilcora*, ubi est mendum typographicum, volebat *Akik ou Vadilcora*, quasi
hæc vallis etiam duo haberet nomina
   5 Post والحجار ad 'Al-Hhegjâz] MS '*Ebn Hhawkal*
addit على بحر فارس الى ناحية مدين secundùm
litus maris *Fâres* ad tractum Madian Ubi pro فارس
Fâres legendum القلزم *Al-Kolzom*, seu *Rubrum*, uti supra pag 7 num 9 propter rationes ibidem allatas
   6 Post تبوك ad terram Tabûc] MS. '*Ebn*
Hhawkal addit حتى يتصل بدار طى donec perventum sit ad habitationes *Tai*
   7 Post نجد ad Nag'd] MS '*Ebn Hhawkal* addit لقربها منها propter ejus proximitatem
   8 وان & Maccah &c] Hæc desunt in MS
'*Ebn Hhawkal* Quare dicendum ea extitisse in codice
quo usus est *Abu'l Fedah*, vel ipsum de suo addidisse
   9 الجحفه 'Al-Gjohhfah &c.] Deest hic Paragraphus
in codd Poc 196. & Grav.2 cujus omissionis hoc loco,
& plurium in sequentibus, ratio est, quod '*Abu'l-Fedah*
noster in secunda sui operis Editione, quæ in illis duobus codicibus Poc 196 & Grav 2 extat, loca non-
nulla, quæ ei visa sunt magis notabilia, hinc in Tabulas
cum pleniore eorumdem descriptione transtulerit '*Al-*
Gjohhfah itaque prima est ejusmodi urbium quibus locum dedit in Tabulis, quas nos id finem singulorum
Climatum loco supplementi simul collectas adjiciemus,
Qua de re plura diximus in Præfatione nostra

"In

قال ابن حوقل . ولا يعلم في ديار العرب نهر
ولا بحر يحمل سفينة . فان قيل ان البصرة
المنتهه كذلك ۱ قلما مصابها لديار العرب وليست
منها .

واما الماء الذي ۲ كان يجتمع بارض اليمن
عند السد في ديار سبا كان من السيول يجتمع
ويستعملونه في الري والمزارع . قال . ولكن بديار
العرب من الجداول والعيون والابار شي كثير .

وليس ۳ بجميع مكه شجر مثمر الا شجر الباديه .

واما خارج حدر الحرم فعبه عيون وثمار .

قال ۴ ومنى على طريف عرفات من مكه ومدها
وبين مكه ذلكه اميال .

قال ومطن مُحَسِّر وان ۵ دين مني ومزدلعه .

قال في المشترك . ورامه مسرله في طريف مكه
من البصره . وفى من البصره اثنى عشر مرحله .
وفى احر دلاك بنى نديم .

۶ وثمر جبل مشرو درب من مني والمزدلعه .
وكادت في الجاهليه لا تدعو من مزدلعة الا بعد
طلوع الشمس على ثمر .

قال . والحُدَيْبِيَّة موضع بعضه في الحل وبعضه
في الحرم . وهو الموضع الذي صد فيه المشركون
رسول الله صلى الله عليه وسلم عن زياره البيت .

۷ وهو ادعى اطراف الحرم عن البيت وهو في مثل

"In Provinciis Arabum, inquit Ebn Hhawkal,
"nullus dignoscitur Fluvius, aut Aquarum con-
"fluxus, qui navigia ferant Aiunt quidem La-
"cum Al-Montanah (i e Fœtidum, nempe As-
"phaltitem, five mare Mortuum) esse hujusmodi
"Verùm dicimus istum Lacum esse quidem Pro-
"vinciis Arabum contiguum, sed ad illas non per-
"tinere
"Quoad illam Aquam, quæ olim in terra Al-
"Yaman congregata erat ad Aggerem, qui ex-
"tructus fuerat in territorio Saba, ea fuit e va-
"riis torrentibus in unum collecta, & illa ute-
"bantur ad irrigandos vicos & Sativa De cæ-
"tero, inquit ille, in Provinciis Arabum sunt rivi
"& fontes, & putei, quam plurimi
"In universo agro τῆς Maccah nulla est arbor
"fructifera, nisi arbor Deserti, sed extra limi-
"tes 'Al-Hharam, (i e Territorii sacri,) ibi sunt
"fontes, & fructus
"MENA, inquit ille, sita est in via quæ ab
Maccah ducit ad Arafât inter eam & Maccah
"sunt tria miliaria
"BATN MOHHASSER, inquit, vallis est in-
"ter Mena, & Mozdalefah
"RAMAH, inquit Auctor Libri Al-Moshta-
"rec, est hospitium in via, quæ ducit ab Al-
"Basrah ad Maccah, distans ab Al-Basrah ad
"duodecim stationes, estque extrema pars re-
"gionis filiorum Tamîm
"THABIR mons est imminens, videtur a
"Mena, & Al-Mozdalefah Tempore ignoran-
"tiæ (Ethnicismi ante Eslamismum,) non pro-
"currebant à Mozdalefah, nisi postquam exortus
"esset Sol super Thabir
"AL-HHODAIBIIAH, inquit (Ebn Hhaw-
kal,) locus est partim in Al-Hhell (i e in Ter-
"ritorio profano,) & partim in Al-Hharam,
"(i e in Territorio sacro) situs, ubi Associato-
"res (i e Idololatræ Korashtæ,) prohibuerunt
"Apostolum Dei, cui Deus adprecetur, & pa-
"cem largiatur, à Visitatione Domus (Templi
"Meccani) Estque remotissimus terminus con-

                                                           "finiorum

---

1 dicimus] MS Hunt solus قال dicit, respondet
sc 'Ebn Hhawkal, qui hìc ubiqne loquitur, non 'Abu'l-
Fedah, nisi quod verba ejus non ad litteram transcribit,
sed pro lubitu immutat, ut patebit conferenti, sic
enim ipse 'Ebn Hhawkal in hoc Paragrapho loquitur
ولا اعلم بارض العرب نهرا ولا بحرا يحمل سفينة
لان البصرة المنتهه التي تعرف بذلك فان وان كانت
مصاقبة للباديه وليست منها . 1 e Non noti in terra
Arabum, aut fluvium aut aquarum confluxum, qui navigia
ferant Emmverò Lacus 'Al-Montanah, qui etiam (lacus)
Zogar audit, est quidem contiguus deserto, sed non ex eo est
Ubi vides sensum Auctoris sui, non verba reddi ab A-
bu'l-Fedah

2 كان erat] Ita Poc 196 & Grav 2 & ipse 'Ebn
Hhawkal, è quo restituitur, cæteris deest

3 بجميع in universo] Ita Poc 196 & Grav 2 cum
'Ebn Hhawkal, cæteris deest

4 Post منى Mena] Addit S Z de suo وهو معصور
الخ Makfur, i e ultima brevi Locus
est in territoria Meccano & &c موضع دمكه وهو

5 دين مني inter Mena] Ita omnes codices 'Abu'l-
Feda, sed MS 'Ebn Hhawkal è quo hæc desumpta sunt,

---

habet, دين عرفات والمزدلعة inter Arafât & 'Al Mozdalefah

6 ثمبر Thabîr] MS Hunt præmittit قال وهو dicit,
nempe 'Ebn Hhawkal hæc enim ex illo desumpta sunt
Observandum quod 'Ebn Hhawkal scribit ثمبر Tabîr
cum duobus tantùm punctis super Tâ, 'Abu'l-Fedah autem ثمبر Thabir cum tribus punctis Priorem punc-
tationem habet Kalkashandi Parte 11 pag 349 posteriorem exhibet Takût in Lexico Geogr ut & Golius
in suo Lexico Prior videtur præferenda, quia 'Ebn
Hhawkal cæteris est antiquior sed nihil muto in textu nostri Auctoris

7 وهو ادعى اطراف الحرم عن البيت وهو estque remotissimus terminus confiniorum 'Al Hharam à Domo] MS 'I bn
Hhawkal وفى ادعى الحل الى البيت illa ('Al-
Hhodaibiah) est remotissima τῶ Al-Hhell versùs Domum
Eodem sensu quamvis contrariis terminorum vocibus
Tum addit 'Ebn Hhawkal وليس هو من الطول الحرم
ولا في عرضه الا انها في مثل زاوبه للحرم adque non
secundùm longitudinem 'Al Hharam, neque ejus latitudinem,
sed sita est quasi in angulo 'Al Hharim Quæ verba omisit 'Abu'l-Fedah tanquam minus necessaria

"finiorum *Al-Hharam* à *Domo*, & veluti in an-
"gulo *Al-Hharam* ideoque inter eum & inter
"Templum est plusquam diei iter

رازوه العرم فلذلك صار دمها وديس الحسن اخذر
من اليوم.

"RADHWA, inquit ille, mons est præcel-
"sus, anfractibus & vallibus intersectus Vidi
"illum, inquit, à *Yanbo* viridem: Et narratum
"est mihi, addit ille, a quodam qui anfractus
"ejus circumlustraverat, ibi esse aquas pluri-
"mas. Hic idem est mons, in quo Secta dicta
"*Al-Caisaniah*, (i e Impostorum,) fingunt
"*Mohammedem Ali* filium, vulgo dictum *'Ebn
"Al-Hanefiah*, adhucdum superstitem (vi-
"vere)

قال. ورضوي جبل مسع فو شعاب واودية.
قال. ورايقه من يبيع: احصر. قال واحبرني
من طاف في شعابه ان ده مياها كثرية وهو
الحبل الذي زعمت طايعة تعرف بالكيسدبة ان
محمد بن علي + المعروف بابن الحنعبة معيم دد
من المشتركي.

"KOBA [cum *Dhamm* super *Kâf*, & *Fatahh*
"super *Bâ* unico puncto infra notatum, deinde
"*Alef* cum *Madd*, (i. e Productione) Effertur
"etiam cum *Al-Kesar*, i e cum brevitate] Vi-
"cus est, inquit, distans ab *Al-Madinah* duo
"miliaria. Illic est Templum *Al-Takwa*, cujus
"sunt multæ excellentiæ

وقبا [بضم القاف وبعتح الباء الموحدة والسى
ممدودة ويروي بالقصر ايضا] قال. وفي قرية
على مبلس من المدينه وهناك مسبد الةوي
ولد وصابل.

KOBA etiam civitas magna in tractibus *Far-
gânah* prope *Al-Shâsh*

وفا ذلك كبيرة بسواحي فرعانة قرب الشاش

Ex his Locis est

وسن ذلك الاماكن

AL-ABWA [cum *Fatahh* super *Hamzah*, quiescente *Bâ* unico puncto infra notato, deinde
Waw, & *Alef*] sita est ad septentrionem *Al-
Gjohhfah*, ab ea distans octo parasangas Ferunt *Abdo illah* patrem Apostoli Dei, cui Deus
adprecetur, & salutem largiatur, ibi diem suum
obiisse, sanior tamen sententia est eum e vivis
excessisse in domo (dicta) *Al-Nâbegah*, apud
avunculos suos filios *'Al-Nagjâr*

الآبوا [بعتج الهمزة وبسكون الباء الموحده وواو
والع] وفي في الشمال من السببعه علي ثمان
مراسج. وقبل ان دها دوي عبد الله والى رسول الله
صلى الله علبه وسلم. وا صبيج انه نوقي بالمدبه
دار النابعه عند احواله بني النجار.

DUMATOL-GENDAL, locus est dirimens
inter *Al-Shâm*, & *'Al-Erâk*, distans a *Demashk*
septem stationes, & ab *Al-Madinah* tredecim
stationes

ودومةُ الجَنَدُل. وهو موضع ماصل دين الشام
والعراق علي سبع مراحل من دمشق وعلى ثلث
عشرة مراحل من المدينه.

OSFAN [cum *Dhamm* super *'Ain*, quiescente
Sin, utroque punctis diacriticis libero, deinde
Fâ, & *Alef*, & *Nûn*] Est diversorium Peregri-

وعُسْفان [بضم العين وبسكون السن المهملتين
وماء والع ودون] وفي ممرله الحجاج علي مرحلة

---

1 حصرة الدول viridem] MS '*Ebn Hhawkal* حصر
instar vivoris oleris

2 وقال احمرني من & narratum est, inquit, mihi a
quodam] Horum loco MS *Ebn Hhawkal*, قال ابو
اسحق طقت ى شعابه وعمد مماه كثمرة وشجار
Diait (mihi) *Abû Ishhak* "Ego perlustravi ejus fauces
"& anfractus, atque ibi (observavi) aquas plurimas
"& arbores Nomen Auctoris sui profert, quod re-
licet *'Abu l Fedah*

3 Post بن على filium *Ali*] Addit *'Ebn Hhawkal*
بن ادى طالب علبهما السلام filii *Abû Tâleb*, ambobus sit pax

4 المعروف بابن الحنعبة vulgo dictum 'Ebn '*Al-Hanefiah*] Hæc desunt in codice *'Ebn Hhawkal*, qui vi-
cissim addit جى vivere, omissum *'Abu l-Feda*

5 ويروي بالقصر ايضا effertur etiam cum *Al-Kesar*
(i e cum brevitate الٓ *Alef*), sc cum a brevi *Koba*, ad
differentiam alterius *Kobâ* cum a longo Hanc dictionem grammaticam العصر *D La Roque* pag 290 legit
Alcasir, & pro loci appellativa accipit *Koba*, inquit,

antrement '*Alcafar* Quasi esset alterum nomen oppidi
Koba, cum *Al-Kesar*, sic enim legendum, nihil aliud
sit quam vox qua utuntur Grammatici ad indicandum
'*Alef* brevi seu correpto sono ufferendum, utpote quod
careat nota illa diacritica ' quam *Madd*, i e productio-
nem, extensionem, vocant, qua significatur *Alef* longiore
seu producto sono esse pronunciandum

6 وفي وردة vicus est] Addit S Z كبيرة magnus

7 وقبا *Koba* etiam] Addit S 7 de suo, distinctio-
nis gratia بالعصر cum brevitate ad differentiam prioris *Kobâ*, cum à longo

8 ومن ذلك الاماكن ex his locis] Ab his verbis
usque ad مساحة دقد بضم مساحة de aliquot distantiu,&c.
omnia desunt in codd Poc 196 & Grav 2 propter rationem allatam supra ubi de *Al Gjohhfah*

9 ودومة الجبل *Dûmato'l-Gendal*] Addit S Z de
suo واصحاب الجوهري, اصحاب العال بضم دال
الحدبث بعده اهلا راصحاب, *'Al-Gjawhau*, & Lexicographi efferunt cum *Dhamm* super *Dâl*, Neoterici autem cum *Fatahh*

norum,

من حلمص في الحسوب ومن عسفان الي بطن مر

ذلك وثلثون ميلا.

ومن ذلك الاماكن.

الحار. من اللبان [دعتج الحيم والف وراء

مهملة] والحار فرصة المدينه السي صلي الله عليه

وسلم علي ثلث مراحل منها.

قال ابن حوقل. وبين ساحل الجحفه والحار نحو

ذلك مراحل ومن الحار الي ايله نحو عشرين مرحله.

ومن ذلك الاماكن

ذات عرف ميقات اهل العراق وهو من مكه

علي ثمانيه واربعين ميلا.

قال في العزيزي. وبين ذات عرف وعمره ستى

وعشرين ميلا

وأوطاس. التقى كتاب دها عراه السي صلي الله

علمه وسلم في دين ذات عرف ودين عمره.

ذكر بعض ' مساوات حزيره العرب.

من المدينه الي الدوه نحو عشرين مرحله.

ومن المدينه الي مكه نحو ' عسر مراحل.

ومن المدينه الي البصره نحو ثمان عشره مرحله.

ومن المدينه الي البحرين نحو خمس عشره مرحله.

ومن المدينه الي الرقه نحو عشرين مرحله.

ومثل ذلك من المدينه الي دمشق.

ومثل ذلك من المدينه الي فلسطين.

ومن المدينه الي مصر علي ساحل نحو ' خمس

وعشرين مرحله.

---

norum, distans à *Kholis* ad austrum una statione Ab *Osfàn* ad *Batn-Marr* sunt triginta tria miliaria

Ex his Locis est

'AL-GJAR, e Libro dicto *Al-Lobàb* [cum " *Fatahh* super Gjîm, tum *Alef*, & *Rà* puncto " diacritico liberum.] Al-Gjàr portus est *Al Madìnah*, seu urbis Prophetæ, cui Deus benè " precetur, & salutem largiatur, ab ea distans " tres stationes.

Dicit *Ebn Hhawkal* " Inter litus طس *Al-*" *Gjohhfah*, & *Al Gjàr* circiter tres stationes Ab " *Al-Gjàr* ad *Ailah* sunt ferè viginti stationes

Ex his locis est

DHAT-ERK, status locus incolarum *Al-*'*Erèk* Distat ab *Maccah* quadraginta octo miliaria.

Dicit Auctor Libri dicti *Al-Azîzî* " Inter " *Dhat-'Erk* & *Gamrah* viginti sex miliaria

'AWTAS, in qua contigit Expeditio bellica Prophetæ, cui Deus benè precetur, & salutem largiatur Sita est inter *Dhàt-Erk* & *Gamrah*

De aliquot distantiis Peninsulæ Arabum

" Ab *Al-Madìnah* ad *Al-Cùfah* circiter viginti " stationes

" Ab *Al-Madìnah* ad *Maccah* circiter decem " stationes

" Ab *Al-Madìnah* ad *Al-Basrah* circiter octo-" decim stationes

" Ab *Al-Madìnah* ad *Al-Bahhrain* circiter " quindecim stationes

" Ab *Al-Madìnah* ad *Al-Raccah* circiter vi-" ginti stationes

" Et tantumdem ab *Al-Madìnah* ad *De-*" *mashk*

" Et tantumdem ab *Al-Madìnah* ad *Fela-*" *stîn*

" Ab *Al-Madìnah* ad *Mesr* secundùm oram " maritimam circiter viginti quinque stationes

---

1 مساوات *distantiis*] *Ebn Hhawkal*, è quo hæc desumpta sunt p 27 in fine, addit اضعاف *interioribus*

2 عسر مراحل *decem stationes*] *Ebn Hhawkal* addit, في طريق العاده ومن الدوه الي مكه طريق احصر مرمن هذه الطريق نحو ست مراحل اذا انتهي الي معين النقره عدل من المدينه حتي يخرج علي معين بني مسلم ثم الي دات عرف حتي يستهي الي مكه.

per viam publicam Ab Al Cufah autem ad Maccah via brevior est tribus stationibus, quàm hæc via (quæ nempe ib 'Al Cufah ad Maccah ducit per Al-Madìnah) cum enim (viator) pervenerit ad Ma den Al-Nokrah, relinquet viam quæ ducit ad 'Al-Madìnah, & perget ad Ma den Bani Moslem, inde ad Dhàt-Erk donec ad Maccah perveniat

3 ثمان *octo*-] *Ebn Hhawkal* habet ثماني, rectè utrumque Deinde post مرحله *stationes*] Idem addit وذاخبي مع طريق الدوه نعرب معين المعره.

---

coincidit (via ab *Al Basra* ad '*Al-Madìnah*) cum via ab '*Al-Cùfah* propè Ma den '*Al-Nokrah*

4 خمس *quinque*] Deest in textu '*Ebn Hawkal*, qui ومعمعهم مع الشامبين addit مرحله *stationes*] كادله ومعهم جيج اهل المغرب في هذا الطريق الا ادهم لا يجمعون في مجاج واحد فاما يتعدمون او مقاخرون. وابله اول حدون الشادهم. ولاهل مصر وفلسطين اذا حاوروا (اهل) مصر طريقان احداهما الي المدينه علي د دا وشعب وريه بالسيه كادوا سوا مروان اطاعوها الزهري ودها عدره حتي يستهي الي المدينه علي المرو وطريقه نمصي علي ساحل الا حر خرج ماالحجد انجتمع دها سجتمع اهل العراق ودمشق وفلسطين ومصر. وطريق الرقه نمصي علي ساحل الحر حتي نخرج ماالحجد فتخرج دها انجتمع دها اهل العراق

"Ab *Al-Maccah* ad '*Adan* circiter mensis.

"Ab *Adan* autem duæ sunt viæ ad *Maccah*
"ducentes una secundùm oram maritimam,
"eaque longior, altera tendit per *Sana, Sadah,*
"*Gjorash, Nag rân,* & *Al-Tâief,* donec perve-
"niatur ad *Maccah*

'AL-MEHRAS, [cum *Casr* sub *Mim,* quiescente *Hâ*] est nomen Aquæ in monte *Ohhod.* In
Traditione narratur, quod Apostolus Dei, cui

ومن مكه الى عدن نحو شهر.

ولعدن طريقان الى مكه احدهما على ساحل البحر

وهو الابعد والاخر يأخذ على صنعا وصعده وجرش

ونجران والطائف حتى ينتهى الى مكه.

والمهراس [بكسر الميم وسكون الهاء] اسم ماء فى

جبل احد. وفى الحديث ان رسول الله صلى الله

العقار وقلة السكان. واما طريقهم البحر الى حدة
فان سلكوا على السواحل من مهره وحضرموت
الى عدن او على طريف عدن وقد علبهم وقل
ما يسلكوده.

وكذلك ما بين عمان والبحرين طريف شاق
يصعب سلوكه للتمانع ومتازعهم فما جمعهم.

واما ما بين البحرين وعبادان وعبر مسلوك
دان الى هنه العاده وقد سلك وهو قعر والطريف
منها على البحر.

ومن البصره الى البحرين على احادة احدى
عشره مرحله وعلى هنا الطريف اذى مسلمن من
الحسن معروف الماده من البحرين الى البصره ولا ما
وهو وهو على الساحل نحو ثمان عشره مرحله فى
منادل العرب ومياههم وهو مسلوك عامر عبر اذه
مصوف.

وهنه جوامع المسافات التى تحتاج الى عاها.

واما ما بين العرب لعمايلها من المسافات فقد
ما بغع الحاجة لغير اعل الباديه الى معرفتها.

Convenient Incolæ Mesr (Ægypti) cum in-
colis 'Al-Shâm (Syris) in 'Ailah, quibuscum etiam peregrinantur Incolæ Al-Magreb (Mauri) per eandem viam,
nisi quod non diversantur cum illis in uno eodemque hospitio,
sed aliquando præcedunt, aliquando sequuntur 'Ailah est
initium terminorum Deserti Porrò Ægypti & Syri, ubi
cum Ægyptus adjunguntur, dupliciter ineunt viam, unam
qua ad 'Al-Madinah ducit per Bada, & Shagb, qui est vicus
in Solitudine, (hunc vicum filii Merwân 'Al-Zohari in
portionem assignarunt, ibique est sepulchrum ejus,) donec ad
Al-Madinah perventum sit transeundo per Al-Marwah
[vicum in Tractu *Wâdi l-Kora*] Altera via est secundum
oram maritimam, donec perveniatur ad 'Al-Gjohhfah, ubi
conveniunt Erakenses, Damasceni, Palæstini & Ægypti
Via autem ab 'Al-Raccah instituitur secundum oram maritimam donec ad Al-Gjohhfah perveniatur, ubi conveniunt
Erakenses seorsim, nisi quod frequentant a nonnullis Arabibus, qui à cæteris separati per eandem peregrinantur, &
turmatim incedunt, ut & per alias vias, nostro hoc tempore
frequentatæ Quæ verba Auctoris sui, Geographiam
mire illustrantia, noster 'Abu l-Fedah compendio nimium
studens, omittere non debuerat.

1 *eaque longior*] Ebn Hhawkal وفى وهو الابعد
eaque ambarum longior Quæ sequuntur adeo
in compendium contrahit *Abu'l-Fedah,* ut obscurè admodum Auctoris mentem expresserit, juxta illud Ho-
ratianum Brevis esse laboro, obscurus fio Quare Textum ipsum *Ebn Hhawkal* necesse est exhibere Post
verba mox allata sic pergit وفى حاد تهامه والسبر

في نحوها يأخذ على صنعا وصعده وجرش وديسه
وتبالة حتى ينتهى الى مكه. وطريقه احرب على
البوادى عبر تهامه ويقال له الصدور فى سبع حمل
نحو عشرين مرحله وهو اورن الا اذه على احبا
اليمن وجماعها بسكنها الخواص مسهم

*Isque via publica, quæ ducit ad provinciam Tehâmah
Iter autem secundùm illam arripitur per Sana, Sa'dah,
Gjorash, Baishah, Tebâlah donec ad Maccah perveniat
Via autem altera est per planities extra Tehâmah, & vocatur Processus per pedem montis, itinere circiter viginti
stationum, et brevior, sed transeundum est per varias
Tribus 'Al-Yaman, & territoria ejus, quæ ab illarum hominibus præcipue (Peregrinis infestis) incoluntur.
Residuum distantiarum Peninsulæ 'Arabum quas 'A-
bu'l Fedah hoc loco omisit, ex eodem Ebn Hhawkal* ap-
ponemus, ut sequitur وانما اهل حضرموت ومهره

قادهم بعلمون عرض دلايهم حتى يتصلوا بالعاده
العي عدن ومكه والاتصال منهم دهن هن العاده
اذنان وعشرون مرحله بمصر جميع طريقهم ديغه
وخمسين مرحله.

وطريف عمان يصعب سلوكه فى البريه لكثره

Quoad Incolas Hhadhramawt & Mahrah, isti regiones suæ
latitudinem transversim emetiuntur, donec ad stratam publicam, quæ inter 'Adan & Maccah interjacet, pertingant.
Priusquam autem ad illam stratam publicam attingant, viginti duæ stationes conficiendæ sunt, adeo ut tota illarum via
quinquaginta & amplius stationibus constet
Via ab Omân transitu ardua & difficilis est per solitudinem propter immensa deserta & paucitatem habitantium
Quare expeditior illorum via sit navigando, per mare ad
Gjoddah, vel legendo oram maritimam a Mahrah &
Hhadhramawt usque ad Adan, aut eundo per viam Adin,
longius enim esset usque ad 'Adan progredi, facilius intem
ut eò tendant
Eodem modo inter Omân & Al-Bahhrain via ardua est
& transitu difficilis, propter obstacula, & nimiam defati-
gationem sustinendam
Quod porrò est inter 'Al-Bahhrain & 'Aba dân, quamvis
illud impervium esset in eodem difficultatis gradu, nihilomin
tamen peragratum fuit, ut sit desertum Via itaque illinc
sit per mare
Ab 'Al-Basrah ad 'Al-Bahhrain per stratam publicam iter
est undecim stationum Per hanc viam venit Mosleman filius
'Al Hhasan centum hominibus stipatus ab Al Bahhrain ad
'Al Basrah, non tamen medium pertransivit, sed per oram
maritimam deflectendo, itinere circiter octodecim stationum
per Tribus Arabum, & per Aquas illarum, quæ parte pervenim
est, & habitatoribus frequens, ac proinde nihil deterritus
Atqui hæc de universis distantiis, quantum ad earum cognitionem necessarium est, sufficiant
Quoad Tribus Arabum, quibusve inter se distantiis positæ
sunt, non magni interest cæteros solitudinis incolas ad illarum
cognitionem recensere

Deus

عليه وسلم عطش يوم احد بحاء علي من ابي طالب
رضي اللة عنه بماء في درقة من المهراس ومعاوه رسول
اللة صلي اللة علمه وسلم وعسل به الدم عن وجهه .

واباه اراد ' بقوله وانكروا معقل الحسبى
وريد وشهيد بحائب المهراس .

بريد الشهيد بحائب المهراس حمزه عم رسول
اللة صلي اللة علمه وسلم لادة استشهد عند احد
حيش المهراس .

من اللسان .

٥ رحواربن [بضم الحاء المهملة واله وراء مهملة
وبعدها مى تحتها بى احرى دوں] قال وفى بلده
با بحربں افتحها ربان بى عمر وبان بعال له
ربان حواربں . وبان احو ربان المذكور وبعبها مى
اصحاب علي بى ابى طالب رضى اللة عنه .

اقول ٣ وحواربن ٣ وربه مى دلك حمص في
جهتها الشرقية وحمومه ٤ ورابتها .

٦ في التاربح ان ٥ يزربى بان بها لما حاءه ٧ العي
بمعاويه

وبى البلاں العربية مى القطيف
تارءت ٥ عمى بعص اهلها ذاروب [دفتح القاء
امنتها مں فوقها ثم العى وبضم الراء المهملة وواو
ساكنة وفي احرها تاء دادمه] قال وبارب بلبده
فى الشرق عمى القطيف واذا مد احجر احاط دها
وبارسها بصصر حردبة واذا حرر احجر انكشف

Deus benè precetur, & falutem largiatur, cum die prælii Ohhod fiti premeretur, Ali filius Abu-Táleb, cui Deus fit propitius, aquam in fcuto fuo ab Al-Mehrâs attulit, quam bibere recufavit Apoftolus Dei, cui Deus benè precetur, & falutem largiatur, fed ea fanguinem à facie fua duntaxat abluit.

Atque huc alludit Sodaif dicens Mementote Locorum, ubi interfecti funt Al-Hhofain, & Zaid, & Martyr ad latus Al-Mehras

Per Martyrem ad latus Al Mehras, innuit Hhamzah avunculum Apoftoli Dei, cui Deus bene precetur, & falutem largiatur Ille enim Martyrio coronatus fuit ad montem Ohhod, ubi eft Al-Mehras

Ex Auctore Libri Al-Lobâb

"HHOWARAIN, [cum Dhamm fuper Hhâ "puncto diacritico liberum, deinde (Waw) & "Alef, & Râ puncto diacritico liberum, tum "Yâ duobus punctis infra notatum, & in fine "Nûn] urbs eft, inquit, in Al-Bahhrain, eam "expugnavit Ziâd filius Omar, inde appellatur "Ziâd cognomento Hhowârain Frater præ-"dicti Ziâd fuit Fakih, i e Legis peritus e nu-"mero fociorum Ali filii Abû-Táleb, cui Deus "fit propitius

Ego dico Hhowârain eft etiam vicus perti-nens ad urbem Hhems ad ortum & meridiem ejus Ego illum vidi

Narratur in Hiftoria quod Yazid in eo mora-batur, quando advenit ad illum nuncius de obi-tu Moâwiah (patris fui)

Ex urbibus vicinis Al-Katíf eft

TARUT, cujus Fixio hæc eft, ut didici à quo-dam ejus incola ["cum Fatahh fuper Tâ duplici "puncto fuperne notatum, fequente Alef, & "Dhamm fuper Râ puncto diacritico liberum, "quiefcente Waw, & in fine Tâ alterum] Târut, "inquiebat, eft urbecula ad orientem Al-Katíf "Accedente maris æftu, aqua ipfam, terrafque "ejus circumfluit, fitque infula, recedente verò

---

1 سديف Sodaif] Ita Gufius in margine fui Apo-graphi , in ipfo autem noftro Cod MS fine punctis diacriticis fcribitur, ut in Poc 196 & Grav 2 In Go-lii Codice سديف, & in Hunt Sic سريف quod vide-tur legendum شريف Sharif Gravius in Impreffo p 16 fcripfit سديف Seddik, quem fequitur D La Roque in Gallica verfione pag 294 Et c'eft ce que Siddik infinue par ces vers Poc tam etiam facit Sam Clericus in mar-gine fui Apographi p 106 Sic Poeta سديف

2 حواربن Hhowarain] Dubia eft fixio, quia Auctor omifit vocalem fub vel fuper Râ Lexicon Takut ponit Cafr fub Râ, adeoque legendum Hhowârin, tum addit fecundum quofdam legendum in duali Hhowarain, uti pofuimus utramvis elige

3 حواربن ابصا Hhowarain eft etiam] Codices Poc 196 Grav 2 & S Z habent والمشهور ان حواربن Magis celebre eft quod Hhowarain

4 رابتها ego illum vidi] Hæc defunt Poc 196. Grav 2 & Hunt fed habet S 7 Gravius p 17 omittendo pro-nomen ها illum, & connectendo راد vidi cum fequente في التاربح in Hiftoria, fic vertit Legis etiam in Chronologo Et illum fequitur D La Roque p 295 J'ai lû dans l'Hiftoire S d Abu l Fedah diferte teftatur

hoc loco fe vidiffe vicum illum, nempe Hhowârin, qui fitus erat prope Hhems in vicinia fuæ urbis Hhamâh, cujus ipfe erat Princeps

5 بان in] Poc 196 Grav 2 & S Z ووي & m, recte, iftud & novam indicat fententiam

6 يزربى Yazid] Ita reftituo pro ربان Ziâd, quod nomen errore Librarii in noftrum codicem & Hunt & Gol irrepfit contra authoritatem Hiftoriæ Recte au-tem Poc 196 Grav 2 & S Z habent يزبد Jezid, qui patri Moavia in Khalifatum fuccefftt anno Hegiræ 60

7 العي nuncius de obitu] Ita omnes codices Gra-vius p 17 facit proprium viri nomen 'Al Naay, qui il-luc adduxit Almawin D autem La Roque pro العي legit النبي, i Propheta, & de Mohammede interpre-tatur, ac proinde, ut eruditionis fuæ exemplum, præ Gravio citante, literis confignaret, totum hunc locum fic reddit J'ai lû dans l'Hiftoire que Zyid y floriffoit, lors que Mahomet y vint avec Almawyam In tibi, Lector, Mohammedem adhuc fuperftitem vel potius redivivum anno Hegiræ fexagefimo! habes etiam Almawyam cum litera m in fine, viri nomen, in recto cafu, quod Gra-vius pofuerit in obliquo feu accufativo vide atque quot hallucinationes in viris alioqui doctis pepererit prava codicum lectio, qui, ut error vitetur, nufquam fatis diligenti collatione indigent

D

"æftu,

" æftu, ea terræ pars detegitur, quæ inter *Tá-*
" *rût,* & inter *Al-Katif* interjacet, tuncque ho-
" mines ad illam terreftri itinere accedunt Di-
" ftat ab *Al-Katif* dimidium ftationis *Tárût*
" vineis abundat, & uvis excellentiffimis

E locis *Al-Hhegjâz* eft

AL-RAGI [per *Râ* puncto diacritico liberum, & *Gim*] inter *Maccah* & *Al Táief* Locus eft in quo incolæ *Adhal,* & *Al-Kârah* focios
Apoftoli Dei, cui Deus bene precetur, & pacem largiatur, perfide adorti interfecerunt.

AL-RAGI etiam locus eft prope *Khaibar,*
ubi caftra habuit Apoftolus Dei, cui Deus ad-
prece-tur, & falutem largiatur, dum *Khaibar*
obfideret

Ex Libro dicto *Al-Mofhtarec*

" AL-DAHNA, [(*Alef*) vel producitur, vel
" corripitur, i e ultima fyllaba eft vel longa vel
" brevis] eft Territorium amplum in (Provincia)
" *Nag d* in ditionibus filiorum *Tamin*

Ad regionem *Al-Yaman* pertinet

AI SHEHR, oppidum parvum Dicit Auctor
Libri *Al-Lobâb* " *Al-Shehhr* vocatur *Shehhr*
" *Omân* Scribitur, inquit, [cum *Cafr* fub *Shîn*
triplici puncto fuperne notato, quiefcente *Hha*
puncto diacritico libero] fitum eft inter *Adan*
& *Dhafâr*

Ex his eft

HHADHRAMAWT, urbs populofa, pertinens ad filios *Nemar* Inter eam & inter *Al-
Shehhr* quatuor dietæ

Ex Libro dicto *Al-Lobâb*

" HHADHRAMAWT [cum *Fatahh* fuper *Hhâ*
" puncto diacritico liberum, quiefcente *Dhâd*
" punctato, & *Fatahh* fuper *Râ* puncto diacri-
" tico liberum , deinde *Mim* cum *Fatahh,* qui-
" efcente *Waw,* & in fine *Tâ* duplici puncto fu-
" perne notatum]

نعص الارص التي ديسها وبين العطيف وبصل اليها
الماس في السرق من العطيف علي نصف مرحلة
ولتروت الكروم الكنمرة والعسى العصل
ومن الاماكس بالحجار
الرجع [بالراء مهمله وجيم] وهو ديس مكه
والطايع وهو الموصع الدي عذر فيه عصل والعاره
باصحاب رسول الله صلى الله عليه وسلم
والرجع ايصا موصع عند خسر كان ده معسكر
رسول الله صلي الله عليه وسلم في حصاله لحسر

من المشترك

١ : الدهما [: نمد ونقصر] ارص واسعة بسن ى

ديار و بني دميم

ومن بلاد اليمن

الشجر وبي بلده صعير. قال ي الاماك وبعال
للشجر شجر عمان قال وبى [بكسر اشين المعجمه
وسكون الحاء + المهمله] بين عدن ' وطعار
وسها

حصرمو. وهو بلد عامر لسي نمر وبدسها ودس
السجر اربعة ابام.

من اللباب

٥ حصرموت [فغنح الحاء المهمله وسكوس الصاد
المعجمه وعنح الراء المهمله وبعدها ميم معنوحة وواو
ساكمة وفي احرها مثناه من فووها.]

---

1 الدها 'Al Dahna] Pars prior Fixionis fuppletur
in Poc 196 & Giav 2 hoc modo دعني الدال المهمله
cum *Fatahh* fuper *Dâl* وسدون الهاء ود وبى والعى
puncto diacritico liberum, quiefcente *Hâ* tum *Nûn* &
Alef]

2 نمد وبقصر *vel producitur, vel corripitur*] Gravius
in Li prefto pag 18 hæc duo verba, quæ ad Fixionem
feu Orthographiam pertinent, accipit pro defcriptione
illius terræ, vertitque *extenfa & deducta*   Et D La
Roque, pag 296 *etendue, qui commence*   Reliquum
perperam ib utroque redditum non perfequor

3 بني نميم *filiorum Tamin*] Addunt Poc 196 &
وبى سمعه احبل من الرمل في ناديه البصره Giav 2
conftat feptem montibus arenofis in deferto Al-Bafrah

4 المهمله *libero*] Addit S 7 ad complendam Fixionem واخرها را- مهمله *in fine Râ puncto diacritico liberum*

5 وطعار & *Dhafâr*] Poc 196 & Giav 2. addunt
وماوها من الادار وبى فى مسنو من الارص
Aqui t ejus e putis h vuitur, fit i enim eft in folo terræ plano

6 حصرموت *Hhadhramawt*] Hic apponenda funt
verba S 7 quæ addit hoc loco, ad Lectionem veram
vocis *Hhadhramawt,* & intelligentiam ejus ipprime fi-

في الصحح. وحصرموت اسم بلد وممبلغ
ايصا. وهما اسماء جعلا واحدا اى شنى سمى
الاسم الاول علي العنيم واعربت الثاني باعراب ما لا
يصرف فلت هدا حصرموت وان شنت اصعت الاول
الي الثاني فلت هدا حصرموت اعربس حصرا
وصمعت موتا.

والنسبة الي حصر في النصعر حصرمه وب
ونصعر الصير مسها وكدلك الجمع جعال فلاں
من الحصرامة

وفي العاموس وحصرموب [بصم المم] مدينة
وقسملها وبعال هدا حصرموب وبصاف وبعال
حصرموت [بضم الراء] وان شيمس لا نبوں الثاني
والصعبر حصرمه وب. وبد ل حصرميه ملمسة
وحكى نعلان حصرمونداں.

" In (Lexico dicto) 'Al Sahhahh *Hhadhramût* eft no-
" men Urbis, & etiam Tribus, funtque duo nomina
" in unum compofita Si iis, potes prius nomen con-
" ftruere

من المشترك ليعوت . قال

وعندرهم [بضم احاء المعجمة] وهو دين مكة
والمدينة فيل هو علي ذلك امبال من الجعد وقيل
هو علاة هماك وللشعمه عمى يسبون اليه .

وال ابن حوقل .

درر حزارة العرب .

من عمان الي البحرين وهمر نحو حمس عشرة
مرحلة

ومس البحرين الي عمان نحو مس شهر

ومس عمان الي مهر نحو مس شهر.

ومس مهرة الي عدن نحو مس شهر.

ومس عدن الي حدة نحو مس شهر.

ومس حدة الي ساحل الجعد ذلك مراحل.

ومسها الي احار دلس مراحل ايصا .

ومس الحار الي ادله نحو مس عشرين مرحلة .

اول ومس ابله الي السراة نحو ذلك مراحل .

"GADIR KHOMM, inquit, [cum *Dham* su
"*Hhâ* punctatum] situm est inter *Maccah* &
"*Al-Madînah* Ferunt illud ab *Al-Gjohhfah* di-
"stare tria miliaria Aiunt ibi esse lucum, & à
"*Shî'itis* festum celebrari à quo ipsi denomi-
"nantur

Dicit *Ebn Hawkal*

"Circuitus Peninsulæ *Arabum*, (per distantias exteriores)

"Ab '*Abbâdân* ad *Al-Bahhrain* & *Hagjar* cir-
"citer quindecim stationes

"Ab *Al-Bahhrain* ad *Omân* circiter mensis

"Ab '*Omân* ad *Mahrah* circiter mensis

"A *Mahrah* ad *Adan* circiter mensis

"Ab *Adan* ad *Gjoddah* circiter mensis

"A *Gjoddah* ad litus *Al-Gjohhfah* tres sta-
"tiones
"Ab hac ad *Al-Gjâr* tres stationes etiam

"Ab *Al-Gjâr* ad *Ailah* circiter viginti sta-
"tiones.

Ego dico Ab *Ailah* ad *Al-Sharah* circiter
tres stationes.

"struere in significatione *Porta*, *Atrii*, & posterius *Ara-
"bicum* facere Arabismo haud abludente (*à significa-
"tione Mortis*) atque ita dices حصر موت i e *Atrium
"Mortis* Si vis e iam potes prius cum posteriore con-
"nectere, & efferis حصرموت *Hhadhrmût*, faciendo
"حصر *Hhadhr Arabicum*, & موت leviter pronunci-
"ando, (quia non est Arabicum, sed Hebræum) No-
"men relationis ad حصر in forma diminutiva est
"حصرموت *Hhodhairamût*, priore tantum nomine ha-
"bente formam diminutivi
"Eodem modo Plurale fit loquendo de quibusdam
"ex ejus incolis الحصرامته *Al Hhadhramite*

In (Lexico) autem dicto Al Kâmûs, sic habetur "Hha-
"dhramût [cum *Dham* super *Mim*] Urbs & Tribus
"Pronunciatur *Hhadhrmût* duabus vocibus simul con-
"junctis Effertur etiam *Hhadhremût* [cum *Dhamm* su-
"per *Rе*] Et si velis non Nunnabis posteriorem vo-
"cem Diminutivum est *Hhodhramût* Item nomen
"calcei *Hhadromitici* in formam linguæ micronati vo-
"catur *Hhadhramiah*, & in duali *Hhadhramûtián*

1 معجمة punctatum] Addit S Z ونشريد امم
Tashdîd super Mim
2 قال ابن حوقل Dicit 'Ebn Hhawkal] Quamvis
'Abu'l Fedah se ex 'Ebn Hawkal desumpsisse profitea-
tur, quia non verbatim exscripsit, sed sum
mam rerum transtulit, & præterea in nonnullis ab eo
differt, & habet quædam scitu digna, verba ipsa Auctoris juvat hic apponere, sic itaque ille وامسا
المساقات ديمار العرب . فانى لعحط بها .

من عمان الي البحرين نحو احد عسر مرحلة .

ومس البحرين الي عمان نحو مس شهر.

ومس عمان الي اوادل مهرة نحو مابة وسح .

وسمعت اذا القاسم البصري يعول مس عمان الي
عدن ستمابة وسح منها حمسون وسح الي المسعط

عامرة وحمسون لا ساكن دها الي اول دلان مهرة
وفي السحر وطولها اربع مابة وسح والعرض في
حميع ذلك مس حمسة مراسح الي ما دون ذلك
تداها رمل .

ومس احر الشهر الي عدن مابة وسح .

ومس عدن الي حدة نحو مس شهر

ومس حدة الي ساحل الجعد نحو حمس مراحل .

ومس ساحل الجعد الي احار ثس مراحل .

ومس احار الي ابله نحو عشرين مرحلة

*Quoad distantias in Provinciis Arabum & quidem, primo
illarum Circuitus sic se habet*

Ab Abbâdân ad Al Bahhrain circiter undecim stationes
Ab 'Al-Bahhrain ad Oman circiter mensis
Ab Omân ad initia Mahrah circiter centum parasangæ
Audivi Abu'l Kasem *Al-Batri* dicentem "Ab *Omân*
"ad *Adan* sunt sexcenta parasanga, e quibus quin-
"quaginta usque ad *Masiat* sunt habitata,
"& quinquaginta in quibus nullus est habitator usque
"ad initium regionis *Mahrah*, quæ cum *Al-Shahr* in
"longum porrigitur spatio quadringentorum parasan-
"garum, cujus totius intervalli latitudo quinque para-
"sangas non excedit, quousque infra illud totum illa
"regio arenis obruta est

A sine Al Shehhr ad Adan sunt centum parasangæ
Ab Adan ad Gjoddah mensis
A Gjoddah ad litus Al Gjohhfah quinque stationes
A litore Al Gjohhfah ad Al Gjâr tres stationes
Ab Al Gjâr ad 'Ailah circiter viginti stationes
3 اول *Ego dico* Hic reliquam partem Circuitûs
Peninsulæ Arabum ab *Ailah* usque ad *Al Cûfah*, omi-
sim ab *Ebn Hhawkal* prosequitur *Abu'l Fedah*, ut pote
qui totius Peninsulæ limitem septentrionalem ad confinia *Hhalab*, & ad *Bales* usque prosequitur, quemadmodum supra vidimus pag 3

Ab *Al-Sharáh* ad *Al-Balkâ* circiter tres ſtationes

Ab *Al-Balkâ* ad fines orientaliores *Hhawrân* circiter ſex ſtationes

A finibus orientalioribus *Hhawrân* ad fines orientaliores *Gûtah* τῆς *Demaſhk* circiter tres ſtationes

A finibus orientalioribus *Al-Gutâh* ad *Salamiiah* circiter quatuor ſtationes

Inde ad *Bâles* circiter ſeptem ſtationes

A *Bales* ad *Al-Cufâh* circiter viginti ſtationes

Ab *Al Cufâh* ad *Al-Baſrah* circiter duodecim ſtationes

Ab *Al-Baſrah* ad *Abbâdân* circiter duæ ſtationes

Atque hic eſt circuitus Peninſulæ *Arabum,* quam proximè

YABRIN eſt terra ſalſuginoſa continens duos fontes, & plurima palmeta Inter utrumque fontem eſt ſpatium dimidiæ ſtationis, & amplius Major pars palmetorum eſt in vicinia duorum fontium

Yabrîn vicina eſt oppidis *Al-Hhasâ,* '*Al-Katif,* & *Al-Yamâmah*

Inter *Al-Yamâmah* & inter *Yabrîm* ſpatium eſt itineris trium dietarum, & tantumdem inter *Yabrin* & *Al-Hhasâ*

'*Al-Yamâmah, Al Hhasâ,* & *Yabrîn* ſunt inſtar figuræ Trianguli , *Al-Yamâmah* eſt in plaga occidentali, *Al-Hhasâ* in orientali, & *Al-Yabrîn* in auſtrali, ab utraque deflectens.

Dicit Auctor Libri dicti *Al-Moſhtarec*

" *Yabrin* [cum *Fatahh* ſuper *Yâ* duplici pun-
" cto infra notatum, quieſcente *Bâ* unico pun-
" cto infra notato, & *Caſr* ſub *Râ* puncto dia-
" critico libero, quieſcente altero *Yâ*, & in fine
" *Nûn*] Eſt, inquit, nomen *Arenæ,* cujus fines
" à dextra, ortum ſolis verſus, ab *Hhagr* τῆς
" *Al-Yamâmah,* adiri non poſſunt

Ego dico *Yabrîn* eſt locus admodùm inſalubris Narravit mihi quidam, qui illic commoratus eſt, incolas illius regionis credere febri correptum iri, ſi quis dactylos ejus comederit, & de aquis ejus biberit, & in umbra eorum dormierit Dactyli ejus ſimiles ſunt (Dactylo dicto) *Barni* (ſuavioris ſaporis in agro) *Al-Madinah*

E locis celebrioribus in *Al-Bahhrain*

CATHEMAH [per *Câf* & *Alef,* & *Thâ* punctatum cum *Caſr,* deinde *Mim,* & *Hâ*] Sinus eſt juxta litus maris inter *Al-Baſrah* & '*Al-Katif*

Inter *Câthemah* & '*Al-Baſrah* iter bidui

Inter *Câthemah* & *Al-Katif* iter quatridui.

ومن الشراة الي البلقاء نحو ثلث مراحل .

ومن البلقاء الي مشارف حوران نحو ست مراحل .

ومن مشارق حوران الي مشارف غوطة دمشق نحو ذلك مراحل

ومن مشارف العوطة الي سلمية نحو اربع مراحل .

ومن ثم الى بالس نحو سبع مراحل

ومن بالس الي الكوفة نحو عشرين مرحلة .

ومن الكوفة الي البصرة نحو اثني عشر مرحلة .

ومن البصرة الي عبادان نحو مرحلتين .

فهذا هو دور جزيرة العرب بالتقريب .

فيبرين في ارض سبخة تشتمل علي عينين وتخيل كثير الي عابة وبين العين والعين تقدر نصف مرحلة واكثر وعالب النخيل علي العرب من العين

ويبرين بالقرب من احساء والقطيف واليمامة .

بين اليمامة وبين يبرين تقدير مسافة ثلثة ايام وكذلك ما بين يبرين وبين الحساء .

واليمامة والحساء ويبرين علي صورة مثلثة اليمامة هي جهة العرب والحساء في الشرق واليبرين في الجنوب منها دملكة .

قال في المشترك .

يبرين [بالفتح المثناة التحتية وسكون الباء الموحدة والكسر الراء المهملة وسكون المثناة التحتية وهي اخرها دون] قال وهو اسم رمل لا يدرك اطرافها عن بهير مطلع الشمس من حجر اليمامة .

اقول ويبرين في عابة الوحامة وهن اخبرني من انس به ان اهل تلك البلاد يعتقدون ان من اكل ثمرها وشرب من ماء دها ونام في ظلها عاده نحم لا محالة وثمرها بشبه البرني ردي المدينة .

ومن الاماكن المشهورة في البحرين .

كاظمة [بكاف والف وطاء معجمة مكسورة وميم وهاء] وهو حوض علي ساحل البحر بين البصرة والقطيف .

وبين كاظمة والبصرة مسيرة يومين .

وبين كاظمة والقطيف مسيرة اربعة ايام .

وهي في سمت الجنوب عن البصرة . ويعال لها
كاظمة البحور . وفي مسارل للعرب وبها مراعي
حمده وادار كثيرة قريبه الماء .

* قال في المشترك
المشقّر حصن بالبحرين له ذكر كثير في
حمار العرب .

وبما نعله من حديثه امر عيسى ممن اقام
تلك الملاد . قال .

العارض [بعتج العين وكسر الراء المهملتين وفي
احرفها صاد معجمة] قال وهو حبل بشبه صاحك
المسحمه . وهو ممتد مدا بعيدا دحو حماه ومصر
وبظهره الى دهة الشرق وفي ظهره اليمامه وحجر
وبل مدهما عن محد العارض على دحو مرحلتين .
والعارض في النشرف عاى احدا وبسلي ودبس
العارض ودمهما نمر, وعشرين مرحله للطعم .

وإما ما وراء العارض على دسلك لعدم الماء دبه
ويسمى العبج احالي ولدس دحو من العارض ولا من
اليمامه طريق الي عمان دل الطريق من العارض
الي الحساء والعطبى ثم حسير الانسان من الحساء
والعطبى على الساحل الي عمان . قال

وحجر صعدرة ولها د د ه مرابع . وحجر قبور
الشهداه من اصحاده الدى وقتلوا في فتال مسبلمه
الكداب .

ودبس الحجر وبى اليمامه نعدر مرحلتها .
وحجر من اليمامه في العرب والشمال . وكدلك
لمامه وان حسبى

الحرح وده مرابع كثيرة واهل الحساء والعطبى
بحلبون التمر الي اليمامه وحجر وبشترون دكل
راحلتها من التمر راحله من الحطة .

ودبس اليمامه ودمر الحساء والعطبى مسبرة
اربعد ايام بالتودبد .

وفي فنكردا دبس وصعه الحجر والحرح من
عبره مما , د د ع . م , ه .

*

Sita est in recta linea meridionali respectu
Al-Basrah Vocatur autem *Câthemah Al-Bo-
hhûr*, i e marium Ibi sunt diversoria *Arabum*
Pascuis optimis abundat, habet & puteos pluri-
mos prope æstum maris

Dicit Auctor Libri dicti *Al-Moshtarec*

AL MOSHAKKAR castellum in *Al-Bah-
rain*, de quo frequens mentio est in *Arabum*
historiis.

Ex Relatione quam accepit *Ebn Isa* a quodam, qui in illa regione commoratus fuerat,

"AL-'AREDH [cum *Fatahh* super *Ain* pun-
"cto diacritico liberum, & *Casr* sub *Râ* puncto
"diacritico libero, & in fine *Dhâd*] Mons est,
"inquit, similis Lapidi albo ollæ supposito, lon-
"gissimè procul extenditur *Hhamâh* usque &
"*Mesr*, cujus dorsum plagæ orientali obversum
"est A tergo ejus sitæ sunt duæ urbes *Al-
"Yamâmah* & *Hhag r*, quæ ambæ a conspectu
"(montis istius) *Al-'Aredh* ad distantiam ferè
"duarum stationum remotæ sunt

"*Al-Aredh* situs est in orientali plaga ex
"adverso duorum montium *Agia* & *Salma* In-
"ter *Al-Aredh* & illos est intervallum viginti
"stationum itineris Camelini

"Porrò illud spatium quod ultra montem *Al-
"'Aredh* expanditur, viatoribus impervium est
"propter aquæ penuriam, & appellatur *Al-Fag
"Al Khâlî* (i e *Interstitium vacuum*) Quare
"a monte *Al-Aredh*, & ab *Al-Yamâmah* nulla
"patet via ad *Oman*, sed iter instituitur ab *Al-
"Aredh* ad *Al-Hhasâ*, & ad *Al-Katif*, inde ab
"*Al-Hhasâ*, & *Al-Katif* viatoi secundum oram
"maritimam ad *Omân* proficiscitur

"HAGR, inquit ille, urbs parva est, habet-
"que vallem sativis excultam In *Hhag r* sunt
"sepulchra Martyrum, e sociis (Prophetæ,)
"qui interfecti sunt in prælio *Mosailamah* men-
"dacis.

"Inter *Al-Hhag r* & inter *Al-Yamâmah* duæ
"stationes *Hhag r* respectu *Al-Yamâmah* ad
"occasum & septentrionem posita est *Al-Ya-
"mâmah* etiam habet vallem, quæ vocatur

"*Al-Kharg* in qua sunt sativa plurima In-
"colæ *Al-Hhasâ* & *Al-Katif* portant dactylos
"ad *Al-Yamâmah*, & *Hhag r*, & coemunt mo-
"dium unum frumenti singulis modus duplici-
"bus dactylorum

"Inter *Al-Yamâmah* & inter *Al-Hhasâ* &
"*Al-Katif* quatridui iter quam proxime

Jam itaque hoc loco descriptionem *Al-Hag r*
& *Al-Kharg* præter illam quam antea attulimus ex alio, (nempe Auctore libri *Al-Moshtarec*) apponere placuit

---

* Hinc usque ad † est Additio è Codd Poc 196 &
Grav 2.

† ‌‍ـمـ *antea attulimus*] Videlicet in prima Ldi-
tione, quam noster Codex, Poc 379 repræsentit, in

qua illa prior Descriptio extit, uti infra videbimus
post Tabulis in Descriptionibus Urium, num 35 unde præter Abu l Fedam etiam secundæ Editionis esse Auctorem, ut pluribus in Præfatione ostend mus

E   Primum

سطر العدد	الاسماء الاماكن	اسما المعول عنهم	الطول درج دقائق		العرض درج دقائق		الاقليم الحقيقي	الاقليم العرفي	
١	مكَّة	اطوال قانون ابن سعيد رسم ٤كوشيار ٥الوعكك	كا نح ٢ كا ج ٣ كا ل كا يد سر ٥٠ كا ي عر	م سر سر سر سر سر	كا كا كا كا كا كا	م ك ل ك م م	من اول الثانى	من ذهامة وقبل من أحجار	١
ب	المدينة المنورة	اطوال قانون ابن سعيد رسم الوعكك	سح ٧ل ل سح سح عج	كك كة كة كة كة	ج ج ل ج ج	كة كة كة كة كه	وريب ٨من وسط الثانى	من لحجار وقبل من نيد	ب
ج	أذله	اطوال قانون ابن سعيد	و ٩سر ١٠در نيح	م م م	كط كج ل	ج ب ب	من الثلث	من ساحل جزيرة العرب	لح
د	مَندب	اطوال قانون ابن سعيد رسم	نه ١١م٨ نو ١٢كر١٣دبى نط	سا كو سا سا	كط كط ج كط	ج ج ج ج	من اول الثالث	من ساحل الحجار	لط
ه	قَصمّا	اطوال وادس	سر ل نيح	س كو	كا١٤ب ج	ج ج	من احرر الاثانى	من دائره الشام تعريبا	كك
و	دَمُوكى	اطوال وادس ١٦لعله	نيج نيج نيج	س س كط	ل ١٥كر كر	ج ج ك	من الامالك	من دائره الشام تعريبا	دط
ز	أحْثر	اطوال	كج	س ل	ل	ل	من الثالث	من أحجار	٨٥
ح	نَثُّر	اطوال رسم ٢٠ف اس	١٨سر ١٧سر سح	ل ل كة	لح ١٩ل لط	ج ج ب	من الرابع	من دائره الشام	ل
ط	السّبَع	ابن سعيد	سن سس	كو	ج	ب	من الثانى	من ذهادم الحجار تعريبا	لو

Primum Climatum cognitorum (five Regionum,) illudque PENINSULA ARABUM									
Ordo numericus	Nomina Locorum	Nomina Auctorum & Librorum	Longit grad	min	Latit grad	min	Clima verum	Clima cognitum	Numeri transp in Edit. secunda
1	MACCAH	Atwâl	67	13	21	40	In initio secundi Climatis	In Tchâmah aliis in 'Al-Hhegjâz	1
		Kânûn	67	0	21	20			
		Ebn Saîd	67	31	21	31			
		Rafm	67	0	21	0			
		Cûfhiâr	67	10	21	40			
		Olugbegh	77	10	21	40			
2	AL MADINAH Prophetica	Atwal	65	20	25	0	In medio ferè secundi Climatis	In Al-Hhegjâz, aliis in Nagd	2
		Kânûn	67	30	24	0			
		Ebn Saîd	65	20	25	31			
		Rafm	65	20	25	0			
		Olugbegh	75	20					
3	AILAH	Atwâl	55	45	29	0	In tertio Climate	In litore Peninfulæ Arabum	38
		Kanûn	57	40	28	50			
		Ebn Saîd	58	40	30	50			
4	MADIAN	Atwâl	55	45	29	0	In initio tertii Climatis	In litore Al-Hhegjâz	39
		Kanûn	56	20	29	0			
		Ebn Saîd	61	0	27	50			
		Rafm	61	20	29	0			
5	TAIMA	Atwâl	60	0	25	0	In fine fecundi Climatis	In deferto Al-Shâm proximc	20
		Kânûn	58	30	26	0			
6	TABUC	Atwîl	58	50	30	0	In tertio Climate	In deferto Al Shâm proximc	19
		Kânûn	58	50	27	0			
		Forte	58	20	29	20			
7	AL HHEGR	Atwâl	60	30	28	30	In tertio Clim	In Al-Hhegjâz	45
8	TADMOR	Atwâl	67	0	34	0	In quarto Climate	In deferto Al-Shâm	31
		Rafm	67	0	35	0			
		Conjectura	64	0	33	50			
9	AL-YANBO	Ebn Saîd	64	0	26	0	In fecundo Climate	In Regione maritima Al-Hhegjâz proximc	36

سطر العدد	الاسماء الاماكس	اسما المنقول عنهم	الطول درج دقايق		العرض درج دقايق		الاقليم الجغيمي	الاقليم العرفي
اول من الاقاليم العرفية وهو جزيرة العرب								
ي	حنذر	اطوال قادوس ابن سعيد	سح كه / ل كه / ح كز		كه كه / كه كه		من الثاني	من الحجار تقريبا — كه
با	المهجم	اطوال	سح ح / ح يو[3]				من الاقليم الاول	من دهائم اليمن — ر
دب	زبيد	اطوال قادوس ابن سعيد[7] الوعمك	سح كه / سح كه / م كه[5] سعى كه		دد ي / دد يو[4] / ل ل[6] / دد ي		من اوايل الاول	من دهائم اليمن — و
بح	حضرمغر	ابو العقول ابن سعيد مياس	ل سر[8] / ع ح / ب سر[9]		فه ح / يح ل / فه م		من الاول	من اليمن — ط
دد	حصن الزملوك	ابو العقول	م سح[10] / يح ث[11]				من الاول	من اليمن — ي
ده	الشرجة	اطوال قادوس	م سح / سح دو[13]		در ل[12] / در ل		من الاول	من اليمن — دو
دو	حبلة	قماس ابى العقول[14]	سح يه[15] /		بح ى /		من الاول	من اليمن — ح
در	الحمن	اطوال	ل سه[16]		يس ل /		من الاول	من اليمن — با
بح	ذمار	اطوال قادوس	ح سر[17] / ح سو		سر ل / جن كك		من الاول	من اليمن — مر
يط	حلي	اطوال قادوس	سو ل[18] / سر سر[20]		كا مه[19] / ن مه[22]		من الاول	من اليمن — كه
كـ	حرضه	اطوال وقادوس رسم[23]	ل سو / ل سح		كا مه / كا مه		من اوايل الاول	من دهائم الحجار[24] — كج

		Primum Climatum cognitorum (five Regionum,) illudque PENINSULA ARABUM.							
Ordo nume-ricus	Nomina Locorum	Nomina Auctorum & Librorum	Longit grad min		Latit grad min.		Clima verum	Clima cognitum	Numeri transp in Edit fecunda
10	KHAIBAR	Atwâl	65	20	25	20	In fecundo Climate	In *Al-Hhegjâz* proxime	24
		Kânûn	67	30	24	20			
		Ebn Said	64	56	27	0			
11	AL-MAHGJAM	Atwal	64	0	15	0	In primo Climate	In regione maritima *Al-Yaman*	7
12	ZABID	Atwâl	64	20	14	10	In initio primi Climatis	In *Al-Yaman*	6
		Kânûn	65	20	14	15			
		Ebn Said	67	40	15	30			
		Olûgbegh	74	20	14	10			
13	Caftellum TEZ	Abûl Akûl	64	30	13	0	In primo Climate	In *Al-Yaman*	9
		Ebn Saîd	70	0	14	30			
		Ex conjectura	65	50	13	40			
14	Caftellum AL DEMLOWAH	Abû l-Akûl	64	40	14	0	In primo Climate	In' *Al-Yaman*	10
15	AL SHARJAH	Atwâl	64	40	17	50	In primo Climate	In *Al-Yaman*	16
		Kânûn	65	16	17	30			
16	GJOBLAH	Ex conjectura Tu Abûl Akûl	65	30	14	30	In primo Climate	In *Al-Yaman*	8
17	AL-GJANAD	Atwal	65	30	14	30	In primo Clim	In *Al-Yaman*	11
18	DHAMAR	Atwâl	67	0	13	30	In primo Climate	In *Al-Yaman*	47
		Kânûn	66	0	14	20			
19	HHALI	Atwâl	66	30	21	45	In primo Climate	In *Al-Yaman*	25
		Kânûn	67	50					
20	GJODDAH	Atwâl & Kânûn	66	30	21	45	In initio fecundi Climatis	In regione maritima *Al-Hhegjâz*	28
		Rafin	65	30	21	45			

F

اول من الاقاليم العروبية وهو جزيرة العرب								

الاقليم العربي	الاقليم الحقيقي	العرض دقايق	درج	الطول دقايق	درج	اسما المعول عنهم	الاسماء الاماكن	سطر العدد
ه	من دهانم اليمن	من اوايل الاول	كا / ل / ح / ح	جح / جح / كح / كح	ل / سر / ح / عج	اطوال / قانون / ابن سعيد / رسم	طعار	كا
كب	من اليمن	من اواخر الاول	ح / ح	كا / جح	م / ح	سو / سو	اطوال / قانون	السرّين
دج	من اليمن من همدان العملية	من الاول	ح / كر / ل	بط / يد / بح	ح / ل / ح	سو / سر / عح	اطوال / قانون / ابن سعيد	نجران	كج
ح	من دهانم اليمن	حارجة من الاول الى الجنوب	ح / ح / ح / ج / ح	يا / يح / كج / كج / يا	ح / ع / سه / سو / عو	اطوال / ابن سعيد / رسم / دسيه / الوعمك	عدن	كد
ه	من اليمن	من اوايل الاول	ل / ل / ل / ل / ل	بح / كك / بح / بد / بح	ح / سر / عا / سح / عر	اطوال / قانون / ابن سعيد / رسم / الوعمك	صنعا	كه
دط	من الحجاز	من الثانى	دا / ده	ح	سر	اطوال	دثّ مرّ	كو
كر	من اليمن	من الاول	بو / بح	ح / ل	سر كك / سر كح	اطوال / ابن سعيد	صعدة	كز
مط	من اليمن	من الاول	كا / به	ك	سر	اطوال	حيوان	كح
دح	من الحجاز نغريسا	من اوايل الثانى	كا / كا / طا / كا / طا	كا / ي / طح / كح / ل	ل / سر / سح / سح / كر	اطوال / قانون / ابن سعيد / رسم م / الوعمك	الطائف	كط
كر	من الحجاز	من الثانى	به	ح	سر	اطوال	الفُرع	ل

Primum Climatum cognitorum (five Regionum,) illudque PENINSULA ARABUM

Ordo numericus	Nomina Locorum	Nomina Auctorum & Librorum	Longit grad	min	Latit grad	min	Clima verum	Clima cognitum	Numeri transp n Edit fecunda
21	DHAFAR	Atwâl	67	30	13	20	In initio primi Climatis	In regione maritima	4
		Kânûn	67	0	13	30			
		Ebn Saîd	73	0	15	0			
		Rafm	78	0	15	0			
22	AL-SERKAIN	Atwâl	66	40	20	0	In finibus primi Climatis	In Al-Yaman	43
		Kânûn	66	0					
23	NACRAN	'Atwâl	67	0	19	0	In primo Climate	In Al-Yaman	12
		Kânûn	67	30	17	0			
		Ebn Saîd	75	0	18	30			
24	ADAN	Atwâl	67	0	11	0	Extra primum Clima ad Auftrum	In regionibus maritimis Al-Yaman	3
		Ebn Saîd	70	0	12	0			
		Rafm (iud)	65	40	13	0			
		Exemplar (a-	66	0	13	40			
		Olûgbegh	76	0					
25	SANA	Atwâl	67	0	14	30	In initio primi Climatis	In 'Al-Yaman	5
		Kânûn	67	20	14	30			
		Ebn Saîd	71	30	14	30			
		Rafm	63	30	14	30			
		Olûgbegh	77	0	14	30			
26	BATNMARR	Atwâl	67	0	21	55	In fecundo Cl	In Al-Hhegjâz	29
27	SADAH	'Atwâl	67	20	16	0	In primo Climate	In Al-Yaman	13
		Ebn Saîd	67	20	18	30			
28	KHAIWAN	Atwâl	67	21	15	20	In primo Clim	In Al-Yaman	49
29	AL-TAIEF	Atwâl	67	30	21	20	In initio fecundi Climatis	In Al-Hhegjâz proxime	18
		Kânûn	67	10	21	50			
		Ebn Saîd	68	31	21	40			
		Rafm	68	20	21	20			
		Olugbegh	77	30	21	20			
30	AL-FOR	Atwâl	67	30	25	0	In fecundo Cl	In Al-Hhegjâz	21

اول من الاقاليم العروبة وهو حزيرة العرب							
الاقليم العربي	الاقليم الطبيعي	العرص درج دقائق	الطول درج دقائق	اسما المعول عنهم	الاسماء الاماكن	سطر العدد
ده	من اليمن	من الاول	ح در سر سو	ح در سر ٢	ح در سه ٢	اطوال قانون رسم	حرش	لا
بد	من اليمن	من الاول	ح سج جو ل ح در ي	سو عو سو	اطوال ابن سعين رسم	مارب ويقال لها سبا	لب
د	من يحن	من احر الثاني	و كو سج ى ح كر سج ح		اطوال رسم	قنين	لج
مج وصدم حصرموت	حارجا عن الاول للحجوب	ل يجن عا ح عا ح		اطوال ورسم قانون	شبام وصدم حصرموت	لد
مو	من اليمامة	من اوايل الثاني	ح كبج عا ي		مياس	ياحجر	له
لبى من احجار وقبل من العروص وهو الاعج	من اوايل الثاني	ل كا عا مه ل كا عا مو ح كبج وب		اطوال ورسم ابن سعين الوعنك	الساملة	لو
له	من اليمن	حارجة عن الاول	ح يجن عبى ل ل يجن عى		اطوال ابن سعين	مرباط	لز
له	من المغرب	من اوايل الثاني	ح كبج عبى ل ح كج عى ل ح كج بجى ل		اطوال ريج الوعنك	الاحسا	لح
له	من المغرب	من الثاني	ح كبج عج مه عى كك عى ح كك عى ح		مياس ريج الوعنك	العطف	لط
م	من المغرب	من الاول	كب يط عى ح مه يط عى ح جو يط لبى وا جو يط جو ح كب يط عى ح		اطوال قانون ابن سعين رسم الوعنك	صحار وصنة عمان	م

Primum Climatum cognitorum (sive Regionum,) illudque PENINSULA ARABUM									

Ordo nume-ricus	Nomina Locorum	Nomina Auctorum & Librorum	Longit grad min		Latit grad min.		Clima verum	Clima cognitum	Numeri transp in Edit secunda
31	GJORASH	Atwâl	67	50	17	40	In primo Climate	In *Al-Yaman*	15
		Kânûn	67	0	17	5			
		Rafm	65	0	17	0			
32	MAREB, quæ & vocatur SABA	Atwâl	68	0	14	0	In primo Climate	In *Al-Yaman*	14
		Ebn Sa'îd	76	30	16	0			
		Rafm	64	0	17	10			
33	FAID	Atwâl	68	10	26	50	In fine secundi Climatis	In *Nagd*	17
		Rafm	68	20	27	0			
34	SHEBAM Metropolis HHADHRAMAWT	Atwâl & Rafm	71	0	12	30	Extra primum Clima Austrum versus	Metropolis *Hhadhramawt*	48
		Kânûn	71	0	12	0			
35	AL-HHAGR	Ex Con-jectura	71	10	22	0	In initio secundi Clim	In *Al-Yamâmah*	46
36	AL-YAMAMAH	Atwâl & Rafm	71	45	21	30	In initio primi Climatis	In *Al-Hhegjâz*, alii in *Arudh*, quod verius est	32
		Ebn Sa'îd	71	16	21	21			
		Olûgbegh	82	30	22	0			
37	MERBAT	Atwâl	72	30	12	0	Extra primum Clima	In *Al-Yaman*	33
		Ebn Sa'îd	74	0	14	30			
38	'AL AHHSA	Atwâl	72	30	22	0	In initio secundi Climatis	In *Al-Bahhrain*	34
		Tabb Astro-nomicæ	73	30	24	0			
		Olugbegh	83	30	24	0			
39	AL KATIF	Ex conjectura	73	55	22	0	In secundo Climate	In *Al-Bahhrain*	35
		Tabb Astro-nomicæ	74	0	25	0			
		Olûgbegh	84	0	25	0			
40	SOHHAR Metropolis OMAN	Atwâl	74	0	19	20	In primo Climate	In *Al-Bahhrain*	40
		Kânûn	74	0	19	45			
		Ebn Sa'îd	81	32	19	16			
		Rafm	85	0	19	45			
		Olûgbegh	84	0	14	20			

G

اول من الاقاليم العرفية وهو جزيرة العرب						
الاقليم العرفي	الاقليم الحقيقي	العرض درج دقايق	الطول درج دقايق	اسما المنقول عنهم	الاسماء الاماكن	سطر العدد
من تهايم الحجاز الشمالى ٥	من الثانى	كه ' كه كه كه	عن كا عه ح	اطوال الوعكك	احد العجرين	ما
من اليمن	من الاول	ح	دو ح	اطوال	احد بلاد مهـرة	مب

NOTÆ ad præcedentem Tabulam

Pag 18

1 سر 67 grad] Ita Poc 196 & Grav 2 pro سو 66 quod est malè in nostro codice, & S Z incuria Librariorum Veram Lectionem confirmat *Kalkashandi* pag 397 ubi de *Maccah*, ipsis numerorum dictionibus integris appositis, quæ scribendi ratio omnem dubitationem tollit, nec obnoxia est literarum numericarum scriptio compendiosa quidem, sed plerumque fallax, sic itaque ille ex Auctore nostro *Abu l Fedah*, في دعوم البلدان، وموضعها في اول الاقاليم من الاقاليم السبعة درجة . " In Libro dicto *Takwim Al-Boldán*, Positio ejus (Maccah) sic habetur In initio Climatis secundi e Climatibus septem Dicit Auctor Libri Atwâl Longitudo ejus sexaginta septem graduum

2 كه 13 min] In omnibus codicibus hæ duæ literæ numerorum notæ carent punctis diacriticis, ac proinde possunt accipi vel pro 53 vel pro 13 Hoc dubium tollit *Kalkashandi* ibidem his verbis explicite وكذلك ٨ه٩ه٨ه & tredecim min

3 سو grad] Ita etiam ex prædictis codicibus restituimus quod mendosè in nostro & S Z incuria 66 veram Lectionem confirmante eodem *Kalkashandi* hoc modo supra laudato وال في العادون طولها سبع وستون درجة . " Dicit Auctor Libri *Al Kânûn* Longitudo ejus septem & sexaginta grad Gravius in Impresso hanc & præmissas Lectiones ritè habet, quamvis è nostro codice descripserit, sed è suo codice Grav 2 errorem sentiens emendavit

4 كوشيار Cushiâr] Hoc nomen insignis Astronomi, qui sub finem sæculi Hegiræ quarti florebat, pessimè scriptum in omnibus codicibus, videlicet in nostro كورسيار in Poc 196 & in Grav 2 كوستيار restituimus è *Kalkashandi*, qui habet كوشيار وال كوشيار Dicit *Cushiâr* Ita & Gravius in Impresso partim è suo codice Grav 2 supplendo puncta diacritica, partim quod alunde nosset hunc Astronomum ipse insignis Mathematicus

5 ي 10 min] Ita restituimus è Poc 196 & Gr 2 sed præcipue è *Kalkash* qui diserte habet عشرة دقيقه & decem min pro يه, quod est in nostro sine punctis diacriticis Gravius, qui nostrum hic sequitur, scripsit in Impresso يه 15 sed prior Lectio præferenda

6 اولغبك *Olûgbegh*, sive ut alii pronunciant *Ulugbegh*] Sic per compendium hoc nomen scribitur in nostro codice, quod illis duobus vocibus constat hoc modo اولوغ بك *Olug Begh*, i e *Tatarice Magnus*

Princeps Is revera fuit magnus Mogolorum Imperator, Magni *Timûr* vulgo *Tamerlani*, nepos, & ipse suis temporis Mathematicorum Princeps, de quo v cl *Thomæ Hydi* Præfationem ad ejusdem *Olug Beigh* Tabulas Longit & Lat Stellarum fixarum ab eo editas Oxon 1665 & *Job Gravii* Præf ad ejusdem Tabulam Geographicam urb um, editam Lond 1652 & Oxon 1711 è quibus discimus *Olûg-Beighum* Tabulas anno *Hegiræ* 841 Christi 1437 edidisse Cum autem *Abul Fedah* Geographiam suam absol erit anno *Hegiræ* 721 Christi 1321 sequitur *Abul-Fedam* ante *Olug Beighum* annis ferè 120 scripsisse Mirum itaque videri deber quod nomen *Olûg Beigh* inter Auctores ab *Abul Feda* laudatos hic & passim in sequentibus compareat in nostro codice, eoque solo, nam nullibi in omnibus aliis codicibus quos vidi, legitur, ne quidem in *Kalkashandi* & *Spahi Zadih*, qui post *Olug Beighum* vixerunt At saltem inde nostrum codicem post ætatem *Olug Beighi* exaratum fuisse colligimus Gravius ob rationes supradictas *Olug Beighi* nomen in Impresso è Tabulis *Abu'l-Feda* eliminavit Nos hac præmonitione contenti cum cl viris *Sam Clerico*, & *Gul Guisio*, qui illud in suis Apographis descripserunt, retinemus Causam hujus Anachronismi in παρέργω ad finem harum Notarum pag 28 subjecto ostendemus

7 سر 67 grad 30 min] Ita omnes codices cum nostro absque ulla variatione, quantumvis absurda sit hæc Longitudo τῆ *Al-Madinah*, quæ hic eadem ponitur cum Longitudine quam idem Auctor τῆ *Maccah* attribuerat, addendo insuper 30 minuta adeo ut secundum illum *Al-Madinah* orientalior sit quam *Maccah* triginta minutis, cum apud omnes alios Geographos *Al-Madinah* sit occidentalior duobus ferè gradibus *Kalkashandi* non sinit nos dubitare de vera Lectione, sic enim illam disertis verbis exhibet وال في العادون . " Dicit Auctor Libri طولها مع وستون درجة ونصف *Al Kânûn* Longitudo ejus septem & sexaginta graduum cum dimidio Quid quod Gravius in Impresso candem Longitudinem ponens ipsius *Al-Biruni* codicem cujus erit possessor, uti in Præf ad Lectorem pag 7 confiteretur, si quid esset varantis Lectionis, & errorem Positionis emendare Nihil tamen ea de re obloquit Ita nec *Al Birunus*, quem tantopere laudat *Abu l Fedah*, appellando cum هذا الاستاذ هذا الفن hujus argumenti Geographici Magistrum, tanti scrupuli reus fuerit

8 وردى ferè] Ita cum nostro habet *Kalkashandi* in masc Poc 196 Grav 2 & S Z وردى, in fœm

9 ز 57 grad e min] Ita cum nostro S Z At verò Poc 196 & Grav 2 دن نه 55 grad 55 min quos sequitur Grav in Impresso

در 10 ي

Primum Climatum cognitorum (five Regionum,) illudque PENINSULA ARABUM.

Ordo numericus	Nomina Locorum	Nomina Auctorum & Librorum	Longit grad min	Latit grad min.	Clima verum	Clima cognitum	Numeri transp in Edit secunda.
41	Extrema pars Al-Bahhrain	Atwâl Olûgbegh	74 20 83 0	25 15 25 15	In secundo Climate	In ultimis partibus Al-Bahhrain septentrional	41
42	Extrema pars regionis Mahrah	Atwâl	75 0	16 0	In primo Climate	In Al-Yaman	42

Notæ ad præcedentem Tabulam

10 ‫سر‬ 57 grad] Poc 196 & Grav 2 ‫سو‬ 56 quos sequitur Grav in Impresso

11 ‫مه‬ 45 min] Ita omnes, excepto S Z qui habet ‫ی‬ 50

12 ‫کز‬ 27 grad] Ita & S Z cum nostro Poc 196 & Grav 2 ‫و‬ 26 quos sequitur Grav in Impresso

13 ‫دب‬ 52 min] Ita omnes, excepto S Z qui habet ‫دب‬ 12

14 ‫که‬ 25 grad] Ita & S Z cum nostro & Grav in Impresso Poc 196 & Grav 2 ‫ل‬ 30

15 ‫کز‬ 27 grad] Omnes alii codices ‫کو‬ 26 quos sequitur Grav in Impresso

16 ‫لعله‬ forte &c] Desunt omnibus aliis Codicibus

17 ‫سز‬ 67 grad] Ita & S Z cum nostro Poc 196 & Grav 2 ‫سب‬ 62 quos sequitur Grav in Impresso

18 ‫سز‬ 67 grad] Ita & S Z & Grav in Impresso, cum nostro Poc 196 & Grav 2 ‫سو‬ 66

19 ‫ل‬ 30 grad] Ita & S Z cum nostro Poc 196 & Grav 2 ‫له‬ 35 quos sequitur Grav in Impresso.

20 ‫قیاس‬ Ex conjectura &c] Desunt in omnibus aliis codicibus

Pag 20

1 ‫سز‬ 67 grad] Omnes alii codices ‫س‬ 60 Grav in Impresso nostrum sequitur

2 ‫کز‬ 27 grad] Ita & S Z cum nostro Poc 196 & Grav 2 ‫کو‬ 26 quos sequitur Grav in Impresso

3 ‫یز‬ 17 grad] Ita & S Z cum nostro Poc 196 & Grav 2 ‫یو‬ 16 quos sequitur Grav in Impresso

4 ‫مه‬ 15 min] Poc 196 Grav 2 & S Z ‫ی‬ 10 quos sequitur Grav in Impresso

5 ‫سز‬ 67 grad] Ita & S Z cum nostro Poc 196 & Grav 2 ‫سو‬ 66 Grav in Impresso nostrum sequitur

6 ‫ل‬ 30 min] Ita Poc 196 & Grav 2 quos sequitur Grav in Impresso S Z ‫ی‬ 20

7 ‫الوملک‬ 'Olûgbegh &c] Desunt in aliis omnibus Codicibus

8 ‫سز‬ 67 grad] Omnes alii ‫سد‬ 64 quos sequitur Grav in Impresso

9 ‫سز‬ 67 grad 50 min] Omnes alii ‫سه‬ 65 30 quos sequitur Grav in Impresso

10 ‫سد‬ 64 grad 40 min] Ita & S Z cum nostro Poc 196 & Grav 2 ‫سه‬ 65 30 Grav nostrum in Impresso sequitur

11 ‫ز‬ o min] Ita omnes Grav in Impresso ‫ه‬ male

12 ‫یز‬ 17 grad] Omnes alii ‫یو‬ 16 quos Grav sequitur in Impresso

13 ‫یو‬ 16 min] Omnes alii ‫م‬ 40 quos sequitur Grav in Impresso

14 ‫ابی العقول‬ 'Abu'l-Akûl] Ita omnes in casu obliquo genitivi Gravius in Impresso ‫وابی العقول‬ & 'Abu 'Alakul, quasi Kiyas, quod præcedit, & Abu Al-'Akûl, essent duo distincti Auctores, Kiyas autem non est nomen proprium Viri, vel Libri, sed nomen substantivum significans mensuram, proportionem, comparationem, & proprie hoc loco conjecturam ex comparatione factam ab Auctore aliquo, qualis, hoc loco, est Abu l- Akûl citatus ab Abul-Fedah Alias Kiás sine addito ponitur pro conjectura ipsius Abù l-Feda, uti monuimus in Præfatione, ubi de Auctoribus ab 'Abù l-Fedah citatis

15 ‫مه‬ 15 min] Omnes alii ‫ه‬ o quos Grav sequitus in Impresso scribit ‫ح‬ 8 perperàm accipiendo ‫ح‬ pro ‫ه‬, figurarum similitudine deceptus

16 ‫له‬ 65 grad 30 min] Ita & S Z & Grav in Impresso Poc 196. & Grav 2 ‫سو‬ 66 o Deinde ibidem, ‫ه‬ in Poc 196 & Grav 2 iisque solis, sequitur nullo Auctore Longit ‫سه‬ 75 grad o min Latit ‫یز‬ 17 grad o min Quæ extant in nostro codice infra ad Nag'ran Auctoribus 'Al-Birunio in Canone, & Ebn Said

17 ‫سز‬ 67 grad] Ita Poc 196 & Grav 2 quos sequitur Grav in Impresso S Z habet ‫سو‬ 66

18 ‫ل‬ 30 min] Ita omnes alii cum nostro, sed Grav in Impresso ‫ک‬ 20

19 ‫که‬ 21 grad 45 min] Ita noster, omnes alii ‫یح‬ 18 50 quos sequitur Grav in Impresso

20 ‫سز‬ 67 grad] Ita in nostro, omnes alii ‫سو‬ 66

21 ‫ل‬ 50 min] Ita Poc 196 & Grav 2 quos sequitur Grav in Impresso S Z ‫ک‬ 20

22 Deest Latitudo in nostro codice, & in omnibus aliis Hinc supplet S Z hoc modo ‫یح‬ 18 grad 50 min

23 ‫و‬ &] Hæc copula deest in nostro codice, illamque omittit Grav in Impresso, sed habetur in omnibus codicibus, quare illam restituimus, ut omnino necel sarium

24 ‫بلدة‬ regione maritima] Deest in nostro, & in Grav Impresso Habent alii codices

Pag 22

1 ‫سز‬ 67 grad] Omnes alii ‫سو‬ 66 quos sequitur Grav in Impresso

2 ‫عج‬ 73 grad] Ita & Grav in Impresso Omnes alii ‫عح‬ 78 melius

3 ‫اواخر‬ finibus] Omnes alii ‫احر‬ fini, quos sequitur Grav in Impresso

Notæ ad præcedentem Tabulam

4 ز سر 67 *grad* 0 *min*] Ita & Grav in Impreſſo Poc 196 & Grav 2, ڪ سو 66 20

5 ز طب 19 *grad* 0 *min*] Ita & Grav in Impreſſo Poc 196 & Grav 2 ز طي 16 0

6 ر ل 67 *grad* 30 *min*] Ita & Grav in Impreſſo Poc 196 & Grav 2 ڪ سو 66 20 ubi & Latit eadem quæ ſupra ز طي 16 0

7 ز اڪ 75 *grad* 0 *min*] Ita & Grav in Impreſſo Poc 196 & Grav 2 ڪ سو 67 20

8 Hic deeſt Latitudo in noſtro codice Poc 196 & Grav 2 havent ل 18 30 & ita ſupplevimus Grav in Impreſſo ز ر 17 0 quæ eſt Latitudo mox antepoſita in noſtro pertinens ad *Kânûn* In codice S Z omittitur utraque & Longitudo & Latitudo urbis *Nag rân*

9 ر 40 *min*] Poc 196 & Grav 2 0 min quos ſequitur Grav in Impreſſo

10 اڪسو *Exemplar* (aliud)] Nulla hic codicum variatio, niſi quod *Gravius* hanc dictionem Latinis literis reddiderit *Niſcha*, quæ vox nihil, merè fictitia, & Arabibus prorſus ignota eſt Quod ſi ejus ſignificationem intellexiſſet, efferre debuerat *Noskhah*, i e *Exemplar* ex alio libro deſcriptum

11 سو 66 *grad*] Poc 196 & Grav 2 سو 65 quos ſequitur Grav in Impreſſo

12 اولوبعر *Olûgbegh*] Hunc Auctorem ſolus habet codex noſter v quæ ſupra pag 26 Nota 6 de illo monuimus

13 ر سو 67 *grad*] Ita & S Z & Grav in Impreſſo Poc 196 & Grav 2 ر سو 66

14 ڪسو 63 *grad*] Ita & Grav in Impreſſo Poc 196 Grav 2 & S Z سو 68 Forſan in his omiſſum punctum diacriticum in ح incuria Librarii Sed quando

venit pro 3 ferè ſemper ſcribitur ڪ ſive cum puncto ſive ſine illo

15 ڪ سو 67 *grad* 20 *min*] Ita & Grav in Impreſſo, & S Z Poc 196 & Grav 2 سو 68 0

16 ڪ سو 67 *grad* 20 *min*] Ita & Grav in Impreſſo, & S Z Poc 196 & Grav 2 ل رو 76 30 Ibidem ſequitur ſine Auctore Longit ز سو 64 0 Latit ى رز 16 10

17 ں 50 *min*] Ita & Grav in Impreſſo Poc 196 Grav 2 & S Z 0

Pag 24

1 سو 65 *grad*] Ita omnes excepto S Z qui habet سو 67

2 ل 30 *min*] Ita & Grav in Impreſſo, & S Z Poc 196 & Grav 2 0

3 ڪسو 72 *grad*] Omnes alii ڪڪ 73

4 رحد *Tabb Aſtronomicæ &c*] Deſunt omnibus aliis ut & *'Olûgbegh &c* qui ſequitur in noſtro

5 اد 55 *min*] Ita & Grav in Impreſſo, & Poc 196 & Grav 2 Habet S Z اد 15

6 ز 0 *min*] Ita & S Z Poc 196 & Grav 2 ل 35 quos ſequitur Grav in Impreſſo

7 رحد *Tabb Aſtronomicæ &c*] Deſunt omnibus aliis, ut & *Olûgbegh &c* qui ſequitur in noſtro

8 سو 32 *min*] Poc 196 & Grav 2 ز 0 Grav in Impreſſo 15

9 اد 85 *grad*] Omnes alii رو 84

Pag 26

1 اد 15 *min*] Poc 196 & Grav 2 اد 45 quos ſequitur Grav in Impreſſo Non habet S Z Longit neque Latit

---

Πάρεργον ad pag 26 nota 6

Vir cl *Theophilus Sigifredus Bayerus* in Præfatione ad *Muſeum Sinicum* editum Petropoli an 1730 pag 21 loquens de Cyclo ſexageno Chataiorum à *Johanne Gravio* edito hæc habet " Joannes Gravius non hujce modo " Cyclum, ſed alios etiam publicavit cum Ulugbegi " Turciſtaniæ reguli Epochas è Perſico Latinè conver- " tit Opus ſanè inſigne Olugbegum mentitur Naſſi- " reddini enim eſſe Golius deprehendit, ut ne verbum " quidem exciderit, aut immutatum fuerit Ita etiam " evenit ut ejuſdem Naſſireddini geographia Olugbegi " nomine exierit In qua ſententia adverſantem habeo " neminem, qui Naſſireddini & Ulugbegi μοχμαρφώνα " à Gravio edita comparaverit Igitur non dubito " quin etiam tabulæ ſtellarum fixarum, quas Thomas " Hyde tanquam Auctore Olugbego prodixit, Naſſi- " reddini ſint Nam cum Olugbegus princeps eſſet & " ingenio ſummo & doctrina excellenti, ita fortè con- " tigit, ut ſcripta ante eum annis centum & amplius, " ſeu per adulationem, ſeu quo alio errore, ei attri- " buerentur ſuripere gloriam tot librorum Naſſired- " dino ipſum voluiſſe vix mihi aliquis perſuaſerit

Quod *Golius Naſſireddinum* Libro de Cyclo Chataio- rum & variatum Epochatum eſſe verum Auctorem de- prehenderit, quocquo modo ſe res habeat, non eſt hic diſputandi locus At vero quod *Ulugbegus* etiam Ta- bulas Geographicas eidem *Naſſireddino*, ſive ipſe, ſive adulator ejus aliquis ſuripuerit, ut contendit iſte do- ctus, huic ſententiæ me oppidò adverſantem habebit, qui, uti provocat, utriuſque & Naſſireddini & Ulugbegi μοχμαρφώνα à Gravio edita diligenter comparaverim Et quidem omnia loca in utraque Tabula poſita ad amuſ-

ſim exactè conveniunt, quod eſt ipſius *Gravii* opus in ſuis excerptis, ut vocat, quatenus comparatio facilius inſtituatur, ſed ſi Poſitiones Longitudinum & Latitu- dinum conferamus, nemo eſt qui differentiam non vi- deat Exemplo eſto urbs *Samarkand*, Imperii ipſius *'Olûgbeghi* Metropolis, cujus Longitudo ſecundum *Naſ- ſireddinum* eſt 98 grad 20 min & Latitudo 40 grad 0 min At ſecundum *Ulugbegum* Longitudo 99 grad 16 min & Latitudo 39 grad 37 min additis etiam ad majorem axelecmar 23 ſecundis minutis, ut obſervat idem *Gravius* in fine ſuæ Præfationis Itane doctiſſi- mus Princeps cum tanto inſtrumentorum apparatu, & celeberrimorum Mathematicorum ſui temporis auxilio, *Naſſireddini* Tabulas duntaxat ad verbum exſcripſiſſe dicendus eſt ?

Sed ut ad propoſitum noſtrum revertamur, cui *Sa- muel Clericus* & cl *Guſius* in Apographis ſuis nomen *Olûgbegh* retinuerint, videntur crediſſe has Longitu- dines & Latitudines ſub hoc nomine eſſe Additamenta Librarii ex iſtius Principis Tabula, ſed res illæc ſe habet, nam iſta Poſitiones deſumptæ ſunt ex Tabula ipſius *Naſſireddini*, ut conferenti patebit Quare ſuper- eſt ut dicamus *'Abu'l Fedam*, ſiquidem illarum Auctor fuerit, ſcripſiſſe nomen *Naſſireddini*, ſed Libri rarum ignarium ſubſtituiſſe nomen *Olûgbeghi*, propter famam & celebritatem tanti Principis, virum de Chronologia ſolicitus, vixeritne ante vel poſt *Abu'l Fedam* De cæ- tero *'Abu'l Fedah Naſſireddini* paſſim honorificam facit in hoc opere mentionem, præcipue num 417 ubi de *Marâgah* civitate agitur, in cujus vicino tumulo ille juſſu *Holaci* Imperatoris obſervationes ſuas habuit

DESCRI

DESCRIPTIONES ET NARRATIONES GENERALES.

الاوصاف والاخبار العامة

1 MACCAH [cum *Fatahh* super *Mîm*, & *Fatahh* super *Câf*, & *Tashdîd*, & in fine *Hâ*] sita est in valle inter montes sativis destitutos In ea est *Al-Ca'bah* in medio Templi *Al-Hharâm*, cujus descriptionem, propter ejusmodi celebritatem omittimus Vallis *Maccah* vocatur

١ ومَكَّة [بالميم المفتوحة والكاف المفتوحة المشددة وفي اخرها ها] في واد جبال غير ذي زرع. وبها الكعبة في وسط المسجد الحرام. ولشهرها ذلك ¹ تركنا وصفها ويقال لبطن مكة

1 تركنا *omittimus*] Scilicet *Abû l Fedah* Mohammedanis scribens urbis adeo apud illos celebris descriptionem minimè necessariam, præsertim compendio studens, judicavit At verò *'Al Edrîsî*, qui jussit *Rogerii Siciliæ* Regis in gratiam Christianorum suam Geographiam fusius adornavit anno *Hegjræ* 548 Christi 1153 i e ante *Abu l Fedam* annis 173 hanc habet descriptionem, quam pridem vir doctissimus *Edwardus Pocockius* in Notis ad Specimen Hist *Arabum* pag 122 Arabicè & Latinè exhibuit, quamque nos paucis pro nostra methodo immutatis adducemus, ut sequitur, ومدينة مكة شرفها الله قديمة ازلية البناء مشهورة الاسماء معمورة مقصودة من جميع الارض الاسلامية واليها حجهم المعروف وهي مدينة بين شعاب الجبال وطولها من المعلاة الى المسفلة نحو ميلين وهو من جهة الجنوب الى الشمال ومن اسفل جبل اجياد الى ظهر جبل قعيقعان ميل

والمدينة مبنية في وسط هذا القضا وبنيانها حجارة وطين وحجارة بنيانها من جبالها واسواقها قليلة.

وفي وسط مكة مسجدها الجامع المسمى الحرام وليس لهذا الجامع سقف وانما هو داير كالحظيرة.

والكعبة وهو البيت المسقف في وسط الحرام وهذا البيت طوله من خارجه من ناحية الشرق اربعة وعشرون ذراعا وكذلك طول الشقة التي تقابلها في جهة المغرب.

وبشرقي هذا الوجه باب الكعبة وارتفاعه على الارض نحو قامة وسطح الكعبة من داخل مساو لاسفل الباب.

وفي ركنه الحجر الاسود.

وطول الحائط الذي من الجهة الشمال وهو الشامي ثلاثة وعشرون ذراعا وكذلك الشقة الاخرى التي تقابلها في جهة اليمن ومع اصل هذه الشقة موضع محجور في داير وطوله خمسون ذراعا وفيه حجر ابيض يقال انه قبر اسمعيل بن ابراهيم عليهما السلام.

وفي الجهة الشرقية من الحرام قبة العباس وبئر زمزم وقبة اليهودية.

وما استدار بالكعبة كله حطيم يوقد فيه بالليل مصابيح ومشاعل.

وللكعبة سقفان وماء السقف الاعلى يخرج منه الى خارج البيت في ميزاب من خشب وذلك الماء يقع على الحجر الذي قلنا انه قبر اسمعيل.

والبيت كله من خارج على الجدارات مكسو ثياب الحرير العراقية لا يظهر منه شي.

وارتفاع سمك البيت المذكور سبعة وعشرون ذراعا وهذه الكسوة فيها بازرار وعرى وصاحب بغداد المسمى بالخليفة يرسلها في كل سنة اليها فتكسا بها وتزال الاخرى عنها ولا يقدر احد يكسوها غيره

وفيما يذكر اهل الخبر ان الكعبة كانت بيت ادم عليه السلام. وكانت مبنية بالطين والحجارة فهدمها الطوفان وبقيت مهدمة الى مدة ابراهيم واسمعيل عليهما السلام. فيقال ان الله امرهما ببنائها فنهض ابراهيم عليه السلام الى ابنه اسمعيل وتعاونا في بنائها بالحجر والطين.

وليس بمكة ماء جار الا شي اجري اليها من عين على بعد من البلد ولم يستقم فلما كانت ايام المقتدر من بني العباس استقام بناؤه.

ومياه مكة زعاف لا تسوغ لشارب واطيبها ماء بئر زمزم وماؤها شروب غير انه لا يمكن الادمان شربه.

وليس بجميع مكة شجر مثمر الا شجر البادية.

ويسكن صاحب مكة في قصر له بالجهة الغربية بموضع يعرف بالمربعة على ثلاثة اميال من مكة.

BACCAH [per *Bâ* cum *Fatahh*]

Dicit *Al-Gjawhari* in (Lexico dicto) *Sahhâhh*
Vallis *Maccah* appellatur *Baccah* propter frequentiam hominum in ea se comprimentium,
à verbo بكّ *Baccaho*, quod idem significat ac
زحمه *Zahhamaho, compressit eum*

Murus eam cingit

In *Al-Hharâm* est puteus *Zamzam*, qui puteus situs est e regione portæ *Cabah*, & super
hunc extructa est fornix

II AL-MADINAH, (sive urbs) Apostoli, cui
Deus adprecetur, & salutem largiatur, [cum
Fatahh super *Mim*, cætera nota sunt] Appel-
latur etiam

قال في صحاح الجوهري، وسمي بطن مكة بكّه
ازدحام الناس وبه لاده من بكّه اى رحمة

وبحيط بها سور

* وبالحرام بئر زم زم وفي البئر المشهوره تجاه
باب الكعبة وعليها به مسيبة †

ب * والمدينة مسكن الرسول صلى الله عليه وسلم [بفتح
الميم والباقي معلوم] ويقال لها

"*Maccah*, quam Deus nobilitet, urbs antiqua, inde
"à seculo condita, fama celebris, incolis frequens, &
"quam ab omnibus terris *Eslamicis* conveniunt, &
"Peregrinationem illam notissimam instituunt Civi-
"tas est inter anfractus montium sita Longitudo ejus
"à superiore ipsius parte, usque ad inferiorem, pas-
"suum est circiter bis mille, idque ab austro ad septen-
"trionem, & ab imo montis *Agjad* ad dorsum mon-
"tis *Koʾika* ân mille passus sunt

" In medio hujus spatii urbs extructa est, & ædificia
"ejus sunt ex lapidibus & luto Lapides autem æd-
"ficiorum ejus ex ipsius montibus (excisi) sunt Iota
"habet pauca

" In medio *tîs Maccah* est Templum conventûs, quod
"vocatur *Al-Hharâm* (sc Asylum, seu locus inter-
"dictus, vel sacer) Hoc (Templum) conventûs tecto
"caret, atque est rotundum instar caulæ (sive septi
"ovium)

" Al Cabah autem est Domus tecto operta in medio
"*Al-Harâm* Domûs istius longitudo extrinsecus ori-
"entem versus 24 cubitorum est, eademque opposʿti
"lateris quod occidentem spectat longitudo

"Ad partem orientalem est porta *tîs Al Caʾbah* cu-
"jus elevatio supra terram est circiter (hominis) sta-
"turæ, & ipsius *Al Caʾbah* pavimentum interius limini
"portæ inferiori æquale est

" In ejus angulo, (qui portæ vicinus est) extat La-
"pis niger Porro longitudo parietis qui septentrio-
"nem spectat, nempe plagam *Al-Shâm*, (i e Syria)
"23 cubitorum est, ac totidem pars altera quæ ei
"opposita *Al-Taman* versus Et juxta fundamen-
"tum hujus partis locus est inclusus in circulo, lon-
"gitudine 50 cubitorum, in quo est Lapis albus, qui
"*Ismâil* filii *Ebrâhim*, ambobus sit pax, sepulchrum
"perhibetur

" Ad partem orientalem *Al-Hharâm* est fornix seu
"sacellum *Al Abbâs*, & puteus *Zimzam*, & sacellum
"*Al-Tehûdiah*

" Quod autem *tîs Al Caʾbah* ambit septum, in toto
"illo noctu lampades ac faces incenduntur

" Porro *tîs Al Caʾbah* bina sunt tecta, à quorum su-
"periori aqua effunditur extra Domum per ميزاب
"ligneum, ita ut decidit in lapidem quem diximus Se-
"pulchrum *Ismâil* censeri

" Domus autem pars exterior tota vestibus è serico
"*Irakiensi* confectis obtegitur, ita ut nulla pars ejus
"oculis pateat

" Elevatio tecti Domûs prædicta 27 cubitorum est
"Operimenta autem illa uncinulis & spinteribus ap-
"pensa sunt Et *Bagdadi* Dominus, qui titulo *Khalifæ*
"gaudet, quæ quotannis mittit, quibus, detractis ve-
"teribus, obtegitur Nec alii præter ipsum eam ope-
"rire permissum est

" Prout verò narratur ab historicis, fuit *Al-Caʾbah*
"Domus *Adami*, cui pax, lapide ac luto extructa, quæ
"cum à Diluvio subversa esset, eo statu mansit usque
"ad tempus *Ibrahim* & *Ismâil*, ambobus sit pax, qui-
"bus dicitur Deus præcepisse ut ipsam ædificarent

"Cum ergo *Ebrâhim*, cui pax, ad filium suum *Ismâil*
"perrexisset, ambo mutuis operis eam lapide & luto
"extruxerunt

" Non est autem in tota *Maccah* aqua fluens præ eo
"illam, quæ in eam à fonte quodam longe distito de-
"rivata est, opere non arte perfecto quam illi, suo de-
"mum tempore, ultimam manum imposuerit *Al-Mok-
"tader* è filiis *Al-Abbâs*

" Aquæ ipsius *Maccah* crassæ & salsuginosæ sunt, nec
"bibenti gratæ, quarum tamen optima est aqua putei
"*Zamzam*, quæ potabilis quidem, ita tamen ut quis
"eam continuo bibere non sustineat

" Nec est in universa *Maccah* arbor frugifera, sed
"ex tantûm quæ deserti propriæ

" Habitat autem Dominus *tîs Maccah* in Castello,
"quod habet ad latus (urbis) occidentale, in loco dicto
"*Al-Marba* ab tribus circiter mille passibus à *Maccah*
"distante, &c

Reliqua quæ ad statum urbis politicum & regimen pertinent omittimus, possuntque videri apud cl *Pocockium*
loco citato

* Hinc usque ad †, desunt Poc 196 & Grav 2 sed
Gol Hunt & S 7 habent cum nostro

* Huic *tîs Al-Madinah* descriptioni, aliam è *Kalke-
shandî* ampliorem, magni operis ejus pag 400 subji-
ciemus his verbis وهي مدينة متوسطة في مستوي

من الارض والعابر على ارضها السماح وفي
شمالها جبل احد وفي حدودها جبل عير، وفي
علمها سور وحيد وخارجها حدق محور وفي
الذي حضرة النبي صلى الله عليه وسلم يوم الاحزاب
وفي سقة سبع وثلثين ومائتيمي دمي علمها
اسكن محمد الحجدى سورا منعا وحدود عند
الدوره ادن دوبه الديلامي في سنه ادمي وسمعي
وتلمسائه وهو باب علمها الى الان.

ولها اربعة ادوان
داب في الشرق يخرج منه الى البقيع.
وباب في الغرب يخرج منه الى العقيق وقما وبه
يدي هذا الماء جداول ما جاربة به.
ودوسطها مسجد النبي صلى الله عليه وسلم
وهو مسجد متسع الا اده لم دسلغ في العدد مبلغ
مسجد مكة.

قال ادن قسبه في كتاب المعارف. وكان
على عهد رسول الله صلى الله عليه وسلم مسمى
داللس وبسقعة الحجرون وعمده الرجل ولم بزن بها ابو
بكر شما وران وبه عمر دم غيره عثمان وران وبه

YATHREB,

بتُقْرَب [دعتج المثناة من تحت وسكون المثلثة
وكسر الراء المهملة] وجعل لها

طَنْةُ [۱ دعتج الطاء]

في مستو من الأرض وفي شمالها جبل أحد .
وفي حدودها جبل عير . ولها نخيل كثير
وغالب على أرضها السباخ
وبها قبر رسول الله صلى الله عليه وسلم

YATHREB, [cum *Fatahh* super *Yâ* duplici
puncto infra notatum, & *Casr* sub *Râ* puncto
diacritico libero] Alio item nomine vocatur

TAIBAH, [cum *Fatahh* super *Tâ*] (i e *Sana,
salubres*, ob aeris ejus bonitatem)

Sita est in solo terrae plano A septentrione
ejus est mons *Ohhod*, ab austro mons *Air* assur-
git Palmetis abundat Id quod potissimum pro
ducit terra ejus, sunt plantae salsuginosae.

In ea est sepulchrum Apostoli Dei, cui Deus
adprecetur, & salutem largiatur, ut & Templum

عثمان رفاته حجرة حمزة ومن الحجارة المنحوتة
والعصة وجعل عمده من حجارة منحوتة وسبعة
المهتدى سنة ۱٦۰ وبناه المامون
زيادة كبيرة في سنة ۲۰۲ وما تقدم ولم يزل
الملوك دتداولها دائعها إلى زماننا

وسط الحجرة الأسريعة التي لها قبر رسول الله
صلى الله عليه وسلم وابو بكر وعمر رضي الله
عنهما الحجرة الشرعية دائر عاما معصورة مرتفعة إلى
نحو السقف عليه ستر من حرير أسود

وخارج المقصورة بين القبر والمنبر الروضة التي
احبر صلعم أنها روضة من الرياض الجنة

قن ددر أهل الأذكار المنبر كان في رأس
الأمير صلعم ثلاث درجات بالمنفعة وارتفاعه ذراعان
وثلاث أصابع وعرضه ذراع راحج وارتفاع صدرية صدر وهو
الذي يستمد إليه رسول الله صلعم ذراع وارتفاع
رمانتي المنبر كان دمسدهما صدعم ذراع دربد
الكرمتين إذا جلس شبر واصبعان وكان خمسة
أعوان من حوائط النخلة ودقى على ذلك إلى إمام
معاوية وكتب إلى مروان عملة على المدينة أن
ارتفعه عن الأرض فران من أسعله ست ذرعان .

" *Al-Madinah* urbs est mediae magnitudinis in solo
" terrae plano Id quod potissimum producit terra ejus
" sunt plantae salsuginosae A septentrione ejus est mons
" *'Obod*, ab austro *Air* Muro antiquo cincta
" erat, & extra illam fuit fossa dicta *'Al-Khandak*, i e
" vallum (munimenti causa factum,) illudque est quod
" Propheta, cui Deus benedicat, & pacem largiatur,
" die belli *Nationum* (de quo v Vitam Moham p 73)

" Anno vero Hejrae 230 Ishak Mohammed Al Gjadi
" murum validissimum extruxit, quem adhuc munitio-
" rem effecit Ibn Bârah *'Al-Dailemita* anno 372 At-
" que is est qui etiamnum hodie subsistit

" Portas habet quatuor, quarum
" 1ª dicitur Porta orientalis, per quam itur ad *Al
" Baki* sive Coemeterium
" 2ª Porta occidentalis, qua iter est ad *Al Akil*,
" & ad *Koba* Ante hanc Portam fluunt rivi aquae cur-
" rentis

" In medio Urbis est Templum Prophetae, cui Deus
" benedicat, & pacem largiatur Hoc Templum est
" quidem magnum, sed tamen amplitudine non ad-
" aequat Templum Meccanum

" Dicit *'Ibn Kobaibah* in libro cui titulus est *Al-Ma-
" âref*, i e De rebus notabilioribus Templum illud,
" tempore Prophetae, cui Deus benedicat, & pacem
" largiatur, lateribus primum extructum fuit, & pal-

" marum ramis contectum, columnae autem erant pal-
" marum trunci Huic structurae nihil adjecit *'Abû-
" Becr*, sed *Omar* coepit addere, nonnihil immutavit
" *Othmân*, tum deinde idem *Othmân* magnam addi-
" tionem fecit, murum enim e lapide dolato & ar-
" geno extruxit, & columnas e lapide dolato erexit
" Postea amplificavit illud *Al-Mohtidî* anno Hegirae
" 160 Tum etiam *'Al-Mâmun* anno 202 plurimum
" adauxit Neque deinceps Reges ei adornando usque
" id nostra tempora destiterunt

" In hoc Templo est strues lapidum nobilis, quae
" continet Sepulchrum Apostoli Dei, cui Deus bene-
" dicat, & salutem largiatur, tum etiam sepulchra *Abû
" Becr*, & *Omâr*, ambobus Deus sit propitius Strue-
" illam lapidum nobilem ambit peribolus in modum
" conclavis fere usque ad tectum assurgens, qui velo
" serico nigro obtegitur

" Extra Conclave, inter Sepulchrum & Suggestum
" est arca dicta *Rawdhah*, i e *Hortus floridus*, quam
" ipse Propheta narrabat esse unum ex Hortis floridis
" Paradisi

" Quoad Suggestum, memoria prodiderunt veterum
" monumentorum indagatores, ill id tempore Prophetae
" fuisse ad sessionem amplum trium cubitorum, ele-
" vatum duos cubitos cum tribus digitis, & latum uno
" cubito Elevatio autem anterioris partis, cui inni-
" tebatur Apostolus Dei, erat unius cubiti Elevatio
" duorum pulvillorum, super quos ambas manus suas
" gloriosas extendebat, dum sederet, erant unius spi-
" thamae cum duobus digitis Erant denique quinque
" stipites lignei sustentatori ad tria ejus latera Man-
" sit in eo statu usque ad tempus *Mo'âwiae* Khalifae,
" qui scripsit ad *Merwânum* Praefectum Medinae ut Sug-
" gestum à terra elevaret ad sex cubitos &c

1 طنة دعتج الطاء *cum* Fatahh *super* Tâ] Addit S Z
علي وزن شيبة *secundum* normam vocis *Shaibah*, (i e
canities)

2 عمر *Air*] Codex noster insigni errore habet ثمر
Thabir, quod est nomen montis m̄ *Maccah* imminentis,
quem supra pag 9 descripsit *'Abu'l Fedah* Poc 196 &
Grav 2 habent عمر Gm Pocockius in margine sui cod
n 196 è regione عمر Gm adscripsit ثمر *Thabir*, quasi
corrigens illum ex altero suo codice num 379 qui est noster Sed debebat tantum delere punctum diacriticum,
quod est super litteram عمر, & tunc habuisset veram lectionem عمر *Air* Nos vero adhibitis aliis codicibus
manuscriptis Gol Hunt & S Z deprehendimus veram
lectionem esse عمر *Air* sine puncto, quam confirmat
Safioddin in Compendio Lexici التكملة, & ipse *Takut* in
magno opere sub litera *Am* Arunque dictionem
عمر *Air* significare Asinum sylvestrem, & aliquot alios
ejus nominis montes describunt praeter Medinensem, de
quo hic agitur Hebr עיר *Air* est Pullus Asini, Asellus,
Gravius in Impresso posuit *Thabir*, ut & *D La Roque*

3 السباخ *planta salsuginosa*] Poc 196 & Grav 2
السباخ, vox nihili

ejus Ad latus (finiſtrum) Apoſtoli Dei jacet ſepulchrum *Abû Baer*, cui Deus ſit propitius, deinde ſepulchrum *Omar*, cui Deus ſit propitius
Illam murus ambit lateritius

E vicis *Al-Madinah* eſt

AL RABADHAH, in qua eſt ſepulchrum *Abû
Dharr Al-Gafârî*, cui Deus ſit propitius. *Al-
Rabadhah* longitudinem habet 67 grad. 30 min
& latitudinem 24 grad. 10 min

Dicit *Ebn Saîd* "Ad ortum ejus (*Madînah*)
"ſunt Pagi dicti *Awâlî*, (i e *ſuperiores*,) qui per-
"tinent ad (montes vocatos) *Al-Sharwât*, qui
"quidem ab initio *Al-Yaman* uſque ad *Al-Carac*
"in *At-Shâm* porriguntur Ad ortum & ſepten-
"trionem ejuſdem adjacent montes *Tai*, tres
"numero, per quos tranſeunt Peregrini *Al-
"Cufah* Horum montium pars occidentalior eſt
"ubi Longitudo 63 grad & Latitudo, ubi ver-
"tex auſtralior 28 grad 40 min Ab hinc uſ-
"que ad latus orientale ſunt habitationes fami-
"liarum (Tribus) *Tai*, deinde habitationes fi-
"liorum *Amer*

In *Al-Madînah* eſt puteus dictus *Bodhâ'ah*,
cujus mentio celebris eſt in Traditionibus Au-
thenticis

In ea eſt etiam Puteus nomine *Aris*, in quem
cum cecidiſſet Sigillum Prophetæ, cui Deus adprecetur, & pacem largiatur, e manu *Othmân*
filii *Affân*, ille ei inquirendo totus incubuit, ſed
non potuit reperire

III AILAH [cum *Fatahh* ſuper *Hamzah*, quieſcente *Yâ* duplici puncto infra notato, deinde
Lâm & *Hâ*] olim urbs parva fuit, raris frugi-
bus, eratque civitas *Al-Yahûd* (Judæorum) illorum, qui in ſimias & porcos mutati ſunt Li-

---

1 وسجدها ‮و‬ *Templum ejus*] Poc 196 & Grav 2
addunt وعليها سور muro cingitur

2 والربذه *Al-Rabadhah*] Fixonem, ſeu Orthographiam, quam omittit *Abû'l Fedah* ſupplebimus e Lexico *Takût* دعتح اولء وفاذيء ودال معجمة معقومة
cum *Fatahh* primæ & ſecundæ, & *Fatahh* etiam ſuper
Dhal punctatum Situm ejus idem ſic deſcribit من
قرب المدينه على ثلثه اميال منها وربنه من داب
عرف على طريق الحجاز انا رجلين من من فردن
مكك دها قبر ابى دار حريب فى سنه دسعه عسر
"Al Rabadhah e vicis *Al-Ma-*
"*dinah*, ab ea diſtans tria milliaria, prope *Dhât Erk*,
"juxta viam *Al Hhegjâz* venienti tibi e *Faid* dum ad
"*Mecca* tendis Ibi eſt ſepulchrum *'Abû Dharr* De-
"ſtructus fuit anno (Hegira) 319 per *Karâmitas*

* Hinc uſque ad † eſt Additio e codd Poc 196 &
Grav 2

3 العوالي *Pagi*] Horum deſcriptionem & ſitum exhibet Lexicon *Yakût* his verbis العوالي [بالعتح جمع
عالي] بجمعة دسها ودسى المدينة اربعة اميال وهل
دلثه وهل ثمانة *Al-Awâlî* cum *Fatahh*, plurale
"(ſam) *ât Aliôn*, Pagi, inter quos & inter *Madînah*
"ſunt quatuor milliaria, aliis tri, aliis octo

** Hinc uſque ad †† deſunt Poc 196 & Grav 2 ut
& Gol ſed habent Hunt & S Z cum noſtro

4 بمر دصاعه *Puteus Bodhâ'ah*] Ita reſtituo ex S Z
& Hunt pro دصاعه quod eſt in noſtro codice, & in
Gravii Impreſſo, qui vertit *puteus fortis*, Quia revera
دصاعة ſignificat *fortem*, *partem opum*, *quæ impenditur in
mercaturam* D La Roque *le puits Bedhaat*, *ou fort*,
pro *Sort*, vel enim male legit in *Gravio*, vel eſt error
typographicus Recte tamen accipit *Bedhaat* pro iſtius
Putei nomine proprio Fixionem hujus vocis veram
exhibet Lexicon *Yakût*, ut & ejus deſcriptionem, hoc
modo دصاعة [بالصم. وقد يكسرء بعضهم. والصم
اكثر] وفى دار بنى ساعدة بالمدينه ودمرها
مشهورة معروفه سبل عنها النبى صلى الله علىه وسلم.
"*Bodhâ'ah* [cum *Dhâmm*,
"nonnullis cum *Caſr*, ſæpius tamen cum *Dhâmm*] Fuit
"Palatium filiorum *Sa'idah* in *Al Madînah* Puteus
"ejus celebris eſt & fama notus De illo interrogatus
"Propheta, cui Deus adprecetur, & ſalutem largiatur,
"reſpondit *Iſt Aqua mundando idonea, cui nulla alia
"comparari poteſt* Spahi Zade ex eodem Lexico *Yakût*
per *Safioddinum* in compendium redacto, cujus ipſe
poſſeſſor fuit, poſt دصاعة ſubjicit وقال الما طهور ما لم يتغمر
بنجسم الماء vel cum *Dhâmm* ſuper *Bâ* unico
puncto infra notatum, vel cum *Caſr*

ٍ ومسجدها والي حادب قمر رسول الله قمر ابي دار
رضى الله عنه وقمر عمر رصي الله عنه وعلىها
سور من لبس ٭

ومن قري المدينه

‬ الرُبذه. وبها قبر ابي در الغعارى رضى الله
عنه. والربذه حيث الطول سر ل والعرص كد ي ٭

٭ قال ادن سعين فى شرقيها ٍ العوالي وفى من
الشرواب المعتنة من اول الدمن الي الحرك بالسام.
وفي سرمها وشمالىها جمع حبال طى وفى ثلثه بمر
دها حجاح الصوفه العربي منها حمث الطول سج
والاعرص حيث راسة الحنوبي حكم م وسى هماكى
الي احر حهجة الشرف محاءلت دطوى طى ثم معاءلت
دبى عامر.٠

٭٭ وبالمدينه ٭ بمر دصاعه وذكرها فى الاحاديث
مشهورء.٠

وبها بمر اريس التى سعط فيها حادم النبى صلي
الله علىه وسلم من بن عثمان بن عاں رصى الله
عنه وحن فى طلبة ولم جحدء.٠ ٠††

ح وأبلة [بعتح الهمزة وسكون المثناه من تحت
ولم وها] كانت مدينة صغيرة وكان دها ربع جسير
وهي مدينة اليهود السد ين حعل منهم العرده

وهي على ساحل بحر العلزم وعليها
طريق حجاج مصر. وهي في زماننا ، درج ودها وال
من مصر. وليس بها مربوع وكان لها قلعة في
البحر فادطلت ودعل الوالي الى البرج في الساحل.

ومنين [بعتج المجم وسكون الدال المهملة وبتج
المشماة من تحت وفي احرها نون] مدينه حران على
بحر العلزم بحاديه لتبوك على نحو ست مراحل
منها.

ودها النير التي استسعى منها ، موسى لساببة
، شعبه ، ن.

ومنين اسم العبامه الذي ، حان منها ، شعبب ثم
سمبت العربه دهم. وبشهد دها قوله تعالى. ، والى
مدين احاهم شعببا.

قال ابن سعده . وبكون عرض البحر عبس ساحلها
، نحو بحري

ووقع دلك المحان ، مسامته العصر من حادب
، العربي.

، وبيما [بعتج العاء مشاة من فوق وسكون
المشماة من تحت وبمم والف] حصر اعبر من تبوك
ودها نجبل

---

tori maris *Al-Kolzom* adjacet   Propè eam via
ducitur, qua Peregrini *Mefr* (Ægyptii ad Maccah) iter habent.   Noftra tempeftate turris eft
in qua Præfectus *Mefr* (Ægyptius) refidet   Nulla ibi fativa.   Arcem olim habuit in mari , fed
ea deftructâ, Præfectus in turim ad litus fitam
fe recepit

IV. M A D I A N [cum *Fatahh* super *Mim*, quiefcente *Dâl* puncto diacritico libero, & *Fatahh* fuper *Yâ* duplici puncto infra notatum, & in fine
Nûn] civitas diruta super mare *Al-Kolzom* fita
e regione oppofita τῇ *Tabûc* à qua fere fex ftra-
tionibus diftat

In ea eft puteus ex quo *Mûfa* (Mofes) pecora
Sho aib (Jethro) adaquavit

Madian eft nomen Tribûs è qua *Sho aib* erat
oriundus, tum deinde vicus ab iis nomen accepit   Huic (*Sho aib*) teftimonium perhibet verbum Excelfi. *Et ad* Madian *fratrem eorum* Sho-
'aib (*mifimus* Al-Koran Sui VII v 86. & XI
v 83 & XIX v 36)

Dicit 'Ebn Saíd   "Latitudo maris ad litus
"ejus eft circiter unius curfûs navigationis

Super hunc locum tranfit Parallelus (urbis)
Al-Kofair fitæ in latere (hujus maris) occidentali

V   T A I M A, [cum *Fatahh* super *Tâ* duplici
puncto fupra notatum, quiefcente *Yâ* duplici puncto infra notato, deinde *Mim* & *Alef*] Caftellum eft habitatoribus magis frequens quam *Tabuc*   Ibi funt Palmeta

---

1 درج turris] Codex Hunt folus addit دمنه *Demnah*,
quafi nomen iftius turris
2 موسى *Mûfa*] Addit S 7 علیه السلام *cui pax*
3 شعيب *Sho aib*] Poc 196 Grav 2 & S 7 addunt وماء اهل مدين من ظفر تجري لهم *Aqua Incolarum* Madian *é Scaturigine ad illos decurrente* Ubi
S 7 وماء rectè, Poc 196 autem & Grav 2 وامآ
malè
4 شعیب *Sho aib*] Addit S Z علیه السلام
cui pax
5 والى مدين احاهم *Et ad* Madian *fratrem
eorum mifimus* Sho aib] Ita rectè in Impreffo Gravius
verba 'Al-Korâni reddiderit   At verò D la Roque, qui
Gravii verfionem ante oculos habebit, ea prorfus rejec-
tâ ut chimera, iftam, fua Arabifmi peritie nimium
conhfus, abfurdiffimam tamen, fubftituit his verbis
Le chef, ou le Gouverneur de Madyan eft frere de Sho aib
Nec tamen fine ratione deviaffe credendus eft vir doctus,
fi quidem dictionem والى *Et ad*, quam Gravius fimpliciter legerat e duabus vocalis conftantem nempe
copulativâ *Et*, & الى *ad*, D la Roque tandem legit
والى i e. *Praefectus, rector, gubernator*, à radice ولي
Praefuit, rexit, gubernavit, ubi و eft radicale Quomodo autem per احاهم *fratrem eorum* in accufativo
cafu, conftructum cum Pronomine plurali, poffit intelligi *le frere de* Shoaib, Grammaticis difquirendum relin-
quo, ut, & Hiftoricis an Shoaibo fuerit *Frater*, idemque
Gubernator urbis Madian   Certè ex Scriptura facri
conftat ipfum *Jethonem* fuifle Gubernatorem, Exod 17 1

וישמע יתרו כהן מדין חתן משה *Et audivit* Jethro
Sacerdos, five Princeps Madian, *&c*
6 مسامته العصر *Parallelus* (urbs) Al-Kofair]
Has duas dictiones ita reftituo è codicibus manufcriptis
Hunt & Gol pio بحر العصر utraque perperam
fcripta in noftro codice, & pio منسامته العصر adhuc
pejus in S Z Poc 196 & Grav 2 habent مسافة العصر
diftantia Al Kair, nullo fenfu   Gravius in Impreffo
pag 42 مسامته العصر vertitque pericopam *I regione hujus loci eft* Mafimiyah *ad litus occidentale*, omif-
fa interpretatione vocis العصر   Et D la Roque Gal-
lice p 305 plenius *Il y a auprès de* Mady *un Château
nommè* Mafimiyah, *bâti fur la côte occidentale de cette
mer* Sicque docti illi viri ex prio codicum duorum
Lectione nobis caftella nova fingunt in acie, qua nufquam fuerunt in rerum naturâ   Cum nihil illud voluerit 'Abul-feda innuere quàm quod duæ urbes, Madian fic in Arabia, & 'Al-Kofair in Ægypto, fitæ funt in
eadem recta linea five, ut loquitur, fub eodem *Parallelo*, medio interjacente mari Rubro, quod
patet ex Tabulis, ubi utrique fub eodem ferme Lati-
tudinis gradu ponitur
De cætero, quid fibi velit D la Roque in nota margini adfcripta, non fatis capio, dum ut virum cl Gra-
vium, manufcripti codicis fui ductu deceptum pro
diftantia in eo earumque litus maris Rubri eam eft
quæ inter Madian & inter ipfum litus intercedit   De
qua hallucinatione nullum video in verbis Gravii cri-
minandi fundamentum, viderint perfatiores   Sed fi

                                 iii

Ex Libro dicto *Al-Azîzî*

من كتاب العزيزي قال

"*Taima*, inquit Auctor, fuit sedes Tribus "*Tai* Ibi erat Castellum celebre nomine *Al*-"*'Ablac*, quod ei inditum fuit ab *Al-Shamûl* "filio *Adhia*, qui de illo hos cecinit versus

تيما حاضرة طي وبها الحصن المعروف بالابلق
وينسب الي السموال بن عاديا * الذي يقول فيه.

"*Nobis Mons est habitatio,*

"*Propter Lacum inaccessus Perstringitur*

"*Acies-oculorum, & hebetatur* (intuendo)

"*Is est* (nomine) *Al- Ablak Al-Farad,*

"*Cujus fama pervagata est*

"*Decipit accedere cupientem*

Longus est (in hujusmodi carmine)

لنا جبل يحتله
من نجيره منيع يرد
الطرف وهو كليل
¹ هو الابلق الفرد
الذي سار ² ذكره
يعز علي من رامه
ويطول. †

VI Tabuc, [cum *Fatahh* super *Tâ* duplici puncto supra notatum, & *Dhamm* super *Bâ* unico puncto infra notatum, quiescente *Waw*, deinde *Câf*] inter *Al-Hhegr* & inter *Al-Shâm* In ea fons & palmeta

و تَبُوك [بفتح التاء المثناه من فوق وضم الباء
الموحده وسكون الواو وبعدها الكاف] بين الحجر
وبين الشام وبها عين ونخيل

Ferunt Dominos sive Socios *Al-'Aicah*, ad quos Deus misit *Shô'aib*, hic vixisse *Shô'aib* autem non ex eis erat, sed ex incolis *Madian*

ويقال ان بها كان اصحاب الايكه الذين بعث
الله شعيبا اليهم. ولم يكن شعيب منهم وانما كان
من اهل مدين

Dicit (*'Al-Bîrûnî*) in (libro dicto) *Al-Kânun* "*Tabûc* est in continente è regione *Madian*

قال في القانون وتبوك في البر علي محاذات
مدين.

Ego dico *Tabûc* ad orientem, & *Madian* ad occidentem.

اقول. وتبوك في الشرق ومدين في الغرب

VII Al-Hhegr, [cum *Casr* sub *Hhâ* puncto diacritico libero, quiescente *Gjîm*, & in fine *Râ* puncto diacritico liberum]

ز والحِجر [بكسر الحاء المهملة وسكون الجيم
وفي اخرها راء مهملة]

Dicit *Ebn Hhawkal* "'*Al-Hhegr* inter mon-"tes, una dieta distans à *Wadi l-Kora*

قال ابن حوقل والحجر بين جبال علي يوم
من ³ وادى القرى

---

in rebus adeò levis momenti criminari liceat Quid absurdius quàm cum *D La Roque* dicere, Castellum illud fictitium *Masamiyah* propè *Madian* situm in orientali maris Rubri litore, extructum tamen esse in ora occidentali hujus maris? sed ineptiarum satis.

* Hinc usque ad †, Desunt Poc 196 Grav 2 & S 7 Habent Gol & Hunt

1 هو الابلق الفرد *Is est* Al-'Ablak Al-Farad] Est hic nomen integrum hujus Montis, quasi diceres, *'Al-Ablak* cognomento *Al-Farad*, i e *unicus, singularis, Phœnix*, ob excellentiam Illum sic describit *Taysir* in Lexico.

الابلق [بوزن الاحمر] حصن السموال ابن
عاديا اليهودي يعرف بالابلق الفرد علي تيما بين
الحجاز والشام علي رابية من تراب فيه اثار بنية
لبن لا تدل علي الحصانة وهو خرب وانما هو
سمي له الابلق لان في بنائه بياض وحمرة.

"*Al Ablak*, [norma *Al Ahhmar*] Castellum *Shamûl* "filii *Adhia Judæi* Celebre est nomine *'Al-'Ablak' Al-*"*Farad* prope *Taima*, inter *'Al Hhegjâz* & *'Al-Shâm* in "edito terra tumulo Ibi sunt rudera structuræ lateritiæ, quibus ostenditur illud non admodum fuisse "munitum Nunc in ruinis jacet Dictum autem fuit "*Al-'Ablak*, eo quod ædificium ejus esset *albo rubroque* "variegatum

2 ذكره *fama ejus*] Addit Hunt hunc versum, عرم مشهورة وخلخول *Habet uvas corinthiacas celeberrimas, & periscelides* Fortè eadem sunt verba quæ *D La Roque* transtulit è Codice MSS Dom *Petis de la Croix* hoc modo *Elle a des traits d une rare beauté, & la blancheur éclate sur son front, & sur ses pieds*

3 وادى القرى Wâdî l-Kora] Sic legendum, ut nomen proprium, non *vallis 'Al-kary*, ut *Gravius* in Impresso pag 43 & *D La Roque* pag 306 perperàm reddunt, quamvis enim *Wâdî* significet *vallem*, quando tamen præmittitur τῷ *Kora* tunc est nomen proprium Tractûs, vel si voluissent reddere *Wâdî* per *vallem*, debuissent etiam *'Al-Kora* (non *Alkary*) vertere *vicorum*, quæ est hujus vocis significatio. Tractus ille vocatur *Wâdî l Kora*, i e *Vallis Urbium*, seu *Vicorum*, propter frequentiam vicorum, quas continet Quod porrò legant *Alkary*, pro *Al-Kora*, id ignorantiæ Fixionis seu Orthographiæ attribuendum, qua neglecta fermè ubique monstra dictionum produnt, cujus exemplum sit in hoc Paragrapho nomen *Al-Hhegr* quod legunt *Hagr*, quod est nomen alterius urbis, in regione *'Al-Tamamah* procul hinc dissita, ut infra videbimus in *Gravii* Impresso pag 60

Ego

اقول ۰ لم يحصل ذلك فان بينهما اكثر من

خمسة ايام ۰

قال ۰ وكانت ديار ثمود الحجر قال الله عنهم

وثمود الذين ' جابوا الصخر بالواد ۰

قال ۰ ورايت ذلك الجبال احصال وما نحت منها كما

اخبر الله تعالي وينحتون من الجبال بيوتا فرهين ۰

وتسمى ذلك الجبال الاثالب ۰

اقول ۰ والحجر التي يمرلها حجاج الشام ۰ وهي عن

العلى علي بعض مرحلة من جهة الشام

ويروي ان رسول الله صلي الله عليه وسلم دعى

من شرب مايها ۰

ح وتدمر [من الابدال بعجم الثناء المثناه من

فوق وسكون الدال المهملة وضم الميم وفي احرها راء

مهملة] بلدينه بدادية الشام وفي من اعمال حمص

وفي في شرقي حمص وارض فيها عالها سباح وبها

نخيل وزيتون وبها اثار عظيمة اوابد من الاعمد

والصخور وفي عن حمص علي ثلثة مراحل وكذلك

عن سلمية ولها ٣ سور وقلعة ۰

قال في العزيزي ٤ منها وبين دمشق تسعة

وخمسون ميلا ومن تدمر الي الرحبة مايه ميل

٥ وميلان ۰

ط والينبع [بعتجم المثناه من تحت وسكون النون

وضم الباء الموحدة واحرها عين مهملة] وفي بلدينه

بالعرب من المدينة وورد تدكرها في الحديث ۰

Ego dico Id non recte se habet, nam inter utrumque est iter plusquam quinque dierum (v Vit Moham p 124 nota a)

"'Al-Hheg'r, inquit ille, fuit sedes (Tribûs) "Thamûd, de quibus dixit Deus Et Thamûd, "qui excavaverunt rupes in valle (Al Kor Sur LXXXIX v 9.)

"Ego vidi, inquit (Ebn Hhawkal), illos Mon-"tes, & quod ex eis excisum est, quemadmo-"dum narrat ipse Deus Excelsus Et excidistis "è montibus domos ingeniose elaborantes (Al-Kor Sur XXVI v 148 confer XV. v 81)

Vocantur isti Montes Al-'Athâleb

Ego dico (Al-Hheg'r) ea est ad quam diversantur Peregrini Al-Shâm, distatque ab Al-'Ola versus Al-Shâm dimidium stationis.

Traditio est Apostolum Dei, cui Deus adprecetur, & salutem largiatur, ne quis de aqus ejus biberet, prohibuisse (v. Vit Moham p 124)

VIII TADMOR, [ex libro dicto Al-Lobâb, cum Fatahh super Tâ duplici puncto supra notatum, quiescente Dâl puncto diacritico libero, & Dhamm super Mim, & in fine Râ puncto diacritico libero] Urbecula in deserto Al-Shâm, sub ditione Hems, orientalior quàm Hems Id quod potissimum producit solum Tadmor, sunt plantæ salsuginosæ. In ea sunt Palmeta, & olivæ Ibi sunt rudera ingentia, & antiqua columnarum & rupium Distat ab Hems tribus stationibus, & tantumdem à Salamiah Murum habet & Arcem

Dicit Auctor libri dicti Al-'Azîzi "Inter "eam & inter Demashk (Damascum) quinqua-"ginta novem milliaria Et a Iadmor ad Al-"Rahhbah centum & duo milliaria

IX AL-YANBO [cum Fatahh super Yâ, quiescente Nûn, & Dhamm super Bâ, & in fine Ain diacritico puncto libero] Est Urbecula vicina τῆ Al-Madinah Mentio ejus fit in Traditione Authentica

---

1 حابوا excavaverunt] Gravius vertit Responsum dederunt, & D I a Roque Gravii fidus Interpres Les pierres de la vallee rendirent responsse Nempe pro حادوا excavaverunt legebat Gravius, اجابوا, præposito Alef, quod revera significat responderunt Atque hoc modo docti viri, Loquelam petris tribuendo, miracula 'Al Korâni suis variantibus Lectionibus belle satis multiplicant, haud ingratum forte Mohammedinis, si id leges Grammaticæ paterentur, sed de proprio fundo satis superque sunt divites

2 العلى 'Al-Ola] Gravius in Impresso pag 44 & D I a Roque p. 307 scribunt Alaly, malè, ut patet ex hujus loci descriptione è Lexico Takût العلا] بقصر وريد من نواحي وادي القرى على "'Al 'Ola, [cum " ديار ثمود لحجاص الي المدينة "Dhamm prioris (literæ sc 'Ain), & Al Kesr (sc ul-"tima brevi) Vicus e tractibus Wadi l Kori, post ha "bitationes Thamûd, versùs 'Al Madinah tendenti Sive scribatur cum Alef, sive cum Tâ, perinde est, & ultima vocalis est a breve

3 سور murum] In nostro codice scribitur صور, ubi vir il Gisius in margine sui Apographi sic Arabicè, ut solet, annotavit لعله سور Forte scribendum Quæ conjectura viri doctissimi verissima comprobatur auctoritate quinque codicum MSS sc Poc 196 Grav 2 Gol Hunt & S Z quos contulimus

4 منها inter illam] Ante hæc codex Poc 196 & Grav 2 & ex eis S l sic habent وتدمر مدينة علي طرف ببرية العرب والعمد وهبها عمود Iadmor civitas ingens, antiqua, lapidibus extructa & columnis In ea sunt fontes decurrentes, & arbores fructiferæ, & sativa

5 وميلان & duo milliarii] Poc 196 & Grav 2 قال العزيزي ايضا وفي وبندمر حجمرة اثار addunt الاعمدة تعالي يقال ان سليمان بن داود بناها

Dicit idem Auctor libri dicti Al-'Azîzi "Urbs est "antiqua habens rudera mirabili Aiunt illam condi-"tam fuisse à Solaiman filio Dâwûd

Dicit *Ebn Saïd* "In *Al-Yanbo'* fontes funt
"& caftellum Ibi funt diverforia filiorum *Al-*
Hhafan Portum habet fuper mare itinere unius
ftationis diftantem

قال ابن سعيد والينبع' دها عيون وحصن وفي
مبارل دمي ٢ الحسن ولها مرصة علي البحر علي
مرحلة منها.

Dicit *Ebn Hhawkal* "*Yanbo* caftellum, ubi
"palmeta, & aqua, & fata Ibi fubftitit *Ali*
"filius *Abû Tâleb*, cujus faciem Deus honoret,
"ibique filii ejus præfecturam habuerunt Prope *Yanbo* eft mons *Radhwâ* ab ortu ejus emi-
nens E monte *Radhwâ* lapis cotis in alias regiones exportatur Inter illum & inter *Al-Ma-*
dinah funt feptem ftationes

قال ابن حوقل وينبع حصن به نخيل وماء وزرع
ودها وبعا علي بن ابي طالب كرم الله وجهه وقولا٢
اولادها ودعرب جبع جبل رضوي مطل عليها من
شروبها وبس رضوي بجمل حجر المس الي سائر
٣ الاوطار [* وبينه وبين المدينه سبع مراحل.] †

X K H A I B A R, [cum *Fatahh* fuper *Khâ* punctatum, quiefcente *Yâ*, & *Fatahh* fuper *Ba*, tum
Râ puncto diacritico liberum] palmetis abundat, eftque regio filiorum *Anzah* *Al-Khaibar*
in Dialecto *Al-Yahûd* (Judæorum) fignificat Caftellum Diftat ab *Al-Madinah* inter feptentrionem, & ortum ferme fex ftationibus

ي وخيبر [بفتح الخاء المعجمة وسكون الياء
من تحت وفتح الباء الموحدة وراء مهملة] لها نخيل
كثير وهي دلك دمي عنزة والخيبر دلعة اليهود
الحصن وهي من جهة الشمال والشرق من المدينه
علي نحو سس مراحل.

Dicit *Al-Edrisî* "*Khaibar* urbs parva inftar
"caftelli, palmetis, & fativis fertilis In initio
Eflamifmi fedes erat filiorum *Koraidhah* & *Al-*
Nadhîr In ea quoque fuit *Al-Shamûl* filius
Adhia Ab *Al-Madinah* diftat quatuor ftatio-
nibus

** قال الادريسي وخبر مدينة صغيرة كالحصن
دات نخيل وزروع وكانت في صدر الاسلام دارا
لبني قريظة والنطير وكان دها * الشمول دن عاديا ††
ومنها الي المدينه اربع مراحل

XI A I - M A H G J A M [cum *Fatahh* fuper
Mim, quiefcente *Hâ*, deinde *Gjim* & *Mim*]
una e pulcherrimis civitatibus *Al-Yaman*, diftat
à *Zabid* tres dies; habet duo loca Conventûs,
in folo terræ plano fita eft, inter civitates re-

يا والمحجم [بفتح المم وسكون الهاء وجيم وميم]
من اجمل مدن اليمن وهي من ريم قابكة ابام ولها
جامعان وهي في مسطو من الارض من مدن التهايم

---

1 بها عمون   in ea funt fontes] Poc 196, Grav 2
Gol Hunt & S Z omnes addunt وحصن & viridaria
وحصن 2 الحسن ['Al-Hhafan] In textu ipfius *Ebn Saïd* additur, بن علي دن الي طالب علي دن filii *Ali*, filii'Abû Tâleb
Horum loco Poc 196 Grav 2 Gol & Hunt رضوي
Deus fit eis propitius الله بعهم
3 الاوطار   regiones] In textu *Ebn Hhawkal* الاوطاق
plagas Poft hæc verba plura habet *Ebn Hhawkal* ad
hujus montis, & adjacentis regionis fitu
digna, quæ omifit *Abu l Fedah* Sic itaque pergit ille
وبها دبمه ودمرب دمار دبمه وساحل امجر دبار
الحسيم بسكنودها دبموت الشعر نحو سبع مابة
بيت دانه طالاعران بتجعون المراعي والماء درب
كري الاعران لا بمبر منهم في حلم ولا حلف
وبتصل ديارهم دبما علي الشرف دواني ودان وهو
من اجمعه علي مرحلة وبينها وبين الادوا التي
علي طربف الحاج في عربها ستة اميال ودها ربيس
الجعفريس من ولد جعفر بن ابي طالب. وله
دالعرج والسابرة دبارها صماع دخيرة وعشيرة وادماع وبهم
ودمر ولد الحسن دن علي عليهما السلام حروب
ودما حتي بعن استولئ طايعا من اليمن بعرون
دسمي حرب علي ندماعهم وصاد وادربا دوهم وهس صعدوا

"In illo fpatio quod inter iftum montem دحملايهم
"*Radhwâ* & habitationes *Gjohainah*, & oram mariti-
"mam interjacet, funt habitationes *Al-Hhafanitarum*,
"qui habitant domos è pilis confectas numero feptin-
"gentas, degentes in deferto fcenitarum *Arabum* more,
"quærendo pafcua & aquas, eodem modo veftiti ac
"iidem *Arabes* fcenitæ, adeo ut nulla fit inter utrum-
"que populum differentia Horum habitationes ex-
"tenduntur orientem verfus in valle *Wadan*, quæ id
"*Al Gjohbfah* pertinet ad diftantiam unius ftationis
"Inter hanc & inter *Al-Abwa*, quæ fita eft in via
"Peregrinorum ad occidentem ejus, funt fex milliaria
"In ea eft fedes Principis *Al Gja fanitarum* è pofteris
"*Gja far* filii *Abû Tâleb* Habet in *Al bor* & in *Al-*
"*Sâierah* pagos multos & familias & clientes, five af-
"feclas Inter hos & pofteros *Al-Hhafan* filii *Ali*,
"ambobus fit pax, bella civilia interceffere & cruenta
"concertationes, donec tandem turma ab *Al-Yamin*
"dicta filiorum *Hharb* adveniens pagos eorum occu-
"pavit, & rixis eorum finem imponens in ipforum lo-
"cum fucceffit
* Hinc ufque ad †, defunt Poc 196 Grav 2 Gol
& S Z Habet Hunt cum noftro
** Hinc ufque ad †, defunt Poc 196 Grav 2 &
Gol Habent Hunt & S Z cum noftro Habet etiam
Kalkafhandi pag 402
4 النمول filius 'Adhia] Ad- الشمول دن عاديا
dit Kalk الشاعر المشهور *Poeta* celebris cujus carminis
fpecimen fupra vidimus, ubi de monte *Al-Ablal*, pag
34 Addit Hunt اليهودي *Judæus*.

وهي في الشمال والشرق عن زبيد وهي عن صنعا
ست مراحل .

قال الشريف الادريسي من عدن الي مدينة المهجم
ست مراحل ومن مدينة المهجم الي مدينة حيوان
خمسة وعشرون فرسخا .

زبد ورُبَيد [بضم الزاء المعجمة وكسر الباء
الموحدة وسكون المثناه من تحت ودال المهملة] قصبة
التهايم . وهي في مستو من الارض عن البحر علي
اول من يوم ومياؤها ابار ولها تخيل كثير وعليها
سور وهي ثمانية ابواب .

قال البيروني وهي فرضة اليمن وفرضة زبيد هو
موضع يسمي ' علافقة وبينهما اربعون ميلا .

قال في العزيزي ولها ساحل يعرف بعلافقة .
وبينهما خمسة عشر ميلا .

قال في كتاب الاطوال . وعلافقة حيث الطول سد
والعرض يد له .

تعز وتُعَز [بكسر المثناه من فوق وعين مهملة
وفي اخرها راء معجمة] في زماننا هذا في مقر
ملوك اليمن وهي حصن في الجبال مطل علي
التهايم واراضي زبيد وفوق تعز منزه جعال له
صهلة قد ساق اليها صاحب اليمن المياه من الجبال
التي فوقها ومي فيها انشاه في عايط الحسن في
وسط بستان هناك .

دن والدملوه [بكسر الدال المهملة وسكون الميم
ثم لام وواو وهاء في اخرها] وهو حصن في شمالي

---

gionis maritimæ A *Zabid* jacet feptentrioni
& ortui obverfa   Diftat à *Sana* fex ftationibus.

Dicit 'Al-Sharif Al-Edrisi Ab *Adan* ad civitatem *Al-Mahgjam* funt fex ftationes, & à civitate *Al-Mahgjam* ad civitatem *Khaiwân* viginti quinque parafangæ

XII   ZABID [cum *Fatahh* fuper *Zâ* punctatum, & *Cafr* fub *Bâ* unico puncto infra notato, quiefcente *Yâ* duobus punctis infra notatum *Dâl* puncto diacritico liberum] Metropolis regionis maritimæ, in plano terræ folo
fita, diftat à mari paulo minus diei itinere
Aqua ejus eft ex puteis   Palmetis abundàt
Murum habet octo portis patentem

Dicit Al-Bîrûni· Eft portus *Al-Yaman*
Portus verò ipfius *Zabid* eft locus, qui nominatur *Galâfakah*   Inter utrumque funt quadraginta milliaria

Dicit Auctor libri dicti *Al-Azizi* Ejus litus
notum eft nomine *Galâfakah*   Inter utrumque
funt quindecim milliaria

Dicit (Auctor) libri Longitudinum *Galâfakah* habet longitudinem 64 graduum, & latitudinem 14 gr 35 min

XIII   TE'Z [cum *Cafr* fub *Tâ*, deinde *Ain*
puncto diacritico liberum, & in fine *Zâ* pun-
ctatum] noftra tempeftate fedes Regum *Al-
Yaman*, eft caftellum in montibus, regioni maritimæ imminens, & terris *Zabid*   Super *Te'z*
eft Palatium amœnum dictum *Sahalah*, ad
quod Dominus *Al-Yaman* aquas è montibus,
qui defuper funt, derivavit, & illic magna
& pulcherrima ædificia in medio horti con-
ftruxit

XIV   AL-DEMLOWAH [cum *Cafr* fub *Dâl*
puncto diacritico libero, quiefcente *Mim*, deinde *Lâm*, *Wavo*, & *Hâ* in fine] Caftellum ad
feptentrionem *Adan* in montibus *Al-Yaman*

---

1 علافقه *Galâfakah*] Nofter codex, ut omnes alii
habent علاوعه *Alâfakah* fine puncto diacritico fuper ع
Cl *Gravius* in margine fui Apographi fcripfit علاوعه
cum puncto diacritico, rectè omninò   Quod confirmatur ex *Golii* Lexico, ubi fcribitur علافقه *Galâfakah*,
cum *Dhamm* fuper *Gain*   Quod tamen ab eo receda-
mus quoad vocalem o, facit Authoritas Lexici *Yakût*,
ubi fic habetur fub litera *Gain*   علاوعه [والمعجم] دلس
علي ساحل هجر اليمن معادل زبد وهي موسي
" *Galâ-
" fakah* [cum *Fatahh*] urbs fita ad oram maritimam
" *Hagjar tu 'Al Taman* ex adverfo *Zabid*   Eftque Por-
" tus *Zabid*   Inter eam & inter *Zabid* funt quindecim
" milliaria   Eodem modo fcribit *Edrisi*, qui diftantiam ponit 50 milliaria   Nofter autem *Abu'l-fedah*
infra fub Climate *Auftrali* haud fibi conftans ait
علاوعه فرضة زبد وبينهما اربعون ميلا . " *Galâfakah*
" portus *Zabid*   Inter utrumque quadraginta mil-
" liaria

2 بن لد 14 *grad* 35 min] Poc 196 & Grav 2
بن لد 15 grad 30 min

3 تعز *Te'z*] In Lexico *Yakât* alia eft Fixio feu Orthographia hujus nominis hoc modo تعر [والمعجم ثم
الكسر والراء من بنه ددة.] " Ta e77 [cum *Fatahh*,
" deinde *Cafr*, & *Zâ* cum *Tafhdid*] Quæ Orthographia
videtur fatis convenire cum *Gallorum* noftrorum illius
urbis nominis pronunciatione le *Tage*, referente *D La
Roque* in Libro cui titulus eft *Voyage de l Arabie Heu-
reufe*, pag 228   Et adhuc magis cum *Anglorum* appellatione, qui in Exoticis linguis enunciandis funt fe-
liciores, nempe *Tares*, uti fcribitur à *D Henrico Midd-
leton* in fuo Itinerario à portu *Mokhab* ad urbem *Ze-
nan* five *Sanaa* totius Arabiæ felicis Metropolim, A D
1610 ubi ait *Tares* ab *Mokhab* quatuor dietis diftare

4 صهله *Sahalah*] Ita omnes codices cum noftro
Gravius in Impreffo p 47 habet صهده *Sahadah*   Et
D La Roque pag 311 *Sehadah*, malè uterque legit ب
Dâl pro ل *Lâm*   Eft nomen partis Montis صبر *Saber*,
i e '*Aloes*, de quo infra num 24

      'Al-

Al-Demlowah est Gazophylacium Domini *Al-Yaman*

Dicit *Ebn Saïd* Situm est in monte ab Austro ad septentrionem porrecto Proverbium à situ ejus inaccesso & munimenti robore desumptum est Ad septentrionem ejus

'Al Gjowah, urbecula celebris in semita plana viæ, quæ per montes incedit, sita est

XV AL-SHARGJAH [cum *Fatahh* super *Shit* punctatum, quiescente *Râ* diacritico puncto libero, deinde *Gjim* & *Hâ*] statio navium super litus, domus ejus ex arundine, est exigua

Dicit *Al-Edrisi* Inter *Al-Shargjah* & *Al-Hherdah* iter diei

Al-Hherdah [cum *Casr* sub *Hhâ*, quiescente *Râ*, & *Fatahh* super *Dâl*, utroque diacritico puncto libero, & in fine *Hâ*]

XVI GJOBLAH [cum *Dharm* super *Gjim*, quiescente *Bâ* unico puncto infra notato, & *Fatahh* super *Lâm*, deinde *Hâ*] inter *Adan* & *Sana* in montibus sita super duos fluvios, unde appellatur *Madinato l-Nahrain* (i e civitas duorum fluviorum) Estque nuper extructa Eam extruxerunt *Al-Solahhiûn*, postquam τῆς *Al-Yaman* Præfecturam adepti sunt,

Quoad *Al-Yaman* sic ait Auctor libri *Al-Lobâl* "[cum *Fatahh* super *Yâ*, & super *Mim*, & "in fine *Nûn*] Ab illa, inquit, cognominatur "*Yamani*, vel *Yamâni* oriundus ex *Al-Yaman*, "*Yamanensis* Est autem illa regio lata & ma- "gna, diciturque *Al-Yaman*, quia est *Yamîn* "(i e Dextra pars terræ,) quemadmodum *Al-* "*Shâm*, quia est *Shamâli* (i e læva pars terræ)

عدن في حال اليمن والملوك حرادة صاحب اليمن.

قال ادس سعدن وهي على الجبل الممتد من الجنوب الي الشمال ويصرب بامتناعها وحصانتها المثل وفي شماليها تبع .

'الجوة وهي بلدة مشهورة في جادة طريق الجبال به والشرحة [دعتج الشين المعجمة ويسكون الراء المهملة وحيم وهاء] ميما على الساحل دبوتها احصاص وهي صغيرة.

قال الادريسي ودبن الشرحة والحردة مسيرة يوم .

والحردة [دكسر الحاء ويسكون الراء وفتح الدال المهملات وفي احرها هاء.]

جو + وصنله [دصم الجيم ويسكون الباء الموحدة ولم معتوحة وها] دس عدن وصنعا في الجبال وفي على دهرين وهي مجدنة دماها ة الصلحيون لما استولوا على اليمن.

واما اليمن وعن قال في الباب [دعتج المثناة الفتحية والميم وفي احرها دون] قال وينسب اليها دمني ويماني قال وفي بلاد عريصة كبيرة وفعل لها اليمن لأنها دمنن الارص كما ان الشام شمالي الارص.

---

1 الجوة 'Al-Gjowah] Ita Poc 196 Grav 2 Gol Hunt & S / Noster codex, & *Gravius* in Impresso habent الحيرة 'Al-Hirah, quæ lectione nihil absurdius Nam *Hhurah* est nomen urbis in *Al-Erak*, olim *Chaldæa*, quæ ab eo loco de quo hic agitur plusquam ducentis parisangis distat Illam tamen eandem esse putat D La Roque in Notis margini adscripta, pag 312 I a Ile d Hirat, inquit ille, *batie par Malek, fut autrefois la Capitale d'un Roiaume de ce nom, dont les derniers Rois etoient Chrétiens* Vigilans ne ab dormitans hæc scribebat vir bonus Perinde ac si quis diceret *Lugdunum in Gallia eandem esse urbem cum Leyda seu Lugduno Batavorum* In Lexico *Tikút* الجوة دالمس وردة 'Al-Gjowh [cum *Dhamm*] vicus in *A Timan* notissimus

2 الحردة بكسر الحاء Al-Hherdah cum *Casr* sub Hhâ] In Lexico *Takút* الحردة دالعتح Hhardah cum *Fatahh*

3 جبلة بصم الجيم Gjoblah cum *Dhamm* super Gjim] In Lexico *Takút* جبلة دالكسر Gjoblah cum *Casr* Nostri ites in Libro dicto *Voyage de l'Arabie Heureuse* pag 230 pronunciarunt *Gabala*

4 الصلحيون 'Al-Solahhiûn] Ita restituo è Poc 196 Grav 2 Gol & Hunt qui vocales exhibet pro الصلحيون quod est in nostro codice & in Impresso Gravii, qui hoc nomen Latinis literis sic reddit p 48 *Alsilihiyuni*, & D La Roque p 312 Gallico more *les Alsalihiyous* Sed neuter quid id appellationis significet, explicat Sciendum igitur referente *Sheddâdo* in vita *Salaho-ddin*, quod postquam *Salaho-ddinus*, vulgo *Saladinus*, Ægypti Khalifa venunciatus esset anno He-

giræ 562 Christi 1166 audiit quendam nomine *Abd'l-Nabi* Provincias *Arabiæ felicis* cum regis titulo sibi vindicasse Quare *Salaho ddinus* fratrem suum natu majorem nomine *Shamso'ddawlah* eò misit cum exercitu Is, tyranno victo occisoque, totius *Arabiæ* regnum, fratre ita permittente, obtinuit Atque ex eo '*Arabitarum* Dynastia in *Arabia* initium habuit, ab '*Aiub* utriusque parente sic dicta, quæ & alio nomine *A Solahhitarum*, quod est diminutivum à *Salahhitis* deductum, quasi minores *Salahhitas*, seu *Salahhoddini* posteros significans, quamvis enim *Shamso'ddin* natu major rerum potiretur in *Arabia*, summum tamen Imperium ad *Salahhoddinum* pertinere censebatur Fuit itaque hæc Dynastia binominis, & quidem sub prima denominatione ejus, sc '*Aiubitarum* mentionem facit D D *Herbelot* Biblioth Orient pag 82 atque durasse ab anno Hegjiæ 560 (lege 562) usque ad annum 600 D autem La Roque, *Voyage de l'Arabie heureuse* p 255 hanc *Aiubitarum* Dynastiam adhuc superstitem esse opinatur "*Je croirois plutôt*, inquit ille, *que le Roy dont* "*nous parlons, tire son origine des Ajubites, ainsi ap-* "*pellés du nom d'Ajub, ou Job, chef d'une grande* "*Maison, qui a donné naissance au fameux Saladin, &* "*à sa posterité une branche de ces Ajubites regnoit* "*véritablement en ce même pays d'Temen dans le trei-* "*zième siecle, & celui qui étoit alors le chef, prenoit* "*la qualité de Calife & celle d'Iman, qui en est inse-* "*parable, ce que le Roy d'Temen fait encore aujourd'-* "*hui* Qua sui ipsius verba vir el si alteram hujus Dynastiæ denominationem sc *Solahhitarum* à *Salaho ddino* desumptam intellexisset, potuisset huc loco commentarii adferre, sed adeo deformata est tam à *Gravio*, quam ab ipso, ut Oedipo opus fuerit

Aiunt

قال بعض الثقات ' حمله عن تعز دون يوم وهي
عن تعز في الشرق دميلة يسيرة الي الشمال.

خر والحفد [مں اللباب دالحيم واللوں المعقوحنين
وفي احرها دال مهملة] شمالي تعز وماء الحمد
في عابة الوحامة وهي عن صعا ثمانية واربعوں
وہي عن ظهار اربعه وعشروں ورسحا والحمد
قريب مں تعر وهو دلں وحم وهي علي نصف
مرحلة مں تعر.

قال الشريف الادريسي والحمد ديں دمار ودمں
ربدں وهو بلد حلمل دہ مسحد حامع المعاں مں
حمل وعالب اهلها شيعه ودعرب الحمد واں سهول
ومدہ يسير في صحار الي حمل وبہ نحو الف قريہ
وعرض هدا الحمل احد وعشروں ورسحا وہ.۸ دسمر
في صحاري ورمال الى مدينة ربدد.

حم ودمار [مں المستركى بعتيم الدال المعحمه.
وہ.. اللباس بلسرها وميم والں وراء مهملة وفال في
المشترك ودعصهم دسمه علي الكسر ودعصهم دعربه
باعراب ما.. دبصروا] دلده داليمں مشهورة وقد
نسب اليها قوم مں اهل الروايه ولها دكر في
الاحبار وهي عن صعا سته عشر ورسحا وعں دلعار
ثمادية فراسح.

قال الادريسي وعلي ' دومس مں صعا في
الطريق الى دمار حمل ۰دبم مسحد مهعان
دں حمل.

حط وحلي [دعتيم أحاء المهمله وبسكوں اللام دم
باء متماه مں تحت] مں اطراف اليمں مں حهة
الححار

Aiunt nonnulli viatores fide digni *Gjoblah* distare à *Tez* minus itinere diei ab ortu *Tez* paululùm in septentrionem vergens

XVII. AL-GJANAD, [secundùm Auctorem libri *Al-Lobâb* cum *Gjîm*, & *Nun*, utroque *Fatahh* notato, & in fine *Dâl* puncto diacritico liberum] est ad septentrionem *Tez* Aqua *Al-Gjanad* maximè insalubris Distat à *Sana* quadraginta octo parasangis, a *Thafâr* viginti quatuor parasangis. *Al-Gjanad* vicina *Tez* est urbs insalubris, distans dimidium stationis a *Tez*

Dicit 'Al-Sharîf Al-Edrisî " Al-Gjanad " est inter *Dhamâr*, & *Zabîd*, urbs pulchra " In ea est Templum conventûs *Maâdh* filii " *Gjabal* Maxima pars incolarum sunt *Shîitæ* (Hæretici, seu 'Alî Sectatores) Prope *Al-Gjanad* est vallis *Sahûl*, inde iter per deserta ad montem, in quo sunt circiter mille vici Latitudo hujus montis unius est viginti parasangarum Inde iter per deserta, & arenas ad civitatem *Zabîd*

XVIII DHAMAR [secundum Auctorem libri *Al-Moshtarec*, cum *Fatahh* super *Dhâl* punctatum, & secundùm Auctorem libri *Al-Lobâb* " cum *Casr*, deinde *Mim*, & *Alêf*, & *Râ* punc-" cto diacritico liberum Dicit Auctor libri *Al-Moshtarec* " Quidam *Dhâl* efferunt cum " Emphasi sono mixto cum *Casr*, alii planè *Arabicum* faciunt, (eam pronunciationem adhi-" bentes,) quæ minus rectè procedit,] Civitas " celebris in *Al-Yaman*. Ab ea denominantur " nonnulli Auctores traditionum, mentio ejus " etiam fit in historicis Distat à *Sana* sexde-" cim parasangis, & à *Thafâr* octo parasangis

Dicit *Al-Edrisî* " Ad distantiam bidui (iti-" neris) i *Sana* in via, qua tenditur ad *Dha-*" *mâr*, ibique Templum *Maâd* filii *Gjabal*

XIX *Hhali* [cum *Fatahh* super *Hhâ* puncto diacritico liberum, quiescente *Lâm*, deinde *Yâ*] est è finibus *Al-Yaman* versus *Al-Hhegjâz*

---

1 حمله عن تعر دوں يوم اتينري ديزي] *Gjoblah distare a Tez minus itineri diei*] Nulla hic est codicum nostrorum notam discrepantia At verò *D La Roque* insignem nobis variantem Lectionem, è codice *D Petri de la Croix*, uti par est credere, nobis exhibet, ut patet ex ejus versione Gallica pag 313 *Gjoblah*, inquit, *est éloigné de Tahrdoum d environ une journée de chemin* nempe duas dictiones دوں & تعر in nostris codicibus disjunctas, ille quasi unam dictionem nutatis etiam literis, earumque punctis diacriticis, adjectis etiam vocalibus, legit دعردوم *Tafrdoum* cum م in fine, nam م in Impresso mendum Typograph puto Annon est igitur cur viro perspicacissimo grates amplissimas referamus, qui pro ingenii sui sagacitate, urbibus novis & castellis, ipsis *Arabibus* hactenus incognitis *Arabia* felicis Geographiam tam feliciter ampliavit, ditavitque?

2 على دومس *ad distantiam bidui*] Codex Hunt solus interponit اتينري *itineri*

3 ودبم *ibique*] Ita & Poc 196 Grav 2 & Gol Cod Hunt ودبم & in illo, eodem sensu *Gi vius* in Impresso etiam ut noster, sed vertit, deinde, nempe legit ودبم cum *Dhamm*, sed debuit legere ودبم cum *Fatahh*, & tunc significat ibi, illic, ut optimè conjecit *Sam Clericus* Notâ ad hunc locum *Forsan*, inquit, reddendum, est mons ubi Sed S Z singularem habet Lectionem à cæteris diversam, le سدہ *pede comprimit illum*, quam si pro genuina accipimus, Templum pede suo comprimeret montem, ac proinde in vertice ejus litum, quod disertis verbis athmat *D La Roque Il y a*, inquit, *une montagne sur la quelle il y a une magnifique Mosquée* Ita san è cod *D Petris de la Croix* ita redditur Similem huic lectionem supra p 5 Notâ 6 ex eodem S Z protulimus, sed hic propter aliorum consensum nihil mutamus

Dicit *Al-Edrisi* " Qui cupit transire defer-
"tum à *Tehâmah* ad *Sana*, debet iter habere
"à *Serrain* per sex circiter stationes, atque in
"isto tractu est urbs *Hhali*, ita denominata ab
"*Hhali* filio *Yakûb*

XX GJODDAH, [cum *Dhamm* super *Gîm*,
& *Tashdîd* super *Dâl* puncto diacritico liberum,
deinde *Hâ*,] portus *Maccah*, distans ab eâ duabus
bus stationibus, secundùm oram maritimam,
estque habitatoribus frequens

Dicit *Al-'Edrisi* " *Gjoddah* statio navium
"*Maccah*, inter utramque sunt quadraginta
"milliaria *Gjoddah* est *Mikât*, seu status locus
"ad quem conveniunt, qui ab'*Aidâb* ad illam
"peregrinantur.

XXI THAFAR, [cum *Fatahh* super *Thâ*
punctato, deinde *Fâ* & *Alef*, & *Râ* puncto
diacritico liberum,] civitas super litus sinûs
exeuntis e mari Australi, & procurrentis in
continentem, septentrionem versùs, circiter centum milliaria In extremo recessu hujus sinûs
est civitas *Thafâr* Navigia per hunc sinum non
feruntur e *Thafâr*, nisi ventus a continente spi-
ret Velificant per sinum prædictum in *Al-Hend*
(*Indiam*) *Thafâr* est Metropolis regionis *Al-
Shhehr* In territorio ejus plurimæ ex *Al-Hend*
(*India*) plantæ reperiuntur, nempe *Nargil* (i e
Nux magna *Indica*, vulgò *Coco*,) & *Tenbol*, (seu
Betel &c) A septentrione *Thafâr* sunt arenæ
dictæ *Al-Ahhkâf* (i e. tumuli, seu colles are-
nosi, de quibus Al-Koran Sur XLVI. Titul &
v. 21) Inter *Thafâr* & *Sana* viginti quatuor parasangæ Secundum quosdam *Thafâr* est super
litus *Al-Yaman* Habet hortos in usu communi
Thafâr magnitudine est instar (urbis) *Kêrah*,
vel paulò major.

XXII AL-SERRAIN, [secundùm Aucto-
libri *Al-Lobâb*, "cum *Casr* sub *Sîn* puncto dia-
"critico libero, & *Fatahh* super *Râ* puncto
"diacritico liberum & *Tashdîd*, quiescente *Yâ*
"duobus punctis infra notato, & in fine *Nûn*,]
distat ab *Hhali* novemdecim Parasangis septentrionem versus

Dicit Auctor libri *Al-Lobâb* " *Al-Serrain*
urbecula prope *Gjoddah*, in partibus *Meccah*

Dicit Auctor libri *Al-Azîzî* " *Al-Serrain*
"civitas est super litus maris Inter eam, &
" *Maccah* sunt quatuor magnæ Dietæ.

قال الادريسي ومن اراد ان يتركب البرية من تهامة
الي صنعا فانه يسير من السرين نحو ست مراحل
ويتقلك الساحية من جملة حلي ونعرف بحلي ابن يعقوب.

كذ وحنّه [بضم الحيم وتشديد الدال المهملة
ثم هاء] ورصد مكة وتى علي مرحلتين منها علي
شط البحر وهي عامرة.

قال الادريسي. وصدة مرسي مكة وبينهما اربعون
ميلا وهي ميقات من قطع من جهة عدناب البها.

كا وطعار [بفتح الطاء المعجمة والعاء والعا
وراء مهملة] مدينة علي ساحل خور قد خرج من
البحر الجنوبي وطعن في البر في جهة الشمال نحو
مابة ميل وعلى طرف هذا الخور مدينة طعار ولا
تخرج المراكب من طعار في هذا الخور الا بريح
البر ويطلع منها في الخور المذكور الي الهند.
وطعار قاعدة بلاد الشحر وبوجد في ارضها كثير
من نبات الهند مثل النارجيل والتنبل. وشمالي
ظعار رمال الاحقاف ودبن طعار وبين صنعا اربعة
وعشرون فرسخا وعن بعضهم ظعار علي ساحل اليمن
ولها بساتين علي شوالي وطعار نحو قارة او
اكثر بقليل.

كبن والسرّبن [من اللباب بكسر السين المهملة
وبفتح الراء المهملة المشددة وسكون المتناه من تحت
وهي اخرها نون] عن حلي تسعة عشر فرسخا وهي
في جهة الشمال عن حلي.

وقال في اللباب وهي بليمة عن حدة في
نواحي مكة.

قال في العزدري والسربن مدينة علي ساحل
البحر دبنها وبين مكة اربعة ايام كبار.

---

1 بطح cum *Fatihh*] In Lexico *Takût*, additur
والساء الكسر لعظام وحدام "& cum Emphasi, sono incli-
"nante id *Casr*, ad magnitudinem (urbis exprimendam,)
"& famulatum (& honorem exhibendum,) scilicet ef-
ferendo hanc Syllabam cum illa emphasi, qua apud
Arabes fit per commixtionem quandam vocalium, quam
exteri vix possunt imitari

2 خور *sinus*] Poc 196 & Grav 2 خور malè pro
خور , quod idem significat ac خور. Sinus iste vocatur خور sinus *Al-Hhabash*, i e *Herba*,
de quo v Edrisi in fine textæ partis Climatis primi

3 قارة *Kirah*] Est nomen oppidi in *Al Shâm* sive
Syria, inter *Damascum* & *Hems* cum hoc '*Abu'l-Fedah*

urbem *Dhafâr* comparat Sed *Gravius* p 51 & *D La
Roque* p 316 non accipiunt pro Loci nomine, sed pro
magno vico, un grand vilage, quasi قارة id significaret,
quod falsum est

4 اكثر بالعليل *paulo major*] Poc 196 & Grav 2
من ترقيب الشحر ساحل ارض اليمن فيما
addunt دبنها ودبن عمان سمي ذلك احدا من السحره
اي شهرة لعد بالمعاذ ه E Libro dicto *Tartib*
" '*Al-Shehhr* est nomen litoris terræ '*Al Taman*, quod
"expanditur inter eam & inter '*Oman* Hoc vocatur
"nomine desumpto à voce *Shahhrah*, quæ in Dialecto
" *Tamanica* significat *celebritatem*

وقال الادريسي بالقرب من السرين قرية بلملم
وهي ميعات اهل اليمن ٠

نجم وُنَجْرَانُ [من اللفاء بفتح النون وسكون الجيم
وراء مهملة والف وفي احرها نون] بليدة بها نخيل
وتشتمل احيا من اليمن ويخرج دها جلود وهي من
صنعا عشر مراحل ونجران بين عدن وحضرموت في
حبال وها ٠ اشجار ونسير من مكة الي نجران في
نحو عشرين دوما في طريق معندل * للابل بين
صنعا ومكة شرقي صعدة ونجران من بلاد همدان
بين قري ومدائن وعمائر ومياه ٠

صد وعَدَنُ [بفتح العين والدال المهملتين ونون]
ويقال لها عدن ابين وهي علي ساحل البحر وهي
بلدة حط واقلاع المراكب الهند وهي بلدة تجارة
وهي يابسة قشعة ٠

** وأَبْيَنُ [بفتح الهمزة وسكون الباء الموحدة وهمج
المثناة التحتية ثم نون ٠ ††]

قال في المشترك وعن سيبويه بكسر الهمزة ٠
في الصبح اب طولها سو ل وعرضها يا ٠

قال - في المغرب ابين اسم الرجل اضيف عدن
اليه ٠

واما عدن لاعة فبليدة في جبل صبر باليمن ايضا
وبها اعني عدن لعة جان † طهور دهاة الفاطمين
خلها مصر ٠

Dicit Al-'Edrisi "Propè Al-Serrain eft "vicus Yalamlam, qui eft Mikât, (feu ftatus "locus,) ad quem conveniunt Peregrini Al-"Yaman

XXIII NAGRAN [fecundùm Auctorem libri Al-Lobâb, "cum Fatahh fuper Nûn, quie-"fcente Gjîm, deinde Râ puncto diacritico li-"berum, fequente Alef, & in fine Nûn] Ur-ubecula, ubi funt palmeta Continet familias "ex Al-Yaman oriundas Inde coria efferun-"tur Diftat à Sana decem ftationes Nagrân "fita eft inter 'Adan & Hhadbramant in mon-"tibus, in quibus funt arbores Itur à Maccah "ad Nagrân viginti propè diebus, in via plana "camelis inter Sana, ad Maccah ad orientem "Sâda Nagrân pertinet ad regionem Ham-"dân inter vicos, & urbes, & habitationes, & "aquas

XXIV ADAN, [cum Fatahh fuper Ain & fuper Dâl, utrumque puncto diacritico libe-rum, deinde Nûn,] appellatur Adan Abian, fita fuper litus maris Eft urbs exonerationis, & velificationis navium Al-Hend (Indiæ,) urbs-que mercatorum, ficca & fqualida

ABIAN [cum Fatahh fuper Alef Hamzatum, quiefcente Bâ unico puncto infra nota-tum, & Fatahh fuper Yâ, deinde Nûn]

Dicit Auctor libri Al-Moshtarec "Secun-"dùm Sibutah [cum Cafr fub Hamzah]

In Libris (Geographicis) longitudo ejus eft 66 grad 30 min & latitudo 11 grad.

Dicit Auctor libri dicti Al-Mo'reb "Abian "eft nomen viri ad quem Adan pertinebat

'ADAN LA'AH autem eft urbecula fita in monte Saber in Al-Yaman etiam In ea, vide-licet Adan Lâ'ah, facta fuere Auguria pro vafiis Fâthemitis Khalifis Mefi (Ægypti)

---

1 اسحار arbores] Addunt Poc 196 & Grav 2 & وكداذى وبل المعنى وعن علنى علمها S Z ex us احش ستين سمه وهم الدين قصدوا مدة بالعمل وذان من امرهم مما صده الله تعالي Evenerat ante tempus Miffionis (Mohammedis,) annus fexaginta, ut ea (urbe Nagrân) potirentur 'Al-Hhabafh (Habeffini five Æthiopes) Ii funt qui ad Maccah cum Elephanto contenderunt, & quorum Hiftoriam narr t Deus Excelfus (Al Kor Sui CV de qua v Præfat noftram ad vitam Mohammedis pag 18 & feqq)

* Hinc ufque id † defunt Poc 196 Grav 2 Gol Hunt & S Z

** Hinc ufque ad †† defunt Poc 196 Grav 2 & Gol Habet Hunt

2 في المغرب In Libro dicto Al-Mo'reb] Horum loco S Z habet في العزيزي In Libro dicto 'Al-Azîzi

3 وبها in illa] Codex Hunt & S 7 وبها ab illa Quæ Lectio videtur præferenda, propter rationes mox adducendas

4 طهور دهاة Auguria pro vafiis] Contra hinc Lectionem cæteri codices pugnant, qui omnes habent ظهور دعاة manifeftatio vocationis Gravius in Impreffo

---

pag 53 Arab habet lectionem noftri codicis, fed Latinè reddit manifeftatio vocationis D La Roque p 318 C'eft en cette ville que fe manifeft i t premiere vocation des favans Princes Fitemites Mirum quod iftos Principes à Doctrina commend t, cum vox دهاة nihil aliud figni-ficet quam vafrum, aftutum hominem, atque hoc potiffimum epitheto non me ab Hiftoric s nuncupan-tur Fâtemitæ illi principes, qui Imperium uti primo te Fitemah Mohammedis filia, uxore Ali oriundos falsò jactitabant Sed neque in illa urbe Adan Lâ ah facta fuit prima illa manifeftatio, verum Segelmeffæ in Africa, ut difertè teftatur 'Al-Makin id in Hegira 298 Quo anno, inquit ille, ابتدا الدولة الفاطمية كان اولهم محمد المهدي وذان بلهوري دست نياسة من اعمال القيروان بجامع Cæpit Dynaftia Fatemitarum, quo-rum primus fuit Mohammed filius Al Mihadi, cujus manifeftatio fuit (in urbe) Segelmiffa e ditionibus Al Ka-rowân in Al Magreb Quæ manifeftatio, de qua hic agitur, facta in extremis Arabiæ felicis finibus, non potuit effe nifi fecundaria, fi tamen vera fuerit manife-ftatio fecundùm pofteriorem Lectionem At verò fi fequamur ductum prioris, ex dictione طهور Au-guria, quam puto genuinam, patet Abu'l Fedim, nihil aliud

I

'*Adan* diſtat à *San'a* ſexaginta octo paraſan-
g.s.

Dicit *Ebn Hhawkal* - "Inter utramque tres
ſtationes

Ex quibuſdam Viatoribus

Adan (inquiunt') ſita eſt in radice montis
eam inſtar muri ambientis, ubi deficiunt (montes,) eſt murus uſque ad mare Portam habet
mari adverſam, & portam alteram continentem verſus, quæ appellatur porta '*Al-Sâktin*
(i e Aquariorum) per quam ſcilicet aqua dulcis
ad illam defertur

XXV. S A N'A [cum *Fatahh* ſuper *Sâd* puncto diacritico liberum, quieſcente *Nûn*, deinde '*Ain* puncto diacritico liberum, & *Alef* cum
Madd,] eſt e maximis civitatibus *Al-Yaman*, ſi-
milis *Damaſco* præ copia aquarum ejus & ar-
borum Sita eſt ab oriente *Adan* inclinans in
ſeptentrionem, inter montes Aer tempera-
tus Illic horæ hiemales fermè æquantur horis
æſtivis Sedes olim erat Regum *Al-Yaman*.
Ibi ingens tumulus nomine *Gomdân* celebris,
ubi palatium Regum *Al-Yaman*

Dicit *Ebn Said* Inter eam & '*Adan* eſt civitas *Gjoblah*

Dicit Auctor libri '*Al-Azizi* "Civitas *San'a*
"eſt ſpecioſa, eſtque Metropolis *Al-Yaman*
"In ea ſunt plateæ paucæ & templa multa

XXVI B A T N M A R R [cum *Fatahh* ſuper
Bâ unico puncto infra notatum, quieſcente *Tâ*
puncto diacritico libero, deinde *Nûn*, & *Fatahh* ſuper *Mim*, tum *Râ* puncto diacritico
liberum *Taſhdid* notatum] eſt vallis in qua multi
ſunt vici, & aquæ currentes, & palmeta plurima, Diſtat à *Maccah* itinere unius diei Sita
eſt juxta viam Peregrinorum *Meſr* (Ægypti)
& *Al-Shâm* (Syriæ) Palmeta & ſata continua
ſunt à *Batn-Marr* ad vallem *Nakhlah* Inde &
ex *Al-Tâtef* olera, & dactyli, atque etiam an-
nona frumenti ad *Maccah* exportantur Per
dies autem quibus deficiunt aquæ in *Maccah*
& *Mena*, Peregrini per *Batn-Marr* iter ha-
bentes, ſecum aquas à *Batn-Marr* deferunt ad
Mena

XXVII S A D A H, [cum *Fatahh* ſupei *Sâd*,
quieſcente *Ain*, & utroque puncto diacritico
libero, deinde *Dâl* puncto diacritico liberum,
& *Hâ*,] Inter *Sadah* & *San'a* ſexaginta para-
ſangæ

وعدن عن صنعا ثمانية وعشرون فرسخا .

قال ابن حوقل ديبها ثلثة' مراحل .

وعن بعض المسافرين

وعدن في ذيل جبل كالسور عليها وتمامه سور
الي البحر. ولها باب الي البحر وباب الي البر
يعرف باب الساقيين والماء العذب يجعل اليها .

كه وصنعا [بفتح الصاد المهملة وسكون النون
وعين مهملة والف ممدودة] من اعظم مدن اليمن
تشبه دمشق لكثرة مياهها واشجارها وهي شرقي
عدن شمالي في الجمال وفي معتدله الهوي ويتقارب
فيها ساعات الشتاء والصيف. وهي كانت كرسي
ملوك اليمن في العديم . وبها تل عظيم يعرف
بغمدان كان قصر ملوك' اليمن.

قال ابن سعيد وبينها وبين عدن مدينة[3] جبلة

قال في العزيزي مدينة صنعاء جليلة وهي قصبة
اليمن وبها اسواق[2] قليلة ومساحد كثيرة.

كو وبطن مر [بفتح الباء الموحدة وسكون الطاء
المهملة ودون وفتح الميم ثم راء مهملة مشددة] وهي
قلعة فيها مياه عذبة وفرايا وسياق تجري وتجمل كثير.
وهي من مكة مسيرة يوم وهي علي طريق حجاج
مصر والشام والنخل والمزرع متصل من بطن مر
الي وادي نخله وبها ومن الطايف نجلب الخضر
والثمار الي مكة والتمره ايضا وهي ايام نقص المياة
بمكة ومني قرن الحجاج من بطن مر ويحملون
المياة معه الي مني.

در وصعده [بفتح الصاد وسكون العين المهملتين
ودال مهملة وهاء] وبين صعده وبين صنعا ستون
فرسخا

---

aliud voluiſſe, niſi quod Vafri illi & aſtuti principes,
ex *Arabia* felice Magos quoſdam & Augures accerſive-
rint, qui ſu im originem à *Fatemah* ex avium volatu te-
ſtarentur, confirmarentque Iſti enim Principes uf-
qum in illis *Arabia* partibus pedem fixiſſe à nullo Hi-
ſtorico memor intur *Abu l Fedah* autem ſuæ primæ Editionis Phraſin, qua erat iſtis principibus contumelioſa,
in ſecund Editione in magis honorificam, ſive ipſe, ſive
Librarius, quamvis contra fidem Hiſtoriæ, mutavit

1 مراحل *ſtationes*] Poc 196 &Grav 2 addunt
قال
في العزيزي وهي مدينة حلملة علي ساحل الأخضر
وبها موضع الي البحر المسار وعدن من حلاف ابين
*Dicit Auctor
Libri dicti Al-Azizi* "Urbs eſt pulchra ad litus ma-

"ris In ea ſunt duo commeatus, qui (ſcilicet adve-
"niunt ex) *Al-Hend* (India) & '*Al Sin* (China) Ibi
"ſunt mercatores & poſſeſſores opum '*Adan* pertinet
"ad *Meklâf* (i e Diſtrictum) '*Abian*

2 اليمن *Al-Yaman*] Poc 196 & Grav 2 addunt
ويحدب طولها في كتب قديم يجعدمن علمه سر منذل
ما ذكر المعروف Longitudinem ejus inveni in libris antiquis poſitam 67. grad prout refert '*Al-Biruni*

3 جبلة Gjoblah] Nulla hic codicum diſcrepantia,
niſi quod *Gravius* in Impreſſo Lat p 54 ſcribit *Gjab-
bah*, quam ſequitur *D La Roque* p 319

4 قليلة ومساحد *paucæ, & templa*] Poc 196. Gr 2
Gol & Hunt habent حليلة ومتاجر *pulchra, & mer-
cimonia*

قال في القاموس وبسمى ' عيل وبحلب منها
الادم .

قال في العزيزي وصعدة مدينة اهلها عامرة وبها
مدابع الادم وجلون النقر التي للنعال وفي حصة .

ومنها الي الاعمشبة فرية عامسرة حمد وعشرون ميلا
منها الي حبوان اربعة وعشرون ميلا .

كم وحبوْان [بفتح الحاء المعجمة وسكون المثناه
من تحت وفتح الواو ثـم الف بعدها نون] وذلك
حبوان تشتمل علي قري ومرابع ومياة معمورة باهلها
وبها اصناف من قبابل اليمن .

وقال في العزيزى وحبوان طرف مبارك ذلان دمي
السحاك من ال بعرك من اولاد القبائعة . وماوها
من السماء .

قال الادريسي من حبوان الي صعدة ستة عشر
وبسخا .

طط والطادف [بفتح الطاء المهمله والف وكسر
المثناه من تحت وفي احرها فاء] دلبية كثمرة
العواكه وهي علي ظهر حمل عروان وهو ادن مكان
بالحجار وربما حمد الماء في درزة عروان واكثر
ثمرها الزدمد ' وهى طبمة الهوي .

وقال في المشترك

ونّعمّان [بفتح النون والعبن المهملة] وان بيس
مكه والطادف دعال له دعمان الاراكي .

ل والعُرْع [ه ادسم العاء وسكون الراء المهملة دم
عين مهملة فى احرها] من مدينة علي اربعة ايام
فى حمودها وهو عنه نورى اهلها والطريعى العربدة من
المدبنة الي مكه ادما فى علي العرع ولكن لا دكاك
بسلم المار دها من وطاع الطربعت .

Dicit Auctor libri Al-Kanún "Sadah ap-
"pellatur nomine Gail (i e Aqua fluens per
"fuperficiem terræ,) Inde Coria efferuntur

Dicit Auctor libri Al-Azizi "Sa'dah civi-
"tas incolis frequens In ea funt lacus coria-
"rii, & pelles bovinæ ad conficiendos calceos
"Proventibus abundat. Inde ad Al-Aamshiah
"vicum habitatoribus refertum, viginti quin-
"que milliaria Inde ad Khaiwân, viginti qua-
"tuor milliaria

XXVIII KHAIWAN, [cum Fatahh fuper
Khâ punctatum, quiefcente Yâ, & Fatahh fuper Waw, deinde Alef fequente Nún] Regio
Khaiwân comprehendit vicos, & fata, & a-
quas, eft incolis frequens In ea diverfæ funt
fpecies Tribuum Al-Yaman

Dicit Auctor libri Al-Azizi Khaiwân eft
terminus habitationum regionis filiorum Al-
Dhohâc de familia Yaraf, e Pofteris Al-Toba-
ba'ah (quod erat nomen Regum Al-Yamân)
Aquæ ejus funt e Cœlo.

Dicit Al-Fdrisî A Khaiwân ad Sadah fex-
decim parafangæ

XXIX AL-TAIEF [cum Fatahh fuper Ta
puncto diacritico liberum, fequente Alef, &
Cafr fub Yâ, & in fine Fâ] urbecula fructibus copiofa, à tergo montis Gazwân, qui eft
locus totius Al-Hhegjâz frigidiffimus Sæpe
aqua congelafcit in fummitate montis Gazwân
Maxima pars fructuum ejus uvæ paffæ Aer ibi
falubris eft

Dicit Auctor libri Al-Mofhtarec

Na'mân [cum Fatahh fuper Nún & Ain puncto diacritico liberum,] eft vallis inter Maccah
Appellatur & Al-Iâief Na'man Al-Arâc

XXX ALFOR, [cum Dhamm fuper Fâ,
quiefcente Râ puncto diacritico libero, & in
fine Ain puncto diacritico liberum] diftat a
Madinah quatuor dietis auftrum versùs Conftat ex multis vicis, incolis frequentibus via
proxima ab Al-Madìnah ad Maccah, eft per
Al-For, verùm vix poterit viator tutò incede-
dere, præ latronibus viam infeftantibus

---

1 عيل Gail] Ita omnes Codices Gravius e noftro
codice minus bene exarato legit p 55 دمبل propter
declivitatem Ita etiam D La Roque, a caufe de la baf-
feffe de fa fituation
2 Aer ibi falubris] Hoc loco Codices Poc 196 & Grav 2 & ex eis S 7 hac addunt
والوا وسمت دلك المعة دالطابى لاذها في طوفان
دوح (علیه السلام) ادطعت مس السام وطافت
وحملها الماء واعد ادها حلبس في موصعها فاسمد-
دها هواكه الشام وحو دلك مسمبت دالطابف .
"Aiunt hanc portionem terræ (in qua fita eft urbs illa)
"vocatam fuifle 'Al Tâief, eo quod tempore Diluvii
"Nûhh (Noachi,) cui pax, abfciffa ex Al Shâm (Syria,)

"in girum circumlata fuit dum ab aquis deportaretur,
"ac tandem poft multos giros, uti fert communis opi-
"nio, in eo loco, ubi nunc eft, fubfidit, fecum retu-
"lens vitæ fructuum genera, qualia in 'Al-Shâm pro-
"cuntur, ac proinde dicta fuit Al-Tief, (i e cir-
"cumgnans) Idem placuit Abul Fida noftro, alias
Auctori graviffimo, & fabulis parum addicto, iftud
commentum Editionis Operis fecunda ornatus gratia
inferere, nam ì noftro codice, qui eft prima Editio,
abeft infull um hoc figmentum Habet Gravius in Impreffo pag 56 fed Arabiæ tantum è fuo codice manu-
fcripto defcriptum
3 دصم cum Dhamm] Ita Poc 196 Grav 2 Hunt
& 7 & Lexic Jakût, pro دعرم cum Fatahh, quod
in noftro codice, incuria Librarii

Dicit *Al-Edrisi* in libro qui inscribitur *De-licie curiosi viatoris* E castellis *Al-Madinah*, quae ab illa denominantur, sunt *Taima, Dawmato l-Gjendal, Al-For, Wadi l-Kora, Madiau, Khaibar,* & *Fadac*

XXXI GJORASH, [cum *Dhamm* super *Gjim,* & *Fatadh* super *Ra* puncto diacritico liberum, & in fine *Shin* punctatum] Urbs palmeta habens, continensque familias ex *Al-Yaman*, multa inde coria exportantur

Dicit Auctor libri *Al-Azizi*

Gjorash urbs elegans est, quam infinita copia arboris *Al-Karadh* (i e Acaciae) incingit In ea sunt lacus coriarii plurimi Latitudo ejus sexdecim graduum.

Dicit *Al-Edrisi* Civitas *Gjorash* & civitas *Nagrân* sunt inter se similes quoad magnitudinem & habitatorum numerum, ambae sata habent & agros Distant à se invicem sex stationibus

XXXII MAREB [prout scriptam vidi in (Lexico) *Al-Sabhah* cum *Fatahh* super *Mim,* quiescente *Hamzah,* deinde *Ra* puncto diacritico liberum cum *Casr,* & in fine *Bâ*, vulgo autem cum *Fatahh* super *Hamzah* & cum *Madd*] Inter *Mareb* & *Sana* tres stationes, dicunt aliqui quatuor Nunc diruta est, olim fuit metropolis *Al-Tobâbaah* (Regum) *Al-Yaman* Sita est in ultimis montibus *Hhadhramawt* Ibi fuit *Agger,* (Al-Kor Sur XXXIV v 16) Appellatur autem civitas *Saba*

Dicit Auctor libri *Al-Moshtarec Saba* [cum *Fatahh* super *Sin* puncto diacritico liberum, deinde *Bâ* sequente *Alef* brevi, *Hamzato*] Ea est, inqui ille, civitas *Mâreb* in *Al-Yaman*, quae appellata fuit nomine conditoris ejus *Saba* filii *Tashhab* filii *Jarab* filii *Kahhtân*

XXXIII FAID, [cum *Fatahh* super *Fâ,* quiescente *Yâ,* deinde *Dâl* puncto diacritico liberum,] oppidum in *Nagd*, media via, qua Peregrini *Al-Frâk* ab *Al-Cufah* ad *Meccah* incedunt, prope *Salma*, qui est unus è duobus montibus *Tai* Ibi Peregrini aliquot sarcinas suas deponunt (ad *Meccam* ituri) *Faid* distat ab *Al-Cufah* centum & novem parasangis.

Dicit Auctor libri *Al-Azizi* *Faid* est media via Peregrinorum *Al-'Erâk* Inter eam & inter duos montes, quos appellant *Salma* &

* قال الادريسي في حتابة درهة المشتاق ومن
مجالف المدينة المنسوبة اليها تيما ودومة الجندل
والعرج ووادي العرب ومدين وحيبر وفدك ٥.

لا وحرش [بصر الحيم وفتح الراء المهمله وهى
احرها شين معحمة] بلدة دها نحبل وتشتمل علي
احيا من اليمن وبجاتهن دها الادم الكثير.

قال في العزيزى.

وحرش بلدة صالحة وحولها من شجر الحرط ما لا
يحصى وبها منافع كثيرة وعرضها ست عشرة درجة.

** قال الادريسي ومدينة حرش ومدينة نحران
متقاربتان في القدر والعمارة ولهما مزارع وضياع
وبينهما ست مراحل. ††

لب ومارب [حكيا رابتها مكتوبة في الاصحاح
بفتح الميم وهمزة ساكنه وراء مهمله مكسوره وفي
احرها باء موحدة المشهور فتح الهمزة ومدها] ارمارب
وبين صنعا ثلث مراحل وميل اربع وفي حراب
وكانت ماعنه نابعة اليمن وهي في احر حمال
حضرموت وبها كان السّد ويسمى مدينة سبا.

قال في المشترك وسبا بفتح السين المهملة
والباء الموحدة ذم الى مقصورة مهمورة. قال وهي
مدينة مارب باليمن سميت بادمها سبا بن يشحب
بن يعرب بن حطان.

لح وفيد [بفتح العا وسكون المثناه من تحت
ودال المهمله] بلدية بنجد على منتصف طريق
حجاج العراق من الكوفة الى مكة وربء من سلمي
احد حبلي طي وبها بودع الحجاج بعض امتعتهم.
وبين عن الكوفة مايه وتسعة فراسخ.

قال في العزيرى وبين نصف طريق حجاج
' العراق قال وبينها وبين السلمى المعروف

* Hinc usque ad †, desunt in Poc 196 Grav 2 Gol & S Z Habet Hunt cum nostro
** Hinc usque ad ††, desunt Poc 196 Grav 2 Gol & S Z
1 Post Fixionem Poc. 196 & Grav 2 addunt
ومعصهم يسمي مارب سبا في احرها الـ ا منذ ورء
مهمورة. ودعول . سممت ناسم نادمها سبا من دى
. مارب. Nonnulli *Mâreb* ap-
pellant *Saba* [cum *Alef* brevi *Hamzato* in fine] Nos

dicimus Ita vocata fuit de nomine conditoris, qui fuit *Saba* filius *Tashhab* Hunc quidam vocant *Mâreb*
1 العراف 'Al-Frâk' Poc 196 & Grav 2 addunt
وهي مدينة عامرة اهلة دهما اسواق وبها ومدى
بمن العمادى مبارك طي ودارها وبلادها
Urbs est populosa In ea habentur Nundinae Inter eam & inter sepulchrum *Al-'Abâdi* sunt hospitia Tribûs *Tai,* sedesque, & regio illius Suspicor pro مبر *sepulchrum* legendum عرب *vicos,* ut infra

نسلي واحساء سـنة وثلاثون ميله وهما جدلا طي

ودىس قمد ودس الثعلمية وهي وردة وعلمها سور

وهي كثيرة الماء سنة وثمادون ٠ ميلا

والثعلميه دلك طريع حجاج العراق ودكر في

كتاب الاطوال ان طول الثعلمية سجل وعربها كيل

له وسلام [من اللمان نكسر الشىن المعجمة وقتح

الباء الموحده وانف وميم. وهو غلط ادرس الذمر في

تعلطه للسمعاى حيت قال شبام قبله ولىس

نكان] حمل مسع قمد قري ومزارع كـكـرة وهو

مشهور من حبال اليمن وبده قلعه .

وشبام وصه حصرموت وديمها وديس صعا احد

٢ وستون ورسحا ووبل احدي عسره مرحله وديمها

وبس دمار مرحله واحده

حضرموت [مس اللمان بعتم أحاء المهملة وتكون

الصاد المعجمة زقتم الراء المهملة وبعىها مم معقوحة

وراو ساكمه وفي احرها (باء) مشاء ى وووها.]

قال في العريزى في الجبل المدكور سكان

كـكـرون وهو مجمع من كل ناحه وهو معدن

الحجر المعروف بالعىعق والجزع.

* قال الشريف الادرسى ومدىتـا حصرموت

احدهما دردم والاحرب شبام.

وشبام حصر مسع اهل في جبل ش د ام قال

وفي جملها قرب ومزارع ومباه حارده . ٠.

له واحجر [مس المشترك بعتح أحاء المهملة

وسكون الحم وفي احرها راء مهملة] قال في المشترك

والحجر مدىمة المامه ولها ددر وتكون في طول

المامه وعرىها وقال وبعصهم ادها عن جمامه مسىرة

دوم ولهله قال والمامه والحجر ممارل سى حبمعه

** ودعص مصر وحجر ودور الشهىاء الدىس وتلوا

في حرب مسجله اللبان فى حلافة ادي بكر الصدىف

رضى الله عمه وحجر عن المامه فى العرب والسمال

وديمها دحو مرحله س ١٠.

Agja triginta sex milliaria, funtque duo montes *Tai*. Inter *Faid*, & inter *Al-Thalebiah* vicum muro incinctum, & aquis copiofum, fex & octoginta milliaria

Al-Tha'lebiah eft tertia pars viæ Peregrinorum *Al-'Erák* In libro Longitudinum memoratur longitudo *Al-Thalebiah* 63 grad 30 min & latitudo ejus 28 grad 30 min

XXXIV SHEBAM, [fecundùm Auctorem libri *Al-Lobáb* cum *Cafr* fub *Shin* punctatum, & *Fatahh* fuper *Bà*, deinde *Alef*, & *Mim* Hic obiter notandus error *Ebnol-Athir*, qui hallucinationem *Al-Samani* fecquutus ut, *Shebam* effe nomen Tribûs, non loci] Mons acceffu difficilis, in quo vici & fata multa, eftque celebris inter montes *Al-Yaman*, in eo arx ædificata eft

Shebâm eft etiam nomen metropoleos *Hhadhramawt* Inter eam & *Sana* una & fexaginta parafangæ, vel, ut alii dicunt, undecim ftationes Inter eam & inter *Dhamâr* una ftatio

HHADHRAMAWT [fecundùm Auctorem libri *Al-Labáb* cum *Iatahh* fuper *Hhâ* puncto diacritico liberum, quiefcente *Dhad* punctito, & cum *Fatahh* fuper *Râ* puncto diacritico liberum, deinde *Mim* cum *Fatahh*, quiefcente *Waw*, & in fine *Tâ* duobus punctis fuperne notatum] Dicit Auctor libri *Al-Azizi* In prædicto monte multi funt incolæ Undequaque difficulter afcenditur In hoc monte eft fodina lapidis *Corneolæ*, (feu *Jafpidis*, & vel *Amethyfti*,) & *Onix*

Dicit *Al-Sharîf Al-'Edrisî* Duæ urbes *Hhadhramawt* funt *Tartam*, & *Shebâm*

Shebâm eft etiam caftellum munitum, Populo frequens in monte *Shebâm* In monte ejus funt vici, & fativa, & aquæ fluentes

XXXV AL-HHAGR, [fecundum Auctorem libri *Al-Moshtaree*, fuper *Hhâ* puncto diacritico liberum, quiefcente *Gjm*, & in fine *Râ* puncto diacritico liberum,] Dicit Auctor libri *Al-Moshtaree* *Al-Hhagr* civitas *Al-Yamamah*, de qua mentio eft, ac fi effet in longitudine *Al-Yamâmah* ac latitudine ipfius Quidam tamen aiunt eam itinere diei ac noctis ab *Al-Yamâmah* diftare *Al-Yamâmah* & *Al-Hhagr*, inquit, habitacula funt filiorum *Hhonaifah*, & partis *Modhanitarum* In *Hhagr* funt fepulchra Martyrum, qui interfecti funt in prælio *Mofailamah* mendacis (feu falfi Prophetæ) Sub *Khalifatu Abû Bacr Al-Seddik* (i e Teftis fidelis,) Deus ei fit propitius *Hhagr* fita eft ab *Al-Yamâmah* inter occafum & feptentrionem Inter utramque funt circiter duæ ftationes.

---

1 ميلا *milliaria*] Poc 196 & Giav 2 addunt ومس الثعلمية الى قرى العبادى نسعة وعشرون ميهل. *A Tha'lebiah ad vicos 'Al-Abâdi viginti feptem milliarii* 2 وستون *& fexaginta*] Poc 196 & Giav 2 ودسعون *& nonaginta* Gol Hunt & S Z وستون *& feptuginta*

* Hinc ufque ad |, defunt Poc 196 Giav 2 Gol & S Z Habet Hunt cum noftro

** Hinc ufque ad ††, defunt Poc 196 Giav 2 & S Z Habent Gol & Hunt cum noftro

Memoratur porrò in libro *Al-Lobâb*

Al-Hhogr [cum *Dhamm* super *Hhâ* puncto diacritico liberum, quiescente *Gjîm*.] Est, inquit, locus in *Al-Yaman*, a quo cognomen accepit *Ahhmed* filius *Abdo llah Al-Hodlî* Poeta, cognomento *Al-Hhogrî*.

XXXVI AL-YAMAMAH, [cum *Fatahh* super *Yâ*, deind *Mîm*, & *Alef*, tum *Mîm* & *Hâ*] civitas minor quam *Madînah* (sive urbs) Apostoli, cui Deus adprecetur, & pacem largiatur, sed magis palmetis abundans, quam reliqua loca *Al-Hhegjâz*.

Dicit Auctor libri *Al-Lobâb* Urbs est sita in *Al-Bâdiah* (i e Deserto) regionis *Al-Awalî* (i e Superioris) In ea Prophetam agere cœpit *Mosailamah* Mendax, estque regio filiorum *Hhonaifah* *Al-Yamâmah* distat ab *Al-Basrah* sexdecim stationibus, & tantumdem ab *Al-Cûfah*

Narravit mihi aliquis qui nostra tempestate eam viderat, ibi esse hominum frequentiam, & pauca palmeta Habet, inquiebat ille, vallem appellatam *Al-Kharg*, & ipsa sita est in depressiore ejus parte

AL-KHARG autem scribitur [cum *Fatahh* super *Khâ* punctatum, deinde *Râ* puncto diacritico liberum, & in fine *Gjim*]

Dicit Auctor (Lexici) *Al-Sahhâhh* '*Al-Kharg* est locus in '*Al-Yamâmah* '*Al-Yamâmah* autem est in plaga orientali ab *Maccah*, sita in planitie In valle '*Al-Yamâmah*, (dicta) *Al-Kharg*, sunt multi vici, habet frumentum & hordeum plurimum Pprope '*Al-Yamâmah* est fons amplissimus, cujus aqua latè se diffundit

Al-Hhasa, & *Al-Katîf* distant ab *Al-Yamâmah* orientem versùs circiter quatuor stationes

Dicit Auctor libri *Al-Kânûn* Nomen *Al-Yamâmah* priscis temporibus fuit *Gjaw*, [cum *Fatahh* super *Gjim*]

وقد ذكر في اللباب .

الحجر [بضم الحاء المهملة وسكون الجيم] قال

وهو موضع باليمن ينسب اليه احمد بن عبد الله

الهذلي الشاعر الحجري .

لو والیمامه [بعتج المثناه من تحت والمیم والف

ومیم وهاء [مدینتها دون مدینة الرسول صلى الله

علیه وسلم وهی اکثر نخیلا من سائر الحجاز .

قال في اللباب وهی مدینة بالبادیه من بلاد

العوالی وبها کان من سمی مسیلمة الکذاب وهی

بلاد بنی حنیفة والیمامه عن البصرة ست عشرة

مرحلة وعن الكوفه مثل ذلك .

واخبرنی من راها في زماننا هذا ان بها اناسا

ولخيلة الحجيل قال ولها وان يسمى الخرج وهی

اسفل الوادی .

* والخرج [حجاء معجمة معتوحة وراء مهملة وهی

اخرها حيم]

قال في الصحاح والخرج موضع بالیمامه والیمامه

في سمت الشوق عن مكة وهی في مسينو من الأرض

ودوادی الیمامه الخرج عدة قری وبها احنطة والشعیر

کثیر ودعرب الیمامه عین ماء متسعه وماوها يسرح

والحسا والقطیف شرقی الیمامه علی نحو اربع

مراحل † .

قال في القادوس واسم الیمامه في العديم حو

٣ وفی بعتج احيم .

---

1 الحجری ['Al Hhogrî] Poc 196 & Grav 2 addunt قال اس الاثير قال السمعانی وراء حط هذه
الله بن عبد الوارث الشيرازی ما صورته ادشدی
احمد بن عبد الله الهذلی لعسده دا حمر بالیمن
نكررت والنمع يوم النمر اسمهم وعمره الوجه د
فی الاحسا خصارم معالة المشی عمن ما رهیمن دعسی
وعمرتها دفعض وهی دم با من دعر علینا ان دعاروهم
وحدا دما کل سنی دعن لم دعم Dixit '*Ebn'-Athîr* "Dixit '*Al Sam anî* Legit in textu Hebat '*Al-*
"*lah* filii *Abd 'Al-Wâreth Al Shîrâzî* Quidnam de-
"pinxisti Certiorem me fecit '*Ahhm id* filius *Abd Allah*
"*Al Hodlî* de se ipso, (quod natus esset) in '*Al-Hhogr*
"in '*Al-Yaman* Recitavi (ci hæc verba) Lacrymæ die
"manifesto (Judicii extremi) effundentur, & het muta-
"tatio opum in arenas *Ille statim reposuit dicta Mota-*
"*nabbi* (Poeta) Quando exhalabo animam meam,
"& immutabo eam, tunc aufugiet, & ipsa sanguis
"O quisquis es, quam difficile est nobis illos ab opi-
"bus abstrahere! Nobis adsunt res omnes, quando
"quidem nullius rei indigemus

2 وقلملكه الحجيل & pauca palmeta] Poc 196
Grav 2 Gol Hunt & S Z omnes legunt Et وطليل
post الحجيل addunt Poc 196 Grav 2. & cx lis S. Z
واخبرنی حديثة بن عیسی وهو ممن اقام بالیمامه
عدة سنين *Narravit mihi traditionem suam Ben Isa,*
*quam acceperat ab homine qui in '*Al-Yamâmah* per multos*
annos commoratus fuerat

* Hinc usque ad †, desunt Poc 196 & Grav 2.

3 حو Gjaw] In codd Poc 196 & Grav 2 deest
Fixio, deinde sequitur اول ان المشهور الیوم الخرج
حیاء معجمة معتوحة وراء مهملة ساكمة وفی
اخرها حيم وقال في الترتیب الحرحاء بزبانة الع
فی اخرها موضع بین البصرة وسمی ذلك لان
ديم حجارة بيضا وسودا دعلو ارضه وهذا هو الخرج
تعظم لعولهم شاه حرجا ولیس احرج وامما فی

XXXVII

ار ومرزباط [بكسر الميم وسكون الراء المهملة ثم
باء موحدة والف بعدها طاء مهملة]

قال ابن سعيد وهي على ساحل ٠حوبى ظفار٠
وهي بليدة في الشرق والجنوب عن ظفار٠

قال الادريسي وبين مرباط ومن قبر هود علمه
السلام خمسة ايام. وقال. في كتابه ذرهة المشتاق
وجبال مدينة مرباط ينبت شجر اللبان ومنها
يجهز الي البلاد

لح والاحسا [بفتح الهمزة وسكون الحاء وفتح
السين المهملتين وفي اخرها الف] وهي بليدة ذاب
نخيل كثير ومياه جاريه وصاديعها جارة شديدة
الحرارة والاحسا في البريد وهي عن القطيف في
الغرب مبلة الي الجنوب على نحو مرحلتين
وحملها بعدر عوطة دمشق مستدير عليها.

قال في المشترك والاحسا جمع حسي وهو رمل
يعوص فيه الماء حتى اذا صار الي صلابة الارص
امكنه وقصعر عنه العرب وقسمه خرجه٠

والاحسا علم المواضع من ذلك العرب وهي احسا
بني سعد عن هجر وهي دار القرامطة بالبحرين
وقيل احسا بني سعد غير احسا القرامطة وليس
للاحسا سور.

٭ وبين الاحسا واليمامة مسيرة اربعة ايام. واهل
الاحسا والقطيف يحملون التمر الي الخرج وادي
اليمامة ويشترون بكل راحلة من التمر راحلة من
الحنطه †

لط والقطيف [من اللباب بفتح القاف وكسر
الطاء المهملة وسكون المثناة من تحت وفي اخرها فاء]
بلدن بناحية الاحسا وفي على شط بحر فارس ولها

الصحاح وقال الخرج كما ذكرناه يعبر الف في
احرف من الخرج وهو الخرج
الخرج Ego dico *Vulgatior orthographia*
nominis 'Al-Kharg [cum *Fatahh* super Kha punctatum, deinde Ra puncto diacritico liberum quiescens, &
in fine Gim] Dicit Auctor Libri dicti 'A-Tartib
" Al Kargia [cum additione 'Alef in fine] locus inter
" Al Basrah & Maccah, sic appellatus, quia ibi sunt
" lapides albi & nigri cum solo ejus mixti, est hæc
" dictio eadem ipsa (significatione) cum الخرج 'Al-
" Kharg', dicunt enim شاة حرجاء *Ovis albo nigro-*
" *que variegata* Item تيس احرج *Hircus albo nigro-*
" *que variegatus* Verum Auctor Lexici Al Sahhah pro

XXXVII. Merbat, [cum *Casr* sub *Mim*
quiescente *Ra* puncto diacritico libero, deinde
Ba, & *Alef*, sequente *Ta* puncto diacritico li-
bero]

Dicit *Ebn Said* Est super litus sinûs *Dha-
fär*, urbecula inter ortum & austrum à *Dha-
fär*

Dicit *Al-Edrisi* Inter *Merbât*, & inter
Sepulchrum *Hûd*, cui pax sit, quinque dietæ
Dicit idem in libro, cui titulus est, *Deliciæ curiosi viatoris* In montibus civitatis *Merbât* cre-
scit arbor Thurifera, Thusque inde in alias
regiones exportatur

XXXVIII Al-Ahhsa, [cum *Fatahh* super *Hamzah*, quiescente *Hhâ*, & *Fatahh* super
Sin, quæ duæ literæ sunt puncto diacritico li-
beræ, & in fine *Alef*,] est urbecula palmetis
& aquis fluentibus copiosæ Scaturigines earum sunt calidissimæ *Al-Ahhsa* sita est in deserto, distatque ab *Al-Katif* occidentem versùs
flectendo in austrum circiter duabus stationibus Palmeta ejus ad instar *Gûtah Demask* (Da-
masci) eam circumcingunt

Dicit Auctor libri *Al-Moshtarec* Al-Ahhsa
est plurale τ8 *Hhasa*, quod significat *Arenam*
in quam aqua penetrat ad terram usque ad firmam, quæ illam ibi retinet, Eam *Arabes* fo-
diunt, aquamque extrahunt

Al-Ahhsa est etiam nomen, quo designan-
tur aliquot alia loca in regione *Arabum*, qualis est locus dictus *Ahhsa* filiorum *Saad* ex *Hagjar*, quæ quidem fuit Sedes seu Palatium *Al-
Karâmatah* in *Al-Bahhrain* Alii dicunt *Ahhsa*
filiorum *Saad* diversum esse ab *Ahhsa Al Karâmatah* *Al-Ahhsa*, (de qua hic agitur,) non
habet murum

Inter *'Al-Ahhsa*, & *Al-Yamamah* iter est
quatuor dierum Incolæ *Al-Ahhsa* & *Al-Katif* portant dactylos ad *Al-Kharg* vallem *Al-
Yamâmah*, & coemunt singulis duobus modiis
dactylorum, unum modium frumenti

XXXIX Al-Katif, [secundùm Aucto-
rem libri *Al-Lobâb* cum *Fatahh* super *Kâf*, &
Casr sub *Ta* puncto diacritico libero, quiescente
Ya, & in fine *Fâ*,] urbs in tractu *Al-Ahhsa*
super litus maris *Persici* Habet piscationem
Margaritarum Sita est ad orientem *Al-Ahhsa*

الخرج 'Al Kharg *quemadmodum retulimus, sine*
'Alef *in fine* Est autem &c

1 حوبى *sinus*] Poc 196 & Grav حوبى Est sinus
dictus الحسا شبب 'Al Hishish, ι ε *Huba*, de quo supra
pag 40 Nota 2

٭ Hinc usque ad †, desunt Poc 196 & Grav 2
Habent Gol Hunt & ا 7 cum nostro

2 معاص لها *habet piscationem Margaritarum*] Gravius in Latina versione p 64 In ea est *Magas* Quam
dictionem non interpretatur Unde D J a Roque
accusat codicem MS quo Gravius usus est dicendo Cette
pêche de Perles n'est point marquée dans le Manuscrit de
Grave Sed si quid sit *Magas* intellexisset, non codicem MS sed Interpretis omissionem accusavisset

inchinclinando in septentrionem, distans ab ea circiter duas stationes Palmeta ejus minora sunt palmetis *Al-Ahhsa*

Secundùm quemdam ex incolis ejus " *Al-* " *Katif*, inquit ille, murum habet & fossam, & " quatuor portas Cum sit accessus æstûs fluit " usque ad mœnia *Al-Katif*, & quando sit recessus, pars terræ detegitur '*Al-Katif* sinum " recipit e mari, in quem magnæ naves onera- " riæ crescente æstu feruntur

Inter *Al-Katif* & *Al-Ahhsa* iter duorum dierum , inter eam & *Al-Basrah* iter sex dierum , inter eam & *Câthemah* quatuor dierum , inter eam & *'Omân* iter unius mensis *Al-Katif* fere æquat *Salamiah* magnitudine , & ipsa major est quam *Al-Ahhsa*

XL SOHHAR [secundum Auctorem (Lexici) *Al-Sahhâhh* "cum *Dhamm* super *Sâd*, & " *Fatahh* super *Hhâ* ambo puncto diacritico libera Et *Omân*, secundùm Auctorem libri " *Al-Lobâb*, cum *Dhamm* super *Ain* puncto " diacritico liberum, & *Fatahh* super *Mim*, & " in fine *Nun* post *Alef*] urbecula diruta, *Oman* verò est habitata, ipsaque palmis & fructibus copiosa Regio *Omân* est regio valde calida

Dicit Auctor Lexici *Al-Sahhâhh* " *Sohhâr* " est metropolis *Omân*, qua parte contigua est " monti, & *Towâm*, inquit ille, metropolis est *Omân*, qua parte litori maris contigua est

Dicit Auctor libri *Al-Lobâb* *Omân* super mare, infra *Al-Basrah*

Dicit Auctor libri *Al-Azizi* '*Omân* est provincia pulchra , in ea statio navibus *Al-Send*, & *Al-Hend*, & '*Al-Sin*, & '*Al-Zeng* In ea est metropolis, cui nomen *Sohhâr*, non est ulla ad mare *Persicum* civitas ea pulchrior Ditio ejus est circiter tercentum parasangarum , estque habitatio, seu Provincia (Tribus) *Al-Azd*

XLI AL-BAHHRAIN, [cum *Fatahh* super *Bâ*, quiescente *Hhâ*, & *Fatahh* super *Râ* puncto diacritico liberum, quiescente *Râ*, deinde *Nun* Est duale τȣ *Bahhr* (1 e mare, quasi duo maria)] in tractu *Nagd*, estque dactylis copiosi Plaga est ad litus maris *Persici* Fuit hæc Sedes *Al-Karâmatah*, multos habens vicos

---

1 ودوام & *Towâm*] In nostro codice malè scribitur ودوام , , unde *Gravius*, & post eum *D La Roque* legerunt *Wiwâm*, monstrum nominis' quasi litera و , qua hoc loco est copulativa *It*, esset prima dictionis litera In *Poc* 196 *Grav* 2 & S Z scribitur ودوام & *Nowâm*, male etiam Denique *Gol* & *Hunt* ودوام & *Towâm*, atque hæc est vera Lectio, ut patet ex *Lexico Tâkit*, ubi sub litera ط *Tâ* hujus loci descriptio sic habetur دوام [بالصم وفتح الهمزة نورس علام] اسم مصدر عمان مما يلي الساحل . وصحار وصدها مما يلي الجبل *Towâm* [cum *Dhamm*, & *Fatahh* super *Hamzah*, norma '*Olîm*] Metropolis regionis *Omân*, qua parte litori maris contigua est Et *Sohhar* ejusdem Metropolis, qua montem spectat Demum in ipso Lexico dicto '*Al-Sahhâhh* Auctore *Il Gjuhari*, e quo hæc habet *Abu'l-*

Fedah, diserte scribitur دوام *Towâm* Hic obiter notandus est error *Gravii* p 65 scribentis *secundùm Al-Sahah*, pro m, & post eum *D La Roque*, selon *Alsabah*, pro *dans*, & adhuc planius p 67 hæc verba قال فى الصحاح *Gravius* reddit , inquit *Alsabah*, quasi istud *Al Sahah*, quod significat *sanum, sincerum, purum*, esset nomen Auctoris, cum sit revera titulus ipsius Lexici celeberrimi,cujus Auctor est *Al Gjauhâri*, de quo vide *Poc Not ad Specim Hist Arab* p 365

2 الارض '*Al Ard*] Ita restituo ex omnibus aliis codicibus pro الارض voce nihili, quam *Gravius*, & *D La Roque* legunt '*Alared*

3 وهى دبار *fuit hæc sedes*] Ita & *Gol Hun* & S Z cum nostro Sed *Poc* 196 & *Grav* 2 habent دار *Palatium*, vel etiam *sedes* in singulari

Regio

ولها قرى كثيرة هجر ونهايتها الشرقية الشمالية
حيث الطول والعرض المذكوران •

قال في المشترك وجعله عن الازهري • اذما سميت
هجر بالبحرين • وسميره بها عن الاحسا وبالبحر
المالح •

* وهجر [بفتح الهاء والجيم ثم راء مهملة.]
من الصحاح ويسمي بها • هاجري علي غير
قياس •

ومن المشترك ايضا ان هجر اسم يستعمل جميع
البحرين كالشام والعراق وليس هو مدينة بعينها •

ومن ولاد مهرة [بفتح الميم ثم هاء ساكنة وراء
مهملة معتوجها وفي اخرها هاء•] ليس بها نخيل
ولازرع واذما اموال اهلها الابل ولستهم مستعجمة لا
يكاد يوعى علمها ويسبب الابل الهجر المهرية المعاصلة
ويحمل منها اللبان الي الافاف •

وفي عن هجر ثلثون دوما • وفي نادمة الهواني •
ويذكر في اصحاب الابل المهرية منسوبة الي
مهرة بن حيدان ابي سبله •

Regio *Al-Bahhrain* proprio nomine appellatur
Haggar, cujus extrema pars orientalis in bo-
ream vergens, eſt ubi longitudo & latitudo (in
Tabula) commemoratæ.

Dicit Auctor libri *Al-Moſhtarec*, idque de-
ſumpſit ex *Al-Azhari* Utique *Haggar* appellatur *'Al-Bahhrain* (i. e duo maria,) eo quod
habet ex una parte lacum prope *Al-Ahhſa*, &
ab altera mare ſalſum

Haggar autem [cum *Fatahh* ſuper *Hâ*, & ſuper *Gjim*, deinde *Râ* puncto diacritico liberum]

Secundùm Auctorem Lexici *Al-Sahhâhh*, ab
ea denominatur *Hâgjeri* contra Analogiam,
(nam deberet eſſe هجري *Haggari*)

Et ſecundum Auctorem libri *Al-Moſhtarec*
etiam *Haggar* eſt nomen comprehendens univerſam provinciam *Al-Bahhrain* quemadmodum
Al-Shâm, & *Al-Erâk*, neque revera eſt civitas.

XLII MAHRAH [cum *Fatahh* ſuper *Gjim*,
deinde *Hâ* quieſcens, tum *Râ* puncto diacritico liberum, & in fine *Hâ*,] Regio in qua neque palmeta, neque ſata Opes vero incolarum
cameli Lingua eorum barbara, difficilis intel-
lectu Ab ea denominantur Dromedarii excel-
lentes. Et exinde Thus in alias regiones defertur

Diſtat ab *Haggar* triginta dietis Eſtque frequentibus obnoxia exitiis

Refert Auctor Lexici *Al-Sahhâhh*, Camelum
Al-Mahrienſem denominari à *Mahrah* filio *Hhaidân* patre Tribûs (ejuſdem nominis)

---

1 حيث الطول *ubi longitudo* &c] Ita & Poc 196
& Grav 2 In marg cod Gol من الاطوال الطول
Ex libro Longitudinum, Long عن كك والعرض ذك مه.
74 20 & Latit 25 45 Eadem habet S Z in textu
2 اذما *utique*] Ita & Gol Hunt & S Z cum noſtro
Sed Poc 196 & Grav 2 habent اذها *quod illa*
3 لحج *propter Lacum*] Noſter codex ſic
ſine punctis diacriticis Poc 196 لحجر & Grav 2
لحجر. Sed Gol in margine ـسبره pro ـبره quod
eſt in textu Hunt & S Z habent ـسبره Gravius
in Impreſſo بجر, ſed Latinè non vertit D La Roque
p 332 *à cauſe d'un Lac* videtur itaque legiſſe in cod
MSS D Petis de la Croix لحج *propter Lacum* Quæ
lectio cæteris melior, nam revera Abu'l-Fedah, ubi de
'Al-'Ahhſa, ex Auctore libri dicti 'Al-Moſhtarec ait vocem 'Al-'Ahhſa ſignificare Arenas quæ aquam retinent uſque ad firmam terram, eaſque Arabes effodere, aquamque
extrahere Quæ aqua ſi abundantior eſt, poteſt ſpeciem
Lacûs exhibere
* Hinc uſque ad †, deſunt Poc 196 & Grav 2 Sed
habent cum noſtro Gol Hunt & S Z ſub litera
Hâ Ratio cur Abu'l-Fedah urbem *Haggar* omiſerit
in Poc & Grav eſt quod illam in Tabulas retulerit in
ſecunda Editione, quæ in iſtis codicibus habetur, uti
jam monuimus
4 هاجري علي غير قياس *Hâgjeri* contra analo-
giam] Quæ verba *Gravius* pag 66 ſic Latinè reddit
Hagjary incommenſurabili Doctè nimis! Loquitur
Mathematicorum more, inter quos ipſe erat princeps
ſed de Matheſi hic non agitur, verùm de Grammatica
Vult itaque Auctor Hominem ex urbe *Haggar* oriun-

dum vulgo & impropriè denominari Arabice هاجري
Hâgjeri (ſic enim legendum non *Hagjary* ut perperàm
ſcribit *Gravius*,) inſerta litera '*Alef* poſt *Hâ*, quod eſt,
inquit Auctor, contra analogiam, ſive morem conſue-
tum, deberet enim ſimpliciter ſcribi & pronunciari
هجري *Haggari* Has minutias non attigerit vir ſummus Sed tamen harum ignoratio ſive neglectus facit,
ut perſæpe non intelligamur D La Roque ſic reddit
*Suivant Alſahah Hadgeri ſignifie habitant de la ville de
Hadgre, quoique ce terme ſoit peu uſité* Quibus verbis
oſtendit ſe rem parum intellexiſſe, quamvis ſatis rectè
ſcripſerit *Hadgeri* Putat autem iſtud *Alſahah* eſſe nomen Auctoris v ſupra p 48 not v in fine
5 وهي نادمة الخوان *Eſtque frequentibus obnoxia
exitiis*] Ita reſtituo è codd Poc 196 & Grav 7 pro
باب الخوان ut ſcribit *Gravius* ﺑﺎﺏ *Bâb 'Al-Bawâdy*, pag
66 ſine interpretatione D La Roque autem Gal-
licè p 333 (Mahrah) *eſt proprement la Porte du Deſert
Bab Alhawady* Sed hæc dictio *Al Bawady* (ſic enim
ſcribi debuerat,) quamvis videatur derivata à باوى
i e *Deſertum*, tamen non eſt Arabica, neque ullibi extat in Lexicis Codex Gol habet نادمة الخوانى ſic
ſine punctis diacriticis Hunt نادمة الخوانى
S Z نادمة الخوانى. Qua Lectiones adeo variantes ſunt,
ut ex eis nullus ſenſus elici poſſit Genuina itaque Lectio eſt quam è codd Poc 196 & Grav 2 repoſuimus
6 بن حيدان *filio Hhaidân*] In noſtro codice & Gravii Impreſſo p 66 بن همدان *Ibn Hamdan*, ut latin s
literis reddit, & D La Roque, *fils de Hamdan* Verùm
Poc 196 Grav 2 Gol Hunt & S Z omnes habent
بن حيدان *filio Hhaidân*, ut & Lex *Caſtelli* col 2008

N   PRÆ-

Præmonitio in

Huc uſque Codex manuſcriptus Pocockii num 379 qui primam hujus Geographiæ Editionem genuinam, & ex omnium confenfu authenticam, exhibet ſequitur, ut ea quæ in duobus aliis Codicibus manuſcriptis Poc 196. & Grav. 2 Secundam Editionem, eamque auctiorem, (& interpolatam à Librariis, ſi quidem credimus ita fuſpicanti viro cl Eufebio Renaudoto,) repræ-

SUPPLEMENTA EX

اول من الاقاليم العروبه وهو حزيرة العرب

الاقليم العرفي	الاقليم الحقيقي	العرض درج دقايق	الطول درج دقايق	اسما المعول عنهم	الاسماء الاماكن	سطر العدس
من دهاقين الحجاز	من الثاني	كب مه / كب نه	سه ح / سه ح	اطوال قادوس	الكعبة	كا
من الحجار توريسا	من الثاني	كب ك ك	سه ح	اطوال	الابواء	كب
من بادية الشام	من الثالث	ح لا ح	سه ح	اطوال	دومة الجندل	كج
من الحجار توريسا	من اوايل الثاني	كب ك ك	سو ك	اطوال	عسفان	كو
البلسها من دعى الحجار	من الثاني	كب ك ل	سو ك	اطوال	ذات عرق	ل
هو في دسه اقليم عربى	من اوايل الثالث	ك ك ده / ل كب ك / كه ده / ك ك	عج ك ك / عج م / عا ح / عج ك	اطوال ابن سعين ريسم قادوس	هجر	لر
من دهاقين الحجار	من وبسط الشمالي	ح ك ك / ب كج / ح ك ك	سس د / سو ه / سس ك	اطوال قادوس ريدم	الحجار	مس
من بادية البصرى	من الثالث	ح لبى ح	عن ك	ميـاس	كاثلمه	س

fequentem Tabulam.

fentantibus, extant majoris momenti, omiffifque fuperfluis repetitionibus, per modum Auctarii & Supplementorum', ad finem fingulorum Climatum cognitorum, adjiciamus, præter illa quæ partim in Textum Auctor's jam propriis locis inferuerimus, partim in noftras Notas retulerimus. Eadem eft prorsùs Methodus, & nullæ variantes Lectiones, ita duo illi Codices inter fe concordant

EDITIONE SECUNDA

Primum Climatum cognitorum (five Regionum,) illudque PENINSULA ARABUM.								
Ordo numeri-cus, ut eft in E-ditione fecunda	Nomina Locorum	Nomina Auctorum & Librorum	Longit grad	min	Latit grad	min.	Clima verum	Clima cognitum
21	AL-GJOHHFAH	Atwâl Kanûn	65 64	0 0	22 22	45 55	In fecundo Climate	In regionibus maritimis Al-Hhegjâz
22	AL-ABWA	Atwâl	65	0	23	20	In fecundo Climate	In Al-Hhegjâz proxime
23	DUMATOL-GJANDAL	Atwâl	65	0	31	0	In tertio Climate	In Deferto Al-Shâm
26	'OSFAN	Atwâl	66	20	22	20	In initio fecundi Climatis	In Al-Hhegjâz proxime
30	DHAT'ERK	Atwâl	66	20	22	30	In fecundo Climate	Puto effe in Nag d Al-Hhegjâz
37	HAGJAR	Atwâl Ebn Said Rafm Kânûn	3 73 71 73	20 40 0 	20 22 25 24	55 30 55 	In initio fecundi Climatis	Ipfum eft Clima cognitum (ut Regio)
44	AL-GJAR	Atwâl Kânûn Rafm	64 66 64	20 20 20	24 23 24	0 50 0	In medio fecundi Climatis	In regionibus maritimis Al-Hhegjâz
50	CATHEMAH	Ex conjectura	74	0	32	0	In tertio Climate	In Deferto 'Al-Bafrah

Supplementa ex Editione secundâ.

DESCRIPTIONES
ET
NARRATIONES
GENERALES

الاوصاف والاخبـــــــار

العـــامــه

XXI Al-Gjohhfah [cum *Dhamm* fuper
Gjim, quiefcente *Hhâ* puncto diacritico carente,
tum *Fâ*, & *Hâ*] Hæc noftra tempeftate in ru-
deribus jacet, fine incolis, eftque ftatus locus
Ægyptiorum (Peregrinorum·) Sita eft prope
Râbe inter *Kholis*, & *Badr* Ab *Gjoddah* abeft
quinque dietas Quo tempore fubfiftebat, magnitudine erat æqualis cum *Faid*. v. fupra p 8

XXII Al-Abwa [cum *Fatahh* fuper
Hamza, quiefcente *Bâ* unico puncto infra notato, & *Fatahh* fuper *Wâw*, fequente *Alef*] Ab
Al-Gjohhfah diftat octo parafangas, fitaque eft
ad feptentrionem refpectu *Al-Gjohhfah*
Dicit Auctor libri *Al-'Azîzî* *Al-Abwâ* habet puteos Inter eam & inter *Al-Gjohhfah*
viginti novem milliaria. Ferunt &c vide fupra
pag 10

XXIII Dumato'l-Gjandal [cum *Dhamm*
fupra *Dâl* puncto diacritico liberum, quiefcente
Wâw, tum *Mim*, & *Hâ*] Locus eft &c v fupra
pag 10

كا والجُحفَه [بضم الجـيم وسكون الحاء المهمله
وهاء وهاء] وقى في زمانـنا رسم لا ساكن بها وقى
مبعات المصريين وقى قريبة رابـع دبن حليص ، وبـدر
وقى من جدة خمسة ايـام وكانت حال عمارتها في
القدر مثل ، فيد .

كى والأبواء [بفتح الهمره وسكون الباء الموحده
وفتح الواو وبعدها الـ] وقى عن الجحفه ثمان
وراسخ وهي جهه الشمال من الجحفه .

قال في العزيزي والابواء دها ابار ودمها ودبن
الجحفه نسعة وعشرون ميلا وبيل

كج ، ودُومَه الجَنـدَل [دضم الدال المهمله وسكون
الواو ثم ميم وهاء] وهو موضع

---

1 بدر Badr] Hunc locum fic defcribit *Tâkût* in
Lexico بدر دالفتح ثم السكون . ماء مشهور دس
مكة والمدينه اسفل وادي الصفرا . دسه ودبن الجار
وهو مـن ساحل البحر لـه لـلـة . ده كانت الوقعه
المشهوره دبم النبى صلى الله علبه وسلم واهل
المـكـة "Badr [cum *Fatahh* fuper *Bâ*, quiefcente *Dâl*,]
"eft Aqna celebris inter *Maccah* & *Al Madînah*, infra
"*H'âdi l-Sofrâ*, hanc inter & *Al-Gjâr* A litore maris
"diftat unius noctis itinere Ibi commiffum fuit pra-
"lium celebratiffimum inter Prophetam, [cui Deus ad-
"precetur, & picem largiatur, & inter *Meccanos* (de
quo v vit *Moham* p 56)
2 فيد Faid] Poft hanc dictionem *Spahi Zadeh* hoc
Scholium de fuo fubjicit في العاموس حمعه مهمات
اهل الشام وكانت وريد حامعل على انيس ودمانس
ملا من مكة وكانت نسمي مهمعة ومرل دها سو
عبيد وهم اخوه عاد وكان اخرجهم العمالـف مـن
بثرب فحاصهم سبيل واحنجمهم الجحاف وسميت
الجحفه ادفى .
واذن حبر ان ما ذكره المولف من ان حمعة
مهمات المصريين خعالى ما علمنا من العامـوس
مـن ادها مبعاب اهل الشام لدن بمص الـطـبـيـي
ده دهما قلمتامل In (Lexico dicto) '*Al-Kamûs*
"*Gjohhfah* eft ftatus locus incolarum '*Al-Shâm* (Syria.)

"Erat olim vicus cum templo conventûs, diftans ab
"*Maccah* octoginta duobus milliariis Vocabatur *Mah-
"za ah* In ea habitabant filii *Obaid*, iique fratres *Ad*
"Illos autem expulerunt *Al 'Amâlil* (Amalecitæ) è
"*Tathreb* Cumque illis accidiffet Inundatio, Impetus
"ejus abripuit, impulit illos ad iftum locum, qui inde
"appellatus fuit '*Al-Gjohhfah* (i e Impulfio) Huc uf-
"que ille
Obferves velim id quod dicit Auctor ('Abu'l-Fedah,) *nempe Gjohhfah effe ftatum locum Ægyptiorum, contrarium
effe iis verbis, quæ modo ex* '*Al-Kâmûs attulimus Sed po-
teft refponderi quod utrique, & Syri & Ægyptii eò fimul
conveniant Quæ res eft confideratione digna Huc ufque* S Z

3 دومه الجندل Dûmato'l-Gjandal] Hunc locum
fufiùs defcribit *Tâkût* in Lexico, è quo *Spahi Zadeh*
pauca habet, quæ tantummodo Fixionem, feu orthographiam fpectant, quæque adduximus fupra pag 10
fic itaque ille pergit وحاء في حدبث الوافدى
دوما الجـنـدل . ومل هي من اعمال المدبنه حصص
علي سبعة مرحل . وقبل قريـة من ورى دمشق .
دبمها ودبن المدبنه . ومل هي في عاوط من الارص
خمسة وراسخ ومـن قبل معربها عمن ثلـع نسمـى
ماس مـن الـاحل والروع . وحصنها مارد . وسـمـبـت
دومه الجندل لادها مسمه ده . وهي ورب حبلي طي .
ودومه مـن العربان من وادي القرن وعلي دومه
سور نخصص ده . وفي داخل السور حصن مدبع
جعال

Supplementa ex Editione secundâ.

كو ' وعُسْعَان [بِضَمِّ العينِ المهملةِ وسكونِ السِّينِ
المهملةِ ثمَّ فاءٍ والفٍ ونونٍ] وفي مرتبةِ الحجازِ على
طريقِ حجَّاجِ مصرَ والشامِ دينَ مكةَ والمدينةِ في
الشمالِ عن بطنِ مرٍّ علي نحوِ مرحلتينِ ويعرفُ في
وقتِنا هذا بمدرجِ عثمانَ وبهِ آبارٌ كثيرةٌ ۰

قالَ في العزيزي وبينَ عُسْعَانَ وبينَ الجُحفةِ
احدي وخمسونَ مِيلاً وبينَ عُسْعَانَ الي بطنِ مرٍّ
ثلاثةٌ وثلاثونَ مِيلاً ثمَّ الي مكةَ تسعةَ عشرَ مِيلاً فبينَ
عُسْعَانَ وبينَ مكةَ اثنانِ وخمسونَ مِيلاً ۰

ل ' وذاتُ عِرْقٍ [بِفتحِ الدالِ المعجمةِ والفٍ وتاءٍ
مثناةٍ مِن فوقٍ وكسرِ العينِ وسكونِ الراءِ المهملتينِ
وفي آخرِها قافٌ] وهيَ عن البصرةِ ماثتانِ وثمانونَ
فرسخاً وهيَ ميعابُ اهلِ العراقِ ۰

XXVI. 'OSFÁN [cum *Dhamm* super '*Ain* puncto diacritico liberum, quiescente *Sîn* puncto diacritico libero, deinde *Fà*, *Alef*, & *Nûn*] est diverforium pertinens ad Provinciam *Al-Hhegjâz*, in via Peregrinorum *Mefr* (Ægypti,) & *Al-Shâm* (Syriæ,) inter *Maccah*, & *Al-Madinah*, ad feptentrionem *Batn-Marr*, à quo diftat ferè duas ftationes. Hoc noftro tempore vocatur *Madrag Othmân* (i e femita feu trames *Othmân*) Ibi funt putei multi.

Dicit Auctor libri *Al-'Azizi*. Inter *Osfàn* & *Al-Gjohhfah* unum & quinquaginta milliaria. Ab *Osfàn* ad *Batn Marr* triginta tria milliaria, & inde ad *Maccah*. Inter *Osfàn* itaque, & inter *Maccah* funt quinquaginta duo milliaria.

XXX. DHAT-ERK [cum *Fatahh* super *Dhâl* punctatum, fequentibus *Alif*, & *Tâ* duobus punctis fupernè notatum, & *Kajr* fub *Ain*, quiefcente *Râ*, utroque puncto diacritico carente, & in fine *Kâf*] Hæc ab '*Al-Bafrah* diftat ducentas & octoginta parafangas, eftque ftatus locus incolarum *Al-Erâk*.

يقالُ لهُ مارنُ وهوَ حصنٌ الخبيرِ دينَ عدنِ الملكِ
صاحبةِ النبيِّ صلَّي اللهُ عليهِ وسلَّمَ واسمهُ واسمهُ وكانَ
نصرانيًّا واحلاهُ عمرُ وفمن احلي مِن اهلِ الحيرةِ
الي الحيرةِ منزلٌ موضعًا قربَ عينِ التمرِ ودمي بهِ
منازلٌ وسمّاهُ دومةَ ۰ بِاسمِ حصنتهِ دوادي العربي ۰

" In Traditione '*Al Wakedi* fcribitur *Dûmâ*, [cum *Alef* in fine loco *Hà*] Aiunt effe caftellum ditionis '*Al-Madinah* ad diftantiam feptem ftationum. Alii dicunt effe unum è vicis *Demafhk* (Damafci,) Illam inter & *Al-Madinah*. Ferunt hunc vicum fitum effe in planitie terræ depreffa ambitus quinque parafangarum, & ad occafum ejus fontem fcaturire, è quo irrigantur aliquot centena palmæ, & fativa. Habet Caftellum nomine *Mâreb*. Ipfe autem vicus *Dumato'l-Gjandal* fic vocatur, eo quod in illa planitie quafi humi proftratus jacet, (ea eft enim fignificatio τῷ *Gjandal*) Haud procul abeft à duobus montibus *Tai* Dûmah unus eft è vicis *Wadi l-Kora*. Muro valido cingitur, & intra murum eminet caftellum *Mared* vocatum, illudque munitiffimum. Hoc fuit (olim tempore *Mohammedis*,) caftellum τῷ '*Al Kaider* filii 'Abdo l-Malec, quocum fœdus iniit Propheta, cui Deus adprecetur, & precem largiatur, eique fecuritatem dedit. Is erat *Chriftianus*. Poftea verò *Omar* (Khalifa) cum folum vertere juffit cum cætero populo Libri (i e tam *Chriftianis* quam *Judæis*,) quos in exilium mifit in (territorium urbis) *Hirah* '*Al-Caider* autem fedem fixit in loco quodam prope *Ain Tamar*, (i e *Fontem palmæ*,) ubi hofpitia ædificavit, eaque *Dûmah*, de nomine caftelli fui, quod habuerat in *Wâdi l-Kora*, appellavit."

De ifto Principe *Chriftiano Al Caider* v pluia in V Moham p 125 ubi nomen ejus minus accuratè fcripfimus è codice MS Hiftoriæ *Abu'l-Feda*, eoque peffimè exarato, fic 'Al', & legimus *Ocaider*, omiffo nempe *Iâm*, quod cum fequente *Câf* i i connexum eft, ut una fola litera *Caf* videtur. Lege itaque illic الكيدر *Al-Caider*, uti planè in Lexico *Yakût* elegantiffimè fcripto habetur.

١ عسفان 'Osfàn] Hunc vicum fic defcribit *Yakût*
عسفان [بِضَمِّ اولهِ وسكونِ ثانيهِ ثمَّ فا
in Lexico

واخرهُ نونٌ] فعل منهلٌ مِن مناهلِ الطريقِ دينَ
الجُحفةِ ومكةَ ۰
وفعل عُسْعَانُ دينَ المسجدينِ وفي مِن مكةَ علي
مرحلتينِ ۰
وفعل هوَ فريةٌ جامعةٌ علي ستةٍ وثلاثينَ مِيلاً مِن
مكةَ ۰ وفي حدٌّ مِن تهامةَ ودينَ عُسْعَانَ الي متلٍ يقالُ
لهُ الساحلِ ۰

" '*Osfàn* [cum *Dhamm* primæ literæ, quiefcente fecunda, deinde *Fa*, & in fine *Nûn*] Aiunt unum effe ex adaquationis locis in via inter *Al-Gjohhfah* & *Maccah*."

" *Osfàn*, inquiunt, fita eft inter duo Templa, (i e *Meccanum* & *Medinenfe*) Diftatque ab *Maccah* duas ftationes."

" Alii dicunt vicum effe cum Templo conventus, ab *Maccah* triginta fex milliaria diftitum."

" *Osfân* eft terminus Provinciæ *Tehâmah*. Spatium quod eft inter *Osfân* ufque ad *Matal* vocatum *Al-Sâhhel*, (i e Ora maritima)."

٢ ذات عرق Dhât Erk] In Lexico *Yakût* fic defcribitur
ذاتُ عِرْقٍ منهلٌ مِن مناهلِ اهلِ العراقِ وهوَ الحدُّ
دينَ دهامةَ ودينَ ۰ وفعل عرقٍ جبلٌ بطريقِ مكةَ
ومنهُ ذاتُ عرقٍ ۰ وفعل ماءٌ يرتفعُ مِن بطنِ الرمةِ الي
تهامةَ ذاتُ عرقٍ وهوَ جبلٌ المشرفُ علي ذاتِ عرقٍ
وفعل ذاتُ عرقٍ حدُّ مِن العورِ والعورِ مِن ذاتِ عرقٍ
الي اوطاسٍ علي دعسِ الطريقِ ودينَ مِن اوطاسٍ ۰

" *Dhât Erk*, locus adaquationis incolarum '*Al-Erâk*, eftque terminus inter Provincias *Tehâmah* & *Nagd* Aiunt *Erk* effe nomen montis in via τῷ *Maccah*, unde nomen vico *Dhât Erk*. Dicunt ibi aquam fcaturientem è *Batn 'Al Ramah* ad clivum τῷ *Dhât Erk*. Mons autem ille imminet τῷ *Dhât Erk*, quidam volunt *Dhât Erk* pertinere ad vicum dictam '*Al Gawr*, & '*Al Gawr* pertigit à *Dhât Erk* ufque ad '*Awtâs* fecundum ipfi viam, & Provinciam *Nagd* ab '*Awtâs* protendi ufque id '*Al Kariatin* (*Erk* fignificat venam aqua ebullientis)."

O   Dicit

Supplementa ex Editione secundâ

Dicit Auctor libri *Al-Azizi* Inter eam, &
inter *Al-Gamrah* viginti sex milliaria

قال في العزيزين وبينها وبين العمرة ستة
وعشرون ميلا.

Awtas sita est inter *Al-Gamrah*, & *Dhât-
Al-Erk* Ad *Awtâs* accidit victoria Prophetæ,
cui Deus adprecetur, & salutem largiatur, die,
(seu in prælio,) *Hawâzen* (i e. contra *Hawâze-
nitas*, v. vit Moham p 115) Inter *Dhât-Erk*,
& inter *Maccah* quadraginta sex milliaria.

وأوطاس بين العمرة وذات العرب. وباوطاس
كانت غزاه النبي صلي الله عليه وسلم يوم هوازن
وبين ذات عرق وبين مكه ستة واربعون ميلا.

XXXVII. Hagjar [per *Hâ*, & *Gjim*
utrumque cum *Fatahh*, & in fine *Râ* puncto
diacritico liberum]

لر. وهُجَر [دالهاء والجيم المتوحدين وفي احرها
راء مهملة.]

Dicit Auctor (Lexici dicti) *Al-Sahhâhh* *Hagjar* est nomen oppidi, (Arabice) masc generis
declinabile, à quo denominatus audit *Hâgjeri*,
contra Analogiam

قال في الصحاح وهجر اسم منكر مصروف

Secundùm Auctorem libri *Al-Moshtarec*
Hagjar &c. v supra p 49

والنسبة اليه هاجري علي عمر قباس.

ومن المشترك هجر ...

Dicit Auctor libri *Al-Lobâb* (*Hagjar*) urbs
est in *Al-Yaman* Sed non ita se habet, est
enim nomen universæ regionis *Al-Bahhrâin* verum ac proprium

وقال في اللباب وفي دلهة دالبهن وليس كذلك
فادها اسم لجميع دلان البحرين حديعة.

Dicit Auctor libri *Al-Kânûn* Hæc est Metropolis regionis *Al-Bahhrain*

قال في العادون وفي وصمه البحرين.

XLIV Al Gjar [secundùm auctorem libri
Al-Lobab tres stationes ab illa (*Al-Madinah*,) secus litus maris, minor quam *Gjoddah*
v supra p 11

من والبحار [من اللبان ... علي ذلك مراحل
منها علي شط البحر اصغر من حدة.

Dicit Auctor libri *Al-Lobab* Hæc urbecula
sita est ad oram maritimam prope *Madinah* Prophetæ, cui Deus adprecetur, & pacem largiatur

وقال في اللبان وهي قليدة علي ساحل و رب
مدينة النبي صلي الله عليه وسلم.

Dicit Ebn-Hawkal A litore *Al Gjohhfah* ad
Al-Gjâr circiter tres stationes Ab *Al-Gjâr*
etiam ad urbem *Atlah* viginti circiter stationes (In Lexico *Yâkût*, decem circiter stationes
v Not 2 infra)

قال ابن حوقل ومن ساحل الجعفه الى البحار
نحو من ثلثة مراحل ومن البحار ايضا الي مدينه
ايلة نحو من عشرين مرحلة

L Cathemah [secundùm Auctorem libri
Al-Moshtarec, cum *Fatahh* super *Câf*, quiescente *Alef*, & *Kaf* sub *Thâ* punctato, & *Fatahh*
super *Mim*, & in fine *Hâ*] est sinus juxta litus maris Sita est in recta linea australi re-

ن وكاطمه [من المشترك بفتح الكاف وسكون
الالف وكسر الظاء المعجمة وفتح الميم وأحرها هاء]
وفي حون علي ساحل البحر وفي في سمت الجنوب

المدينه نروي اليها السعر من ارض حسنه ومصر
وعدن.

وبحد البحار حريرة البحر يقال لها نراف ميبل في
ميبل بسكلها تجار مثل اهل البحار بدنون دالما في
الغرب ور.... وبن جسمي ذلك البحر صلة مر

Al-Gjâr [cum
"*Râ* puncto diacritico carente] urbs ad litus maris *Al-
"Kolzom* sita Inter eam &'*Al-Madinah* itei unius die
"ic noctis Inter eam & intei *Atlah* circiter decem sta-
"tiones Ab illa ad litus *Al-Gjohhfah* fere tres statio-
"nes Est portus incolarum *Al-Madinah*, ad quam
"adpellunt naves è terra *Al-Hhabashah* (Abissinia,) ex
"*Mesr* (Ægypto), & *Adan*

"Ex adverso '*Al-Gjâr* eminet Insula in mari, quæ
"vocatur *Karâf* unum milliare longa ac tantumdem
"lata Hanc incolunt mercatores similes incolis *Al-
Gjâr*, ad quam aquatum veniunt ad distantiam dua-
"rum parasangarum Totum illud mare quod à *Gjoddah* usque ad urbem '*Al-Kolzom* extenditur, appella-
"tur Mare *Al-Gjar*

---

1 هجر [بفتح اولد هجر] *Yakût* in Lexico
وقائده مدينة في فاعده البحرين ورد ما وامل
الهجر دالالف واللام. ووصل صاحب البحرين صلها
هجر قال وهو الصواب قبل وصمها ايصا وبسمها
"*Higjar* [cum *Fatahh* super
"primam & secundam litteram] est Metropolis Pro-
"vincia 'll *Bahhran* Sæpius scribitur '*Al-
"Hagjar*, præpositis litteris '*Alef* & *Lam* Aiunt no-
"men totius ipsius Provincia '*Al Bahhrain* esse *Hagjar*
"Atque ita revera est Dicunt etiam esse nomen ur-
"bis ejus primaria, intei quim & inter *Al-Iamâmah*
"sunt decem dicta

2 البحار ['*Al-Gjâr*] Hujus urbis hæc descriptio habe-
tui in Lexico *Yakût* cum Insula adjacente, de qua nihil *Abul Fedah*
البحار [دالحفمه الرا] مدينة علي
ساحل بحر العلزم. دينها وبين المدينة يوم وليلة.
وبينها وبين ابلة نحو من عشر مراحل. والي
ساحل الجعفه نحو دلث مراحل. وفي وريده لاهل

Supplementa ex Editione secundâ.

من البصرة على مسيرة يومين عنها وهي على
الطريق الاخذة من البصرة الي هجر اعني البحرين
وارض كاظمة ارض معشبة وكاظمة اسم لذلك
الخون من البحر يعنده ويقال لها كاظمة البحور
وبها انار كثيرة وقربه الماء .

spectu *Al-Basrah* ab ea distans bidui itinere
Sita est secùs viam quæ ducit ab *'Al-Basrah* ad
Hagjar, id est *'Al-Bahhrain* Territorium *Câthemah* herbosum est & gramine abundans *Câthemah* est nomen istius Sinûs maris, & ipsa appellatur *Cathemah 'Al-Bohûr* (1 e Marium) Ibi
sunt putei multi, iique prope æstum maris. vide
supra p 16

D I A T R I B A.

Sect I De ARABUM & ARABIÆ Nominibus,
eorumque Etymo, seu Originatione

QUod appellationem *Arabum* spectat, sive unde
istius *Peninsulæ* incolæ appellantur *Arabes*, vir
cl *Pocockius* Notas suas ad Specimen Hist Arab auspicatur his verbis *Illis, quæ de Arabum appellatione a
viris doctis traduntur, lubens acquiesco, inde se nomen accepisse, quod regionem illam incolant, quæ Arabia dicta est,
vel propter colluviem, & miscellaneam plurium gentium
turbam, quæ in illa olim promiscuè habitarunt, vel quia solitudines immanes & campestri a multa haberet, ex it vocis
Hebraicæ* ערב *Est scilicet Philologorum nostrorum
ferè omnium sententia, cui ex tanti viri suffragio haud
parum ponderis accessit Ad cujus confirmationem addit Atque his etiam ipsi Arabes fidem faciunt, dum dicunt, ut habet 'Al-Motarezzi in libro Mogreb, sententiam omnium verissimam esse quæ illam deducit ab Araba,
quæ Tahamæ regionis pars est, quam olim Ismael eorum
pater incoluit Quæ verba quomodo priori sententiæ
fidem faciant, non satis video, hæc enim ratio non ex
vocis Hebraicâ* ערב *petita est, sed ex nomine alicujus
Regionis, cui Araba dicitur Sed & neque Araba
legendum in tex u Al-Motrezzi, sed Arbah, quæ sunt
duæ dictiones ab invicem distinctæ, quas habet Safiodamus à Pocockio laudatus in Lexico Geographico, &
quidem Arbah hoc modo* عربة قربة في اول واك ،

عربة من هكذا مكة *vicus intro vallis Nakhlah situs in
vicinia τῆς Meccah Est igitur nomen vici, non Regionis Tum de Arbah subjungit* وعربة . كالحريذك
*Arabah verò cum motione (literæ Râ per vocalem Fatahh,) est nomen Peninsulæ Arabum, unde nominati sunt
Arabes, qui undè illam incoluerunt Neque adhuc confecta res est, superest enim disquirendum unde huic
Peninsulæ nomen 'Arbah, qua de re indirendus est A
bu'l-Fedah noster Historia sua cap 4 ubi de Regibus
Arabum, ex Auctorum suorum fide,* من حكاية ادم
سعيد المغربي ان ، دعن دمل الالسن وتفرق دمى
دوج اول من درل في الهمن عطان دس عادر دن
شالح المعيم دحرة وعطان المدستور اول من
ملك ارض اليمن واسس التلج ثم مات عطان
وملك انده جعرب دن عطان وهو اول من دطـ
بالعربية *E Libro Ebn Sa'id Al Magrebi Post confusionem linguarum, & dispersionem filiorum Noachi, primus qui in Al-Yaman (i e in Arabia felici,) sedem fixit,
fuit Kahhtan filius Eber, filii Shalehh, cujus supra mentio
facta est Kahhtan autem ille prædictus primus fuit qui
regnavit in terra Al Yeman, & capiti suo Diadema imposuit Deinde regnavit filius ejus Yarab Kahhtani filius Is primus fuit, qui Linguam 'Arabicam loquutus fuit*

Quasi diceret, de cujus nomine *Yarab* lingua, quam
loquebatur, denominata fuit, ac proinde à quo posteri
ejus appellati sunt *Arabes*, & regio tota Peninsulæ *Arabia* vocita fuit

Kahhtân ille videtur *Pocockio* idem qui *Yoktan* filius
Eber Ita, inquit, *Scholiastes in Epist 'Ebn Abduni*,
يقال هو قحطان *Yoktan* idem qui *Kahhtân Quod
R Saadias pro concesso habens in versione Pentateuchi Arabica (Gen X 25 & 26) pro* יקטן *substituit* قحطان
*Et Georgius 'Elno'l-Amid 'Elmacin titulo jam notus,
in prima Historia sua parte, Jocktanum Patrem Arabum
vocat*

Verba *'Elmacini* è Codice MS hæc sunt وأولد عابر
أولد كثيرة منهم قحطان وهو ادو العرب ويسمونه
ايضا يعطان واولد يعطن اولاد كثيرة .واقام اولاد
يعطان علمهم ثلثة رؤساء صادرة اسم احدهم سبا
*Eber genuit filios multos, e quibus fuit Kahhtân, qui Pater Arabum Hunc
etiam appellant Yoktân Yoktân genuit filios multos, qui
super se constituerunt tres Duces Tyrannos, nomen unius
Saba, & alterius Ophir, & tertii Gjawilah At verò notatu dignum quod habet etiam Kahhtân, & quod tres
illi duces idem sunt, qui ultimi nominantur inter filios Yoktân, Gen X 28 videlicet* שבא *Sheba,* אופר
'Ophir, & חוילה *Hhavilah*

I so, fuerit *Kihhtân* idem qui *Yoktân*, quod admodum probabile videtur, cum ex similitudine nominum,
tum quod uterque utrobique, & in S Scriptura, &
apud *Arabes*, dicatur filius *Eberi* At verò quod *Yoktano* sive *Kahhtâno* natus sit filius nomine *Yarab*, uti
asserunt Historici *Arabes*, illud est quod è sacro Codice æquè elici aut probari nequaquam potest, nam
inter omnes tredecim *Yoktân* filios, quos enumerat
Moses, Gen X 26 & seqq nemo est qui hoc nomine
vocetur Quare inter figmenta *Arabum* hoc nomen
Yarab totamque ab eo deductam Genealogiam referri
debere existimo, ut & fratris ejus nomen non minus
fictitium حرف *Gjorham*, quem volunt regnasse in *'Al-
Hhigjâz*, ubi Mecca sita est, dum frater ejus *Ya'rab* in
'Al-Yaman regnabat, de quo v Poc Specim p 40

Explosa itaque *Arabum* sententia utrique, qua alii
appellationem *Arabia* ab *'Arbah* oppido hujus nominis
prope *Meccam*, alii à fictitio hominis nomine dicti
Yarab deducunt, revertamur ad illam Appellationem,
quam ex vi vocis Hebraica ערב derivandam merito
existimat *Pocockius*

Et quidem, uti jam vidimus, vir doctissimus calculo
suo & assensu comprobavit illorum sententiam, qui
volunt *Arabi* im dictam, vel propter colluviem, & miscellaneam plurium gentium turbam, vel quia solitudines im

manes & campeſtria multa haberet Atqui neutra harum duarum rationum tanti nobis videtur ponderis, ut iis tam facile acquiescamus Et quidem

1° Falſum eſt *Arabum* Nationem ex plurium gentium colluvie & miſcellanea turba coaluiſſe, *Arabes* enim duplicem duntaxat ſuæ nationis originem agnoſcunt, unam, quam ad *Kahhtânum* referunt, à quo *'Arabes* العاربة *Al-'Arebah*, i e puri, genuini *Arabes* alteram ad *Iſmaelem*, à quo المستعربة *Al-Moſta'rabah*, i e facti, inſititii *Arabes* Quæ duæ familiæ per connubia conjunctæ unam eandemque Nationem in varias Tribus diſtinctam conſtituerunt Omnes autem communi nomine *Arabes* nuncupantur, quorum alii, præcipue *Kahhtanida*, urbes & vicos incolunt, & *Urbani* nominantur, alii per deſerta & ſolitudines errant, habitantque ſub tentoriis, atque ideo *Arabes Scenitæ* audiunt, iique ſunt *Iſmaeliſtæ* Neque ulla Natio eſt ſub cœlo magis impermixta quam *Arabes*, quos nec *Græci*, nec *Perſæ*, nec ipſi *Romani* uſquam ſubjicere ac domare potuerunt *Romana arma*, inquit Plinius lib 4. cap 28 *ſolus in eam terram intulit* Ælius Gallus *ex equeſtri ordine* Nam C Cæſar Auguſti *filius proſpexit tantùm Arabiam*

2° Sunt quidem immanes ſolitudines, & campeſtria multa deſerta in iſtius *Peninſulæ* vaſto ambitu, præſertim in illis partibus, quæ dicuntu *Ptolemæo, Plinio, aliiſque Petræa, & Deſerta*, atque in regionibus *Omân & Mahrah*, ſed quis dixerit propterea potiorem ejuſdem Continentis partem, quæ audit *Felix,* εὐδαίμων, *Beata, 'Al-Taman,* i e *Dextra*, Provinciam, inquam, illam, quæ duas propemodum totius *Peninſulæ* tertias partes comprehendit, regionem fertiliſſimis agris, riguiſque tam feracem, ſylvis odoriferis fragrantem,

auri metallis, thuris, aloes, mirrhæ, mellis, ceræque, & omnis generis aromatum proventu tam divitem, tam infauſtum infelixque nomen, quale eſt *Hebr* ערבה *Solitudo, Deſertum*, ſortitam fuiſſe? Quid, quod Provincia *'Al-Hhegjâz*, huic finitima à ſeptentrione, in qua ſitæ ſunt *Mecca & Medina*, nulla habet campeſtria, ut diſertè teſtatur *Kalkaſhendi* his verbis اعلم ان جميع ارض الحجار حبال واوديه ليس فيها سبط من الارض *Scito univerſam terram 'Al-Hhegjâz eſſe montes & valles, nullamque eſſe in ea Planitiem ſoli*

Verùm enim vero, cùm vox illa ערב apud *Hebraeos* multa alia importet ſignificata præter duo jam allata, videlicet *Negotiandi, ſpondendi, oppignerandi, adveſperaſcendi, & veſpera*, &c quidni potius ex aliquo ex iſtis ſignificatis nomen *Arabum, & Arabia*, pari jure, & probabiliori forte ratione derivari poſſit?

Quandoquidem igitur campus tam latè pateat, & unicuique liberum ſit in his rebus ſententiam promere, è ſignificatis à nobis memoratis ultimum ſeligimus, quod eſt *veſpera & occidentis*, adeo ut, ex vi vocis *Hebr* ערב *Ereb Arabia*, non tota quidem, ſed pars ejus occidentalis antiquitus vocata fuerit ערב ארץ *'Ereb*, i e *occidentis*, quemadmodum pars orientalis in S Scriptura appellatur, Gen XXV 6 קדם ארץ *Terra Kedem*, i e *orientis, Græcè* à 70 Interpretibus τὰ ἀνατολῶν Ita hæc pars occidentalis poteſt dici τὰ ἑσπέριον, *Heſperia*, quo nomine à veteribus *Italia* reſpectu *Græciæ, & Hiſpania* reſpectu *Italiæ*, appellatæ ſunt, quòd una reſpectu alterius occaſu ſubjecta ſit Qua demum ratione nomen *Arabiæ* toti Peninſulæ ſucceſſu temporis fuerit communicatum, hoc nobis probandum in ſequentibus incumbit ſed prius dicendum eſt

Sect II. De antiquiſſima Diviſione ARABIÆ, tum de parte ejus Orientali

TEnemus itaque *Peninſulam* hanc antiquitus fuiſſe diviſam in duas partes, unam orientalem, alteram occidentalem, & utramque nomine proprio diſtinctam, quam Aſſertionem ex S Scriptura evincimus

I Et quidem orientalem Plagam deſcribit *Moſes*, poſtquam enim *Toktani* filios tredecim enumeravit Gen X verubus 26, 27, 28, 29 tandem v 30 ſic loquitur ויהי מושבם ממשא באכה ספרה הר הקדם *Et fuit habitatio eorum a Meſha, donec venias ad Sephar montem Hikkedem*, i e *orientis* Ubi *Pocockius, In ea ſe plaga, quæ Meſham & Sapharum montem orientis interjacet*, i e pergit ille, ſi audiendus R *Saadias*, من مكة الى ان يجي مندينه الجبل الشرقى *A Mecca uſquedum pervenias ad urbem montis orientalis, vel ut in codice MS legitur,* الى المدينة الشرقى *ad urbem orientalem (Medinam puto vult ad orientem ſitam Quo ſenſu Latinus Interpres textûs Arabici, uti extat in Bibliis Polyglottis Lond ſic habet, Eratque habitatio eorum a Mecca uſquedum venias Medinam ad montem orientalem* Ego vero puto R *Saadiam* voluiſſe urbem, & pro ספרה legiſſe כפרה, quæ vox revera ſignificat *Pagum, vicum, & etiam urbem*, alioquin reddiſſet per لعار *Dhafâr*, quæ eſt etiam nunc hodie urbs celeberrima in Provincia *Al-Taman*, ſeu *Arabia felice*, ad orientem ejuſdem ſita, ut patet ex hac ſingulari deſcriptione *Saſioddini* in Lexico Geographico, ظفار اليوم مدينه علي ساحل بحر الهند ديماق ودس مرباط خمس فراسخ . واللبان لا يوجد الا الجبال ظفار عمر مسيره ابام في مثلها. *Dhafâr hodie urbs ad litus maris Indici ſita, inter illam & inter Merbât quinque paraſanga* Thus non alibi inve-

nitur præterquam in Montibus Dhafâr, decerptum ex arboribus, quæ itinere trium dierum in longum & latum exparduntur Ubi non ſine admiratione videas illum *Montem*, de quo loquitur *Moſes* ad orientem, nomine *Saphar*, à quo urbs *Saphar, vel Dhafâr*, uti *Arabes* efferunt, poſtea dicta fuit, hodieque conſpicuum An itidè R *Saadiah Meccam* pro *Miſha* ſubſtituerit, nihil refert, neque Hypotheſi noſtræ quicquam adverſatur, nam & *Meccam & Medinam*, totamque Provinciam *Al-Hhegjâz* etiam plagæ orientali noſtræ Peninſulæ attribuimus,

II *Abrahami* tempore, eadem plaga orientalis diſertè appellatur קדם ארץ *Terra Kedem*, Gen XXV 6. וישלחם מעל יצחק בנו בעודני חירקדמה אל ארץ קדם *Et emiſit eos* (ſc filios quos ex concubinis ſuſceperat,) *ab Iſaaco filio ſuo, dum adhuc ipſe viveret, ad orientem, ad terram Kedem* Ubi *Kedem*, quod aliàs ſignificat plagam orientalem, Appellative ponitur tanquam nomen regionis proprium, quia dictio præcedens קדמה, i e *orientem verſus*, plagam orientalem jam indigitiverat Quo ſenſu R *Saadias Arabice* ſic vertit شرق الى ديلاد الشرق *ad orientem, ad regionem Al Shark*, i e *orientis*

III *Jobi* tempore, illius regionis incolæ appellabantur קדם בני *filii, ſeu Incolæ Kedem* Job I 3 ויהי *Eratque vir ille* (Job) האיש ההוא גדול מכל בני קדם *magnus præ omnibus filiis* (ſeu incolis) *Kedem* Terra עוץ *Uts*, in qua habitabat, Interpreti Græco dicitur χώρα τῆς Αυσίτιδος, *regio Auſitidis*, quæ ſita eſt in finibus *Idumeæ*, & *Arabiæ*, vel, u habet codex *Alexandrinus* in illo Scholio ad calcem Libri *Job* ſubjuncto, ἐπὶ τῶν ὁρίων τῆς Εὐφράτου *in ſinibus Euphratis*, quouſque *Abu l Fedah* noſter limitem orientalem *Arabiæ* promovet

IV *Judicum* temporibus frequens eſt mentio filiorum *Kedem*, ſimul cum *Madianitis & Amalecitis*, vaſtantium

ſtantium terram *Iſrael*, Judic VI 3 ועלה מדין ועמלק ובני קדם *Et aſcendebat* Midian *&* Amalek, *& filii* Kedem Et v 33 וכל מדין ועמלק ובני קדם *Et omnis* Midian *&* Amalek *& filii* Kedem Ubi *Arabs* Interpres utrobique pro בני קדם habet رهو, *& filii* Ra-kâm, i e incolæ urbis, quæ *Hebr* רקם Rekem, *Joſepho Antiq* lib 4 cap 4. Ἀρκημ, & Ibid cap 7 Ἀρκημν, *Euſebio* de Locis *Hebr* Ἀρκημ, qui addit, Νῦν Ἱδουμαίων πόλις ἡ Πέτρα, quæ urbs diſtabat ab '*Ailah* decem miliaribus, eratque *Ptolemæo Arabiæ Petreæ* Metropolis Eo uſque igitur ſe extendebant filii *Kedem*, incolæ *orientis*, ſi credimus Paraphraſtæ *Arabi*, qui eoſdem appellat cap 8 v 10 اهل المشرق *incolas orientis*

V *Salomonis* tempore filii *Kedem* ſapientia celebres erant, ut & *Ægyptii*, I Reg IV 30 ותרב חכמת שלמה מחכמת כל בני קדם ומכל חכמת מצרים *Et amplior fuit ſapientia Salomonis præ ſapientia omnium filiorum* Kedem, *& præ omni ſapientia Ægyptiorum* Ubi *Pocockius*, p 34 in fine, כל בני קדם *omnium orientalium*, i e (ut *Judæus* ille quiſquis fuit, qui Libros Regum *in linguam Arabicam vertit*,) اهل المشرق Shara-

cenorum, *ſeu* Arabum At verò mihi videtur, quod pace tanti viri dixerim, orientales hoc loco latiori ſenſu accipiendos eſſe, ut & *Chaldæos* etiam comprehendat Textus ſacer, cùm dicit, *omnium* tum & *Chaldæi* vocantur quoque בני קדם filii *Kedem*, orientales Gen XXIX I וילך ארצה בני קדם *Et abiit* (*Jacob*) *ad terram filiorum* Kedem, ſc. in *Chaldæam* ad ortum terræ *Chanaan* ſitam Sed ad ſolos *Arabes* hæc verba reſtrixit vir doctiſſimus, ut ſuæ inſerviret Hypotheſi, qua *Saracenorum* nomen deducit à voce *Arabica* شرف *ortus fuit* (ſol,) ut *Saracenı* iidem ſint, qui شرفيون *orientales* Quam ſententiam quantumvis cum applauſu ab eruditis excepta fuerit, nos abſque præjudicio infra ad examen revocabimus

Huc uſque *Peninſulæ* noſtræ plagam orientalem conſideravimus, & quo nomine antiquitùs vocabatur, tum quo uſque illa pars extendebatur, quantum conjectare licuit ex variis S Scripturæ locis ſimul collatis, oſtendimus, ſequitur jam ut ab ortu ad occaſum faciem convertamus

Sect III De Arabia Occidentali

I PRimus locus S Sripturæ ubi occurrit vox ערב in ſignificato plagæ occidentalis, extat Libro I Reg cap 10 ubi poſtquam Hiſtoricus ſacer verſu 14 dixit, *Erat autem pondus auri quod proveniebat ad Salomonem per annos ſingulos, ſexcentorum ſexaginta & ſex Talentorum*, addit v 15 *Præter illud quod afferebant vectigalium præfecti & negotiatores aromatarii*, וכל מלכי הערב *& omnes Reges* Ha-'Ereb (occidentis) *& Duces terræ illius Græcus* Interpres vertit, ϗ πάντων τῶν βασιλέων τοῦ πέραν, *& omnium regum regionis ulterioris* Scilicet pro הערב, legerunt ſe per literarum Metatheſin העבר trans, *ultra* Sed Interpres *Arabs*, qui è *Græco Arabicè* vertebat, cum hanc vocem non intelligeret, prorsùs omiſit, & dicit tantum الملوك *& omnes Reges* Chald Paraphraſtes habet וכל מלכי סומכותא *& omnes Reges* Sûmchevoto, i e *Finitimi*, vel *ſubſidiarii*, vultque *Buxtorfius* hac voce ſignificari *Arabiam* ſic dictam à ferendis ſubſidiis Nos pro illa parte *Peninſulæ*, quæ erat finitima Terræ Sanctæ, in occidentali ejus plaga accipimus, quod magis patebit ex ſequentibus

II Jerem cap XXV v 15 Propheta jubetur à Deo calicem vini furoris ſui propinare omnibus Gentibus, ad quas illum miſſurus eſt, inter quas hæ nominantur cum Regibus earum, v 20 ואת כל הערב ואת כל מלכי עץ ואת כל מלכי ארץ פלשתים ואת אשקלון ואת עזה &c *Et omnibus* (*Regibus*) Ha-'Ereb (i e *occidentis*,) *& omnibus Regibus terræ* Uts, *& omnibus Regibus terræ* Peliſtim, *&* 'Aſhkelon, *&* 'Azzah &c Ubi in Parentheſi addo (*Regibus*,) authoritate *Targum*, ſeu Paraph Chald Jonathanis, quæ ſic habet וית כל מלכי סומכותא *Et omnibus Regibus* Sûmchevoto, i e *Finitimis*, ut in præcedente Textu, unde patet eandem Regionem intelligi debere ad occaſum Terræ Sanctæ ſitam, ut pote quæ jungitur cum terra *Uts*, cum *Phi-*

liſtæis, *Aſcalonitis*, & *Gazæis* Dicuntur autem *Finitimi*, i e ſiti proximè in finibus Terræ Sanctæ, ut diſtinguantur ab aliis Regibus Ha-'Ereb, Occidentis remotioribus in Deſerto Hîc obiter obſervandum quod terra '*Uts* hoc loco eadem ſit, quam idem *Jeremias* in Lamentationibus memorat cap 4 v 21 *Gaude, & lætare filia* Edom יושבת בארץ עוץ *habitans in terra* Uts, *etiam ſuper te tranſibit calix* Neque confundenda cum terra *Uts* patria *Jobi*, ad ortum ſita, de qua ſupra diximus Hæc enim nomen habuit ab '*Uts* filio *Diſhan* è poſteris Se'ir, Gen 36 28 illa autem ab *Uts* filio primogenito *Nahhoris*, Gen 22 21 è cujus poſteris *Job* erat oriundus, non autem ex *Eſavi* filiis, ut ineptè contendit Scholiaſtes *Græcus* ad calcem Libri *Job*

III Jerem cap 25 v 4 ואת כל מלכי הערב השוכנים במדבר *Et omnibus Regibus* Ha-'Ereb, (i e *Occidentis*, ut habet vulgatus Interpres, & *Arias Montanus*,) *qui habitant in Deſerto* Scilicet ut diſtinguantur ab iis quos ſupra nominaverat, qui quidem erant propiores Terræ Sanctæ, hi verò remotiores in Deſerto *Targum Jonathan*, וית כל מלכי ערבאי דשרן במדבר *Et omnibus Regibus* Arabum, *qui habitant in tentoriis in Deſerto*

Habemus itaque è Scriptura S textibus indubitatis totam *Peninſulam* in duas partes diviſam, Orientalem ſcilicet, qua antiquiſſimis temporibus vocabatur קדם *Kedem*, i e *Oriens*, & ארץ קדם *Terra Kedem*, cujus incolæ primi, nempe *Joktam* poſteri (de quibus egimus ſupra Sect I) & ſecundi, nempe *Abrahami* poſteri ex concubinis ejus, quæ à ſitu reſpectu alterius dicta fuit ערב, i e *Occidens* cujus incolæ, de quibus mox, debuerunt appellari בני ערב filii Ereb, i e *Occidentales*, eadem conſtructione qua Scriptura S memorat מלכי הערב *Reges Occidentis*

Sect. IV De Incolis partis Occidentalis Peninſulæ Arabum

PRimi hujus partis Occidentalis Incolæ fuerunt, Gen X 14 כסלוחים *Caſlûhhim*, è *Miſraim* oriundi, quos *Arias Montanus* ſcribit eſſe *Saracenos*, & כפתרים *Caphtorim*, quibus adjungi videntur הרים *Hhoræi*, qui Montana Se'ir habitabant, priuſquam inde expulſi ſunt ab *Eſau*, & filiis ejus, ut infra videbimus Secundi incolæ fuerunt *Iſhmaelitæ*, nempe *Iſhmael* ipſe, & duodecim filii ejus, & poſteri eorum Et quidem *Iſhmael*, poſtquam amandatus fuit à patre ſuo *Abraha-*

no, Gen XXI 21 וישב במדבר פארן *habitavit in Deſerto* Phâran Quod Deſertum à *Ptolemæo* memoratur cum *Saracene*, *Ægypto* vicinum, unde additur ibid *Et accepit ei mater ejus uxorem de terra Ægypti* Defilis autem Iſhmaelis duodecim, Gen XXV 18 וישכנו מחוילה עד שור אשר על פני מצרים באכה אשורה *Et habitaverunt ab* Hhavîlah *uſque ad* Shûr *contra faciem Ægypti, donec venias ad* Shûr Quæ dimenſio totam illam regionem ab ortu ad occaſum ſecundùm longitudinem

P

tudinem comprehendit In hoc textu, in voce אשורה redundat litera א ab inito, & legendum tantummodo שורה, quod ex duobus locis parallelis planè evincitur I Sam XV 7 dicitur *Saul* percuſſiſſe *Amalecitas* מחוילה בואך שור אשר על פ' מצרים *Ab* Hhavîlah *donec venias ad* Shûr, *quæ eſt contra faciem* Ægypti Et I Sam XXVII 8 dicitur *David* ad internecionem delevîſſe nat ones *Geſſuritarum, Girgitarum, & Amalecitarum,* habitantes in terra, quæ eſt מעולם בואך שורה *ab* Olam, *donec venias ad* Shû, *& uſque ad terram* Ægypti Utrobique ſcribitur שור, & שורה *Shur, & Shurah, non Aſhur, & Aſhurah* Shur autem erat nomen loci ſive urbis, quæ nomen dedit Deſerto, quemadmodum Deſertum *Pharan* nomen accepit ab urbe hujus nominis, quæ hodie etiam ſita eſt ad ſinum maris *Rubri,* teſte *Edriſio,* ut ſuo loco videbimus Attamen omnes verſiones habent *Aſhur,* & *Aſſyrios,* & Paraph *Arabica* præ cæteris digna, quæ legatur حصره حفار الدي ربله من وسلموا

مصر ان تجي الي الموصل *Et habitaverunt à* Zav'lah *uſque ad* Geſâr, *quæ eſt ex adverſo* Ægypti, *donec venias ad* Mawſel Atqui *Mawſel* eſt urbs non ita pridem condita ad ripam occidentalem fluminis *Tigris* ex adverſo *Ninives* antiquæ in *Meſopotamia,* quæ eſt pars *Aſſyriæ* Vide quantum errorem peperit unius literæ redundantia !

Commentatores & Geographi nonnulli, inter quos eminet Rev Dr *Edw Wells* Geogr Sacræ Vol 1 pag 9, & 10 ſupponunt *Havilam,* de qua hic mentio eſt, eandem eſſe cum Terra *Havilah,* quæ à *Moſe* Gen II v 11 deſcribitur, ubi dicit fluvium *Phiſon* circuire omnem terram *Havilah,* quam illi ad ſinum *Perſicum* collocant An verò credibile eſt *Saulem,* ad debellandos *Amalecitas,* qui ad auſtralem *Paleſtinæ* plagam ſedes habebant, uſque ad ſinum *Perſicum* cum exercitu excurriſſe in terram *Havilah,* atque inde uſque ad fines *Ægypti* pugnando perveniſſe ? Contrahendus eſt itaque non nihil terminus ille orientalis habitationem *Iſmaelitarum & Amalecitarum,* qui non excedat *Arabia Petrææ* limites Ab eodem termino videtur *David* ſimilem expeditionem inivisſe, qui alio nomine *Olam* Scriptori ſacro dicitur, illud enim מעולם videtur, inquit *Relandus,* Palæſt p 81 *non Antiquitus vertendum, ſed complecti terminum oppoſitum* τῷ שור *Shur, uti a Chavilah uſque ad* Shur Ita igitur *Hhavilah* eadem cenſenda venit cum *Olam,* vel urbs haud procul ab eo diſſita in termino orientali regionis *Amalecitarum*

Tertii ejuſdem partis occidentalis incolæ fuerunt *Eſau,* & filii ejus, qui appellati ſunt *Edomitæ,* ſeu *Idumæi,* de cognomine patris eorum *Eſau,* qui & *Edom* Gen XXXVI 8 וישב עשו בהר שעיר עשו הוא אדום *Et habitavit* Eſau *in monte* Seîr Eſau *ipſe eſt* Edom Erant hæc montana *Seîr* inter montem *Hhoreb* & terram *Canaan,* uti liquet ex Deut I 2 ubi undecim dierum intervallo montem *Hhoreb* abeſſe à *Kades-Barne,* facto itinere per montana *Seîr* dicitur Deut II 12 ובשעיר ישבו החרים לפנים ובני עשו ירשום *In* Seîr *habitabant* Hhoræi, *& filii* Eſau *poſſederunt illos* Iſti *Hhoræi* videntur eſſe ejuſdem originis cum vicinis *Caphtorim,* nempe à *Miſraim,* quamvis prima eorum mentio in S Scriptura non fiat ante tempora *Abrahami,* Gen XIV 6 ubi dicitur, *Chedor-laomer* percuſſiſſe *Hhoræum in monte* Seîr *uſque ad planitiem* Phâran, *quæ eſt contra Deſertum* Hos intactos præterierat *Iſmael* adhuc juvenis, & cum matre uſque in illam planitiem *Phâran* penetraverat *Eſau* autem cum numeroſi filiorum turma illos aggreſſus ad internecionem delevit, & in montanis eorum ſedes fixit

Cùm itaque prædicti Incolæ partem illam Peninſulæ, quæ in ſacris Literis audit ערב i e *occidens,* occupa-

verint, quid magis rationi conſentaneum, quam ut iidem ex vi iſtius vocis Hebraicæ appellati fuerint ערב *Arabes,* i e *occidentales,* quæ appellatio primariò & propriè pertinuit ad illos, qui habitabant in Deſerto ſub tentoriis, *Iſmaelitas* præſertim, qui rapto & latrociniis vivebant, quibuſcum Propheta cives *Jeruſalem* comparat, Jer III 2 בדרכים ישבת כערב במדבר *In viis ſediſti* (o Jeruſalem,) *ſicut Arabs* (inſidians) *eis in deſerto* Targum *Jonathan* ſic reddit כערבא דשרן כשכינין במדברא *ſicut Arabes qui morantur in tabernaculis in deſerto* Hieronymus *In viis ſedebas, expectans eos, quaſi Latro in ſolitudine* Scilicet pro *Arabibus* mente ſubſtituit *Saracenos,* quæ vox, ſi ex etymo verbi سرق i e *furatus eſt,* deducatur, ſignificat *Latrones* Græcus Interpres, ὤσει κορώνην ἐρημικην, quaſi cornix deſerta Et ex eo Paraph *Arab* مثل عباف دي *ſicut corvus ſylveſtris,* quod eſt unum è ſignificatis vocis ערב, ſed huic loco minus accommodatum, ut dicam incongruum, & ineptum

De *Arabibus,* qui erant finitimi terræ *Iſraelis* ab occidente, mentio eſt II Chron XVII 1 ubi poſtquam Hiſtoricus ſacer dixit *Philiſtæos* Regi *Jehoſaphat* munera detuliſſe, & vectigal argenti, addit, נם הערביאים מביאים לו צאן אילים שבעת אלפים ושבע מאות ותישים שבעת אלפים ושבע מאות Etiam *Arabes* adduxerunt ei pecoris arietes *ſeptem millia & ſeptingentos, & hircos ſeptem millia & ſeptingentos* In his, ut & equis & camelis præcipue opes eorum conſiſtebant, præter aurum & argentum, aliaſque pretioſas merces, quas latrociniis graſſando acquirebant, ex inſtituto vitæ, quod à communi parente *Iſmaele* didicerant Et Ibidem cap XXI 16 iidem *Arabes* cum iiſdem *Philiſtæis* hoſtiliter invadunt *Judæam,* ויער יהוה על יהורם את רוח הפלשתים והערבים אשר על יד כושים *Et ſuſcitavit Dominus contra* Jehoram *ſpiritum* Philiſtæorum *& Arabum, qui erant ſuper manum* Chuſhim Quæ verba ſic reddit Græc Interpr ἐ ἐπήγειρε κύριος ὅτι Ιωράμ τὴν ἀλλοφυλων, κỳ τοὺς Ἄραβας κỳ τοὺς ὁμόρους τῶν Αἰθιόπων, *Et ſuſcitavit Dominus ſuper* (vel contra) Ioram *alienigenas, & Arabas, & confines Æthiopum* Paraphr *Arab* والعربادمس

والعربادمس الدين يسكنون جاورس الهس & Arabum, qui *habitant vicini* Indiæ Uterque ſecundùm ſui temporis uſitatas appellationes Quare eorum verba interpretatione indigent, per *Æthiops* enim, latiſſimo ſenſu, non modo intelliguntur *Habeſſini,* ſed ii omnes ſive *Ægyptii* ſive *Arabes,* qui illis colore nigro aut ſubfuſco ſimiles ſunt, unde uxor *Moſis,* quæ erat *Madiantis,* vocatur כושית *Chuſhæa,* ſeu *Æthiopiſſa,* eodem modo *India* latiſſimo ſenſu accepta, extendebat ſe ad *Habeſſiniam & Arabiam,* atque inde eſt quod mare *Rubrum* etiam vocabatur ἰνδικη Δαλαsra Mare *Indicum,* ac proinde regio adjacens *Indiæ* nomen dudum ſortita erat, etenim Maria à vicinis terris denominari ita ſolent Ita apud *Procopium Gazæum* Comment ad Li I Regum, ubi de *Liſion Gaber,* Γαισὼν γάβερ τῇ Ἰνδικῇ παραδόξως Βεϟϟορικῇ κειμένη, Gaiſion-gaber, inquit ille, Indico pelago adjacet, Beronice dicta Iſti *Arabes* igitur, qui erant ſuper manum *Chuſhæorum,* ſive *Æthiopum,* vel *Indorum,* nil aliud ſunt, quam noſtri *Arabes Scenitæ,* & *Saraceni,* tam ii qui erant Finitimi Terræ S quam alii, qui remotiores erant ad mare *Rubrum* De iiſdem *Arabibus Scenitis* loquitur *Eſaias* cap XIII 20 ubi contra *Babylonem* vaticinatur לא יהל שם ערבי *Non ibi tentoria figet* Arabs Ac ſi diceret Adeò vaſtabitur terra *Babylonis,* ut *Arabes ſcenitæ,* qui cum armentis & pecoribus paſcuorum gratia eò ſe conferre ſolebant, non amplius ibi tentoria figant propter paſcuorum inopiam

Sect. V De vero nomine partis Occidentalis *Peninsulæ* ARABUM.

QUid? quod in S Literis istius partis vetustissimum nomen proprium, & appellativum invenio, nempe עֲרָבָה *'Arabah*, ex vi vocis עֶרֶב *'Ereb*, 1 e *occasu*, deductum Liber Deuteronomii sic incipit *Hæc sunt verba quæ loquutus est Moses ad omnem* Israel *trans Jordanem*, בַּמִּדְבָּר בָּעֲרָבָה *in deserto, in* 'Arabah Septuaginta Interpr ἐν τῇ ἐρήμῳ πρὸς δυσμὰς, *in deserto ad occasûs partes* Et quidem, quamvis hoc loco עֲרָבָה pro nomine regionis Appellativo non accipiant, nihilominus tamen causæ nostræ favent in eo quod vim vocis עֶרֶב *occasus* exprimunt At verò sequente cap II v 8 nobis planè adstipulantur, ubi *Moses* sic loquitur *Et transivimus a fratribus nostris, filiis* Esau מִדֶּרֶך הָעֲרָבָה מֵאֵילַת וּמֵעֶצְיוֹן גֶּבֶר 1 *via (τῆ)* Ha-'Arabah *ab* 'Ailat *& ab* Etsion Gaber *(dirimente)* Ibi iisdem Interpretes vocem ipsam *Hebraicam* totidem elementis retinent hoc modo, παρὰ τὴν ὁδὸν τὴν Ἄραβα ἀπὸ Αἰλὼν καὶ Ἰασιὼν Γάβερ *apud viam qua (τῆ)* Araba ab Ælon *& a* Gasion Gaber *(dirimit)* Quibus consentit Syrus Interpres, non modo hoc loco, sed & in priore nobis favet, utrobique reddens in primo quidem sic ܒܚܘܪܒܐ *in deserto in* Araba, in hoc secundo autem ܘܒܐܘܪܚܐ *a via (τῆ)* Araba Sic enim *Latinus* Interpres habet Malè itaque reddunt cætera Versiones, *in deserto, in planitie*, quæ est mera duorum Synonimorum ταυτολογία, quamquam alias dictio עֲרָבָה multis in locis rectè reddatur per *Planitiem* sive *desertam & sterilem*, sive *campestrem & pascuis abundantem*, sed in his judicio opus est, & attendenda sunt circumstantiæ, & proprietas sermonis

Eodem modo mihi videntur intelligenda hæc Jerem II 6 *Israelitæ* sic a Domino redarguuntur, quod dicerent ea, quæ non dixerunt Patres eorum in deserto *Ubi est Dominus*, inquiunt, *qui ascendere fecit nos de terra* Ægypti, *deducens nos* בַּמִּדְבָּר בְּאֶרֶץ עֲרָבָה וְשׁוּחָה בְּאֶרֶץ צִיָּה וְצַלְמָוֶת בְּאֶרֶץ לֹא־עָבַר בָּהּ אִישׁ וְלֹא יָשַׁב אָדָם שָׁם *per desertum, per terram* Arabah *& Shuhhah, per terram ariditatis & umbræ mortis, per terram, per quam non transiit vir, & ubi non habitavit homo* Omnes Versiones hæc duo verba, עֲרָבָה שׁוּחַה pro duobus epithetis *Terræ*, quæ præcedit, accipiunt, Græc ἐν τῇ γῇ ἀπείρῳ καὶ ἀβάτῳ *in terra inusitata & invia* Chald בְּאֶרַע מֵישַׁר וַחֲרוֹב *in terra deserta & desolata* Syr ܒܐܪܥܐ ܨܕܝܬܐ *in terra vasta & solitaria* Vulg Lat *per terram inhabitabilem & inviam* Pagninus, *per terram desertam & vastam* Arab è Græco, *per terram ignotam & imperviam* Ego עֲרָבָה non modo 'Arabah accipio, ut 1 omen proprium illius terræ, retineoque, sed etiam sequentem dictionem שׁוּחַה *Shubhah*, quæ in omnibus aliis locis Scripturæ est substantivum

nomen significans *fossam, foveam*, à Rad שׁוּחַ *depressus fuit, humiliatus fuit*, & nullibi pro adjectivo significante rem vel *inusitatam*, vel *desolatam*, vel *inviam*, vel *vastam*, vel quidlibet hujusmodi, etiam ab iisdem Interpretibus sumitur sed cum significatione *fossæ*, & *foveæ* minus huic loco ap a & idonea videtur, novam ei significationem affinxerunt, quæ nusquam in lingua *Hebr* reperitur Quare existimo שׁוּחַה *Shubhah* esse nomen urbis appellatæ ab uno è filiis *Abrahami* ex Keturah, cui nomen fuit שׁוּחַ *Shuahh*, qui ad extimam oram maris *Rubri* penetrans urbem ibi condidit de suo nomine dictam *Shuhhah*, quæ etiam nunc hodie ab *Arabibus* vocatur سوس *Sues*, viatoribus nostris quoque notissima Cumque *Israelitæ* juxta illam iter habuerint in transitu maris *Rubri*, mirum non est si ejus mentionem faciant cum Deserto *Arabah*

Denique insignis est locus II Reg XIV 25 in quo extat dictio עֲרָבָה *'Arabah*, quam Interpretes *Græci, Syr* & *Arab* unusquisque linguæ suæ literis constanti retinent, non modo ut proprium & appellativum hujus deserti nomen, sed etiam ut est Regio de cujus nomine adjacens unam ex ejus appellationibus accepit, nempe Mare *Arabiæ* En ubi Historici Sacri verba, הוּא הֵשִׁיב אֶת־גְּבוּל יִשְׂרָאֵל מִלְּבוֹא חֲמָת עַד־יָם הָעֲרָבָה *Ipse (Rex* Joas) *restituit terminum Israelis ab introitu* Hhamat *usque ad mare* Ha-'Arabah Atque illud ipsum est יָם סוּף *mare Suph Mosi dictum, quod Scriptores* Græci *&* Latini *appellant mare Erythreum*, mare *Rubrum*, & mare *Arabicum* sive sinus *Arabicus*, eo quod *Arabiam* alluit

Ne verò quis dubitet quin illud desertum '*Arabah* dictum, sit ipsum id & *desertum magnum & terribile*, Deut II 19 in quo filii *Israel* per totos quadraginta annos, Deo ita jubente, errarunt, *Moses* idipsum Geographorum more solito cum suis terminis accuratè describit loco supra citato Deut I 1 *(Desertum* 'Arabah *situm est)* מוֹל סוּף בֵּין־פָּארָן וּבֵין־תֹּפֶל וְלָבָן וַחֲצֵרֹת וְדִי זָהָב *ex adverso (*Maris*)* Suph, *inter* Pharan, *& inter* Tophel, *&* Laban, *&* Hhatseroth, *&* Di-zahab In hac descriptione per mare *Suph* australis plaga innuitur, per *Pharan* & *Tophel* occidens, per *Laban, Hatseroth*, & *Di-zahab* septentrio Denique orientalem ejus plagam claudebat via illa à septentrioni in austrum ducta, quæ Deut II 8 dicitur (τὴ) *Arabah ab* 'Ailah *& ab* Etsion Gaber dirimere Quin etiam *Moses*, ne quid desit ad noscendum ejus dimensionem, docet Deut I 2 longitudinem ejus esse אַחַד עָשָׂר יוֹם מֵחֹרֵב דֶּרֶך הַר־שֵׂעִיר עַד קָדֵשׁ בַּרְנֵעַ *undecim diætarum à (monte)* Hhoreb *usque ad* Kadesh Barne' Quid clarius in tota Geographia desiderari potest?

Sect VI. Quando, & quomodo tota *Peninsula* dicta fuit ARABIA

QUo demum tempore, & qua ratione nomen *Arabiæ* occidentalis deinceps reliquæ parti *Peninsulæ*, orientali scilicet, communicatum fuit, qua primitùs, ut jam ostendimus, proprio, & sitûs natura conveniente nomine audiebat אֶרֶץ קֶדֶם *terra orientis*, id è Sacrarum Literarum monumentis repetendum, nihil enim ea de re apud Ethnicos Scriptores reperitur Scilicet post *Ishmaelis* obitum, de quo Gen. XXV 17 (videtur enim ille diem extremum clausisse in eodem deserto *Pharan*, quod primo incoluerat, nam dicitur עַל־פְּנֵי כָל־אֶחָיו נָפָל *contra faciem omnium fratrum suorum occubuisse*,) filii ejus ab eo dicti *Ishmaelitæ*, cum jam juxta promissum Angeli Domini, Gen XVI 9 adeò multiplicati essent, ut לֹא יִסָּפֵר מֵרֹב *præ multitudine non numerarentur*, neque proinde intra tam angustos limites contineri possent, ut erant rapto & prædâ latrociniis parta vivere assueti, vicinas terras invadere coacti sunt Et quidem primo sedes fixere in terra *Madian* unius ex *Abrahami* & *Kętura* filiis, quæ proximè ab ortum sita erat, ubi inter *Madianitas* cognatos & affines partim more suo vivere, partim mercaturam peregrinando exercere cœperunt Ita illos videre filii *Jacobi*, Gen XXXVII 25 וַיִּשְׂאוּ עֵינֵיהֶם וַיִּרְאוּ וְהִנֵּה אֹרְחַת יִשְׁמְעֵאלִים בָּאָה מִגִּלְעָד וּגְמַלֵּיהֶם נֹשְׂאִים נְכֹאת וּצְרִי וָלֹט הוֹלְכִים לְהוֹרִיד מִצְרָיְמָה *Et levaverunt oculos suos, & viderunt, & ecce caterva* Ishmaelitarum *veniens de* Ghilead, *& cameli eorum portantes aromata, & resinam & stacten, euntes ad descendendum in* Ægyptum Ubi obiter notandum quod *Targhum* Jerus pro caterva *Ishmaelitarum* habet דְּסַרָקֵנִין *turba Saracenorum* Iidem *Ishmaelitæ* infra v 27 appellantur *Madianitæ* וַיַּעַבְרוּ אֲנָשִׁים מִדְיָנִים סֹחֲרִים *Et transierunt*

ierunt viri Madianitæ mercatores Notandum etiam quod *Ifmaelitis, Targum Onkelos, Syr & Arab* Paraph fubftituunt *Arabes*

Deinde progreffu temporis adeo potentes evaferunt, ut ætate *Gedeonis* Reges *Madianitarum* effent de genere & profapia *Ifmaelis*, nam Judic cap 8 Poftquam *Gedeon* ingentem victoriam ab *Amalecitu*, & *Madianitis* aliifque orientalibus, occifis duobus Regibus *Zebee* & *Salmana*, atque orta effet *Gedeonem* inter *Ifraelitas* de dividendis fpoliis controverfia, tunc v 24 *dixit ad eos* Gedeon *Poftulabo à vobis poftulationem, date mihi unufquifque inaurem fpolii fui* Hic Hiftoricus facer addit, כי נזמי זהב לכם *fiquidem inaures aureæ erant illis,* (fcilicet Regibus eorumque militibus) Cujus rei ra tionem fubjungit, כי ישמעאלים הם *Nam erant Ifmaelitæ Targhum Jonathán, & Syr Interpr Nam Arabes illi erant* Utramque appellationem habet, مرب

احل ادهم كادوا عرب اسماعلميمر *Eo quod illi effent* Arabes Ifmaelitæ

Horum *Arabum Ifmaelitarum* mentio eft Efa XXI 13 contra quos vaticinatur Propheta his verbis notatu dignis, משא בערב ביער בערב תלינו *Onus* (Prophetia) *de Arabia (O vos qui) in Sylva in Arabia commorantinus* Locus, quem *Efaias* innuit per *Sylvam in Arabia*, eft illud φοινίκων, five *Palmetum* celeberrimum, quod à *Strabone* lib 16 ad finum *Arabicum* collocatur, à *Petra* auftrum verfus quinque dierum itinere diftans, cujus etiam meminit *Diodorus Siculus* lib 3 cap 42 atque iftud φοινίκων ad litus maris effe fitum, haud procul ab Infula *Phocarum* Ibi tanta *Palmarum* copia eft, ut à Propheta meritò *Sylva* five *Saltus* vocetur Ibi commorabantur *Arabes Kedareni*, quos expreffè nominat infra v 17 בני קדר *filios Kedar*, & v 18 fimpliciter קדר *Kedar*, quod fuit nomen fecundi è duodecim filiis *Ifmaelis*, Gen XXV 13 *Cedreos* vocat *Plinius*, & *Nabatæos* conjungit lib 5 cap 11 fic dictis à *Nebaioth* filio primogenito *Ifmaelis*, ibid *Kedarenorum* fedes, tefte *Hieronymo* in *Locis Hebr* erat in Eremo *Saracenorum* Eremus autem *Saracenorum*, ubi fuerit, docet *Eufebius* ad vocem *Madian* his verbis κεῖται ἐπέκεινα τῆς 'Αραβίας πρὸς ἱστον ἐν ἐρήμῳ τῶν Σαρακηνῶν τῆς πρὸς Θαλάσσης ἐπ ἀνατολὰς Quæ ita reddit *Hieronymus Eft trans Arabiam* (veterem five occidentalem) *ad meridiem in deferto Saracenorum contra orientem maris Rubri* Quo eodem prorfus fitu *Saraceni* à *Ptolemæo* collocantur, uti mox obfervavimus

Atque inde eft quod iidem *Kedareni*, propter novas, quas jam occupabant, fedes, ab occidente in orientem profecti, jam audiunt בני קדם *filii orientis*, Jer XLIX 28 קומו עלו אל קדר ושדדו את בני קדם *furgite* (Babylonii,) *afcendite ad Kedar, & vaftate filios Kedem*, i e incolas *orientis*, eofdem fcilicet, qui prius erant בני ערב *incolæ occidentis*, dum adhuc cum patre *Ifmaele* in deferto *Pharan*, in regione *Saracene* commorabantur

Ezech XXVII 2 *Arabes & Kedareni* dicuntur mercatores fub aufpiciis & imperio urbis *Jerufalem* ערב וכל נשיאי קדר סחרי ידך *Arabes, & omnes principes Kedar negotiatores manus tua*

Jerem XXV 4 Jubetur Propheta propinare calicem furoris ואת כל מלכי ערב *etiam omnibus Regibus Arabum* Nam tunc temporis nomen *Arabum* per univerfam Peninfulam longè latèque propagatum erat, quod & regionum à fe occupatarum populis, ut folent victis victores, impofuerunt, ac proinde ipfa tota Peninfula *Arabia*, eaque *Nova*, *Magna* tamen, uti mox videbimus propter ejus ingentem amplitudinem in comparatione *Veteris*, nominata fuit

Neque id mirum videri debet aut inufitatum, non enim defunt exempla Regionum, quæ abolita prifca appellatione, de novorum Incolarum nomine vocatæ funt, ut *Gallia* à *Francis*, *Germania* populis, dicta hodie *Francia*, *Batica* in *Hifpania* à *Vandalis Andalufia*, quo etiam nomine tota *Hifpania* apud *Arabes* audit, uti in noftro *Abu l-Feda* fuo loco videbimus, *Gallia cifalpina* à *Longobardis*, *Lombardia*, *Græcia* tota cum maxima *Græcorum Imperii* parte in *Europa Afiaque* à *Turcis*, *Turcia*, &, innumeræ aliæ, ne quid dicam de urbium nominibus antiquis & novis, &c quæ omnia neceffariam duplicem Geographiam, Antiquam & Novam, noftris hominibus reddidere

Unum addam Exemplum, quod ad rem noftram facit, refpectu habito ad mundi Plagam, unde hujufmodi novi Incolæ venerunt, *Neuftria* videlicet, quæ melius *Ortelio Weftria* & *Weftrafia*, i e occidentalis regio, quæ olim magnam *Galliæ* partem comprehendebat Hæc nunc à *Normannis*, i e feptentrionalibus hominibus, eam invadentibus, *Normannia*, vocatur, quafi terra feptentrionalium, ex vi vocis *North*, quæ *Saxonum* lingua feptentrionalem mundi plagam denotat, quamvis hæc Provincia procul inde ad auftrum remota fit. Eodem modo *Arabia magna Orientalis* fic appellata fuit ex vi vocis ערב i e *occafus*, quamvis ad ortum fita, non à fitûs ratione, fed ab hominum arbitrio.

Sect VII Quibus nominibus A R A B I A bipartita Scriptoribus *Græcis* & *Latinis* vocetur

ET quidem illa pars Peninfulæ *Arabum* occidentalis, cujus antiquiffimum nomen fuiffe ערבה *Arab* the *Scripturæ* S monumentis jam probavimus Sect V ea eft, quæ *Ptolemæo* Geographorum principi appellatur Άραβία Πετραία, *Arabia Petræa*, fic dicta à Metropoli *Petra* Plinio autem lib 6 cap 34 vocatur *Citerior*, refpectu *Italiæ* fcilicet, ubi ille fcribebat Idem *Plinius* lib 5 cap 11 hanc ita defcribit *Ultra Pelufiacum* (*Nili* oftium) *Arabia eft ad Rubrum mare pertinens, & (ad) odoriferam illam ac divitem, & Beatæ cognomine inclytam Hæc Catabanum, & Lsbonitarum, & Scenitarum Aribum vocatur Sterilis,* præterquam ubi *Syriæ* confinia attingit, nec nifi monte *Cafio* nobilis Potuiffet addere, & monte *Sinai* longè nobilior, nam *Sinai*, tefte D *Paulo* Gal IV 25 Mons eft in *Arabia* Ita & *Strabo* lib 17 pag 553 Ἡ χώρα μεταξὺ τοῦ Νείλου, ἡ τοῦ Άραβίου κόλπου Άραβία μέν ἐστι, ἡ ὅτι ή τ ἄκρον αὐτῆς ἐστιν τὸ Πηλούσιον, *Regio inter Nilum & finum Arabicum, Arabia eft, & in ejus extremitate fitum eft Pelufium* Hæc eadem *Procopio* & *Stephano*, referente *Ortelio*, vocatur *Vetus Arabia*,

rectè omninò, refpectu nempe alterius partis orientalis, quæ idcircò *Nova* meritò audire debet, quippe quæ nomen *Arabia* ab hujus veteris *Arabia* Incolis eò migrantibus accepit, uti modo demonftravimus

Cum itaque duplici hac ratione nomen *Arabiæ* à *Græcis*, *Latinifque* Auctoribus ufurpetur, hinc prædictus *Stephanus* duplicem *Arabiam* apertè ftatuit his verbis Άραβία, ἡ χώρα Δυο ἢ εἰσιν, ἡ μὲν Άρωματοφόρος μεταξὺ Περσικῆς Σαρακηνῆς ἢ ἢ ψάλλον Δυτικὴ συναπτούσα πρὸς μὲν τῆν Δυτιν Αιγύπτῳ πρὸς ἄρκτον ἢ Συρία Arabia regio Sunt autem duæ, una *Aromatisfera* inter mare *Perficum* & *Arabicum*, altera occidentalior pertinget ab occefu ad Ægyptum, à feptentrione ad Syriam

Quia verò hæc *Arabia Petræa*, *vetus*, & *citerior*, anguftioribus terminis continetur in comparatione ulterioris, quæ audit *Arabia felix*, & totum illum ingentem terrarum tractum inter utrumque finum *Arabicum* & *Perficum* expanfum comprehendit, inde factum eft, ut prior etiam appelletur *Arabia Minor*, pofterior autem *Arabia Magna*, de qua loquens *Philoftorgius*

ait

ait lib 3 cap 4 τὼ ᵹ χώραν μεγαλίω τε Ἀραβίαν Καλοῦσι ᵹ Εὐδαίμονα ϖρὸς ᵹ Βηλάτων Hanc verò regionem Arabiam Magnam à Græcis vocari

De *Arabia Deserta*, quæ *Ptolemæo* est tertia pars totius Peninsulæ, & à finibus *Petrææ* usque ad *Euphratem*

orientem versus extenditur, à terminis autem *Arabiæ felicis* ad septentrionem usque ad *Syriæ* limites excurrit, nihil est quod dicamus, illa enim in sacris literis sub nomine אֶרֶץ הַקֶּדֶם *Terræ* Hakkedem, i e orientalis, comprehenditur

Sect VIII De vocabulo *Saraceni*, & de ejus antiquitate

MAgna est inter nostræ ætatis doctos viros de hac voce *Saraceni* controversia *Jos Scaliger* Animadversionibus ad *Eusebii* Chronicon notat vetustiores *Ptolemæo* Auctores *Saracenorum* nusquam meminisse cui adstipulatur *Jac Gothofredus* pag 9 in Notis ad ἐξηγηται Anonymi, quem edidit, negans hoc nomen ante *Marci* Imp tempora innotuisse *Ex Ammiano*, inquit, *colligo Marci Imp temporibus Saracenorum nomen primum innotuisse* Quare cum *Ptolemæus* eorum meminerit, hinc apparet eum sub *Antonino Pio* non scripsisse, quod tamen hactenus creditur

E contra verò Cl *Salmasius* in *Plinianis* Exercitationibus pag 344 col 2 initio, *Scaligerum* falli contendit, tum ex adducto loco *Plinii Ptolemæo* vetustioris, qui diserte *Saracenorum* meminit, lib 6, *Etsi*, inquit, *libri habeant* Araceni tum præcipuè ex eo quod, mentio *Saracenorum*, sunt ejus verba, etiam extat apud *Dioscoridem, qui paulo ante Plinii tempora scribebat, nam bdellium dicit lacrimam esse* Δνδρϖ Σαρακηνϖ Quo loco frustra laborant viri docti de corrigenda ea voce, quasi *Dioscoridis* ævo nondum extiterit *Saracenorum nomen, sed falluntur*

His rationibus persuasus *Joannes Harduinus* in prima *Plinii* editione anni 1685 pag 728 Nota 5 exclamat *En quorum nomen ante Marci Imp tempora innotuisse negat Jac Gothofredus* *En quorum mentionem a Ptolemæo primum factam affirmat, quem juniorem idcirco facit quàm vulgo creditur Cum tamen Plinius & Imperatore Marco & Ptolemæo longè vetustior, Saracenorum diserte meminerit* Gothofredus Scaligerum in Notis ad Eusebii Chron secutus est, qui erranti prævit

At verò idem ipse *Harduinus* in secunda *Plinii* Edit an 1723 Tom I p 339 Nota 16 re attentius considerata, & collatis codicibus MSS & Editionibus prioribus, deposito que Jesuitico supercilio in adversatio-

rum sententiam manibus pedibusque descendere coactus fuit, & Palinodiam cantare, adeo ut in *Plinii* textum vocem *Arraceni*, quam antea cum contemptu in Notam rejecerat, post modum cum honore restituerit En ejus verba *Arraceni*] *Saraceni quidem habet Editio Basil anni 1535 & alia eam secuta, sed retinenda vetus lectio, quam exhibent Editiones priores omnes, & Libri manuscripti, atque in his quidem duo è nostris Suellem, Araceni* (Al Arraceni) *Areni oppidum, in quo omnis &c Saracenorum nomen ante Marci Imp tempora innotuisse negat Jac Gothofredus pag 9 in Notis ad ἐξηγηται Anonymi, quam in lucem edidit Nunc verò nomen Saracenorum dicitur esse in Oriente incognitum*

En tibi hominem fatentem reum erroris quem in aliis reprehenderat Nos etiam ad lectionem *Araceni* confirmandam duos *Plinii* codices manuscriptos consuluimus, unum sc in Bibliotheca Collegii *Baliolensis Oxon* in membrana ætatis annorum circiter 300 in quo sic legitur *Non sunt tamen Suelleani anaceni oppidum in quo omnis &c* ubi, quamvis oscitantiam Librarii statim agnoscas, tamen vox *anaceni* (pro *arraceni*) sibilo caret, quod satis est ad propositum Alter autem in Bibliotheca Collegii *Novi* ibid isque vetustior, & etiam in membrana, in quo ita legitur *Nunc sunt tamen suelleni aracen areni oppidum in quo omnis &c* Ubi notandum est quod pro *Arra* in editis, hic in nostris, ut & in *Harduini* codicibus MSS habetur *Arena, vel Arenis*, sed parum interest, modo accipiatur pro nomine oppidi *Arracenorum*

Sed quid fiet de Δνδρϖ Σαρακηνϖ arbore Saracenica *Dioscoridis*? Hunc nodum non solvit *Harduinus* Fatendum igitur *Dioscoridem*, non *Ptolemæum*, primum esse qui mentionem fecerit nominis *Saraceni*, ut rectè Cl *Salmasius* contendit, si modo sit sana vox, de qua infra

Sect IX Quod utraque vox *Arraceni*, & *Saraceni* sit unum idemque nomen

REstituta itaque vera lectione hujus vocis *Plinianæ* disficiendum venit an in *Ptolemæi* Σαρακηνοι similis correctio attentari possit Quæ res non adeo facilis videtur Nulla enim ibi varians lectio in omnibus codicibus manuscriptis observatur, nisi forte quis suspicetur *Ptolemæum* primò scripsisse Αρακηνοι, sine sibilo, vel etiam Αρρακηνοι cum duplici ρ, ut *Plinius*, sed à Librariis præpositum Σ Verum esto, per me licet, ita scripserit ipse *Ptolemæus* Nihilominus contendo utramque scribendi rationem, unum idemque nomen exhibere diversimodè pronunciatum, idque propter duas rationes, quarum

1ª inde petitur quod Σαρακηνοι, *Saraceni* est unum è nominibus in quibus veteres modo sibilum, modo aspirationem præfixerunt, cujus generis sunt ista è multis pauca, referente *Isaaco Casaubono* in Comment ad Strabonem pag 32 col 2 Αλμωδαδος & Σαλμωδαδος, Ανδραικοτos & Σανδραικοτos, ἑξηταπα & Σιξηταπα, Ταρεδητις & Σιαρεδητις, Αρδαιος Σαρδαιος, Αλμαντης Polybio pro Salmantica Hispanorum, Αλμιαδ alii, Hellanico Salmos, Elana urbs *Arabiæ* Selana Dionysio, Astura Plinio, Storas Strabont, Samnita Strabon, Amnita Dionysio, Suessones Cæsari & Strabont viossones Ptolemæo Addamus itaque Casauboni Catalogo Item Σαρακηνοι Ptolemæo, *Arraceni* Plinio Sic-

que non opus erit ad codices manuscriptos recurrere

2ª ratio è nostra observatione depromitur, quod sc comparatione facta, certum sit & *Plinium* & *Ptolemæum* de una eademque gente loqui, quod evincitur tum ex situ quem ambo *Arracenis*, sive *Saracenis* assignant, tum respectu ad alias vicinas gentes urbesque quas nominant Et quidem *Plinius* sic habet *Nunc & reliqua Mediterranea ejus* (Arabiæ felicis) *dicantur Nabatæis Timæneos junxerunt veteres, nunc sunt Tavenis Suelleni, Arraceni Arra oppidum Hemnata, Analita, oppida Domatha, Egra, Thamudeni, oppidum Badanatha* Ptolemæus autem Κατιχηοι ᵹ τὼ μεσογαιον ϖρὸς μ̄ τας οφειτας τας ϖρὸς αρκτυς ως οθιπως ΣΚΗΝΙΤΑΙ, καὶ επι υϖερ αυτυς ΘΑΔΙΤΑΙ [Ρ̅ι ΟΑΔΙΤΑΙ] Μισομ̄Cενστης ᵹ τυτων ΣΑΡΑΚΗΝΟΙ ᵹ ΘΑΜΤΔΗΝΟΙ Tenent autem Mediterranea juxta mont mia quidem, quæ ad septentriones ferè in totum vergunt, ΣCΛΝΙΤΑΙ Præterea super ipsos *THADITÆ* [Ρ̅ι OADITA] Magis autem australes sunt eis *SARACENI, & THAMIDENI*

Ubi vides *Arracenos* sive *Saracenos*, ab utroque in mediterraneis juxta *Thamudenos*, collocari Arra etiam oppidum *Arracenorum* Plinio, eadem est quæ *Ptolemæo* in urbium serie, Αρρα χα'μη, *Arræ* vicus, cujus longitud 7⅓ grad 30 min & latit 26 gr 10 min Atque ab hoc

Q

hoc oppido *Arra*, sine præposito sibilo, populi nominati sunt *Arraceni*, etiam sine sibilo, quæ est vox genuina & primaria, ut probavimus *Egra* quoque ab utroque memoratur in illis partibus Sed de *Arra* ulterius disquiramus

Strabo lib 16 pag 781 *Ælius Galli* Expeditionem in *Arabiam* describens, postquam dixit hunc Imperatorem cum exercitu in *Aretæ* terram, (cujus regni metropolis erat *Petra*,) primum venisse, sic pergit Τεσάρακοντα γοῦν μυριαδας ἐπελθών αντιλῳ ζειδας, ἡ φοινικος ολιγας παρέχουσας, ἡ βότυργον αντ ιλαίω διὰ τὰς αποιδας ἡ ἡ ἑξῆς ιλῃ ἐπιοις, Νομαδων ἱω, ἔρημος τὰ πολλὰ ὡς αληθῶς, εκαλεῖτο ἡ ΑΡΑΘΗΝΗ βασιλεως δ ἱω Σάβος ἡ ταντλω αποιδιας δύνλκς καταρμβέας ἡμέρας πυντικατα μέχρι πολεως ΝΕΓΡΑΝΩΝ, ἡ χώρας ειρηνικης τι ἡ αγαδῆς *Eam itaque diebus XXX permeavit per loca invia, spelta, & palmulis non multis, & butyro pro oleo usus Quam vero deinceps adibat*, Nomadum erat, & revera magna ex parte deserta La ARARENA dicebatur Rex erat Sabus *Eam peragravit diebus L consumptis per invia itinera, usque ad urbem NEGRANORUM & pacatam & fertilem regionem*

Ararene hic apud *Strabonem* est ipsa regio ἄγγης κλιμις Ptolemæi, & oppidi *Arra* Plinii, seu *Areni*, vel *Arenii*, vel *Arreni*, tot enim modis scribitur Nominum convenientia, positio, situs, distantia denique tum à *Petra*, quæ est XXX die cim itineris exercitûs, tum ab urbe *Negranorum*, quæ est L dicim, quæque est *Abu l Fedæ* nostri ‏نجران‎ *Nagran* (de qua v supra pag 41) hæc omni, inquam, id evincunt, & quasi digito demonstrant simulque nos non sinunt dubitare de vera lectione *Pliniana* Nota obiter de voce Νιχρανῶν, quam *Isaac Casaubonus* in margine rejecit, ejusque loco in textu posuit Αχραιῶν, id à viro docto perperàm factum contra fidem codicum MSS ut ipse fatetur in margine *Scripti*, inquit, Νιχραιῶν Lego Αχραιων vide Com sed in Com nihil ea de re Forte erroris puduit Nam *Agras*, sive *Agareni* i sunt per quos jam transierat *Ælius Gallus*, ut mox videbimus in Expeditione *Trajani*, quæ sequitur

Dio Cassius Hist Rom lib 68 pag 785 & ex illo *Xiphilinus* ejus Abbreviator, hoc oppidum *Arra*, sive Άγγα utrique Geographo dictum, adeò munitum & inexpugnabile describunt, ut duo magni *Romanorum* Imperatores cum ingentibus copiis frustra illud obsederint, & quidem prior *Trajanus*, μετὰ ταυτα ες ἡ Αραβιαν (Τόδιαι ποοι διποφυοντι) ἤλδε, ἡ τοις Αχαρηνοις, ὅτοι τῆς Αραβιας εισι αφεικημεσαι, επι χειροντο ἡ και ἐς τὶ μεγαλην τε ευδαμωνι ἡ πόλις η τι πέρις χώρα ἱεωμεν ὅτι μεισον ὅτι και ι΄ ὕδωρ, οτι μη βραχύ τι εν δυσχερι τινι ξίλον, ἡ αχος τι αυτῶν ιτυτων σκλματον τὶ ευχεριαν πιλεν τοιετων, ὥρε τε τἡ ηλι ωῖρα τε ἡ αναλετιμ ειχι ιλ υ γὰρ τὶ Τραϊανω τοτι, ιυ ναο Σεβηρο υστηρον ἱλω, κ ατι τοι ἡ καταιαλεντων μερη τινα τῦ τειχα αντι Inde (Trajaнus à Ctesiphonte) profectus in Arabiam, adoritur Agarenos, qui & ipsi deficerant quorum civitas neque magna est, nec dives finitimaque regio magna ex parte deserta est, quod in ea aqua raro invenitur, atque illa parum salubres, quodque in ea ligni pabulique magna fit penuria ex quo fit, ut ibi magna hominum multitudo diu esse non possit tum vero ardentissimis caloribus, quibus exposti est, defenditur Neque

enim tunc à *Trajano, neque postea à Severo capta fuit, quamvis pars aliqua muri ejus corruisset*

Et quidem *Dio Cassius* hoc loco oppidum non nominat, sed tantum ait esse urbem *Agarenorum* sed in vita *Severi* loquens de ejusdem oppidi secunda obsidione illud appellat *Atra*, quod nomen, unius literæ mutatione, parùm differt ab *Arra*, & Άγγα, forte à librariis ita perperam scriptum Hæc sunt verba *Dionis* lib 75 p 855 in vita *Severi*, uti extant in Excerptis *Xiphilini* αυτος ἡ παλιν ὅπι τὴ Άτγα εσράτευσε *Ille autem secunda vice oppugnavit Atra* Tum post narrationem obsidionis sic concludit pag 856 εικαι δ ἐν ημέρας τῇ πολιορκια εχρονισεν, ις ἡ Παλαεστινην μέλα τετο ἤλδε, ἡ τῇ Πομπηίω εναγισεν ελδών ἡ ἡ ις ἡ Αιγυπτον, πᾶσαν τε ἡ Quum autem tenuisset illam urbem obsessam spatio XX dierum, venit in Palæstinam, ac Pompeio parentavit, inde profectus in Ægyptum, totam regionem vidit

Observandum quod in serie narrationis incolæ urbis vocantur οἱ Άτγηνοι ab urbe *Atra*, sive forsàn Άγγηνοι *Arreni, ab Arra*, si modo ita scripserit *Dio*, ut quidem suspicamur Nationis autem nomen, ut supra vidimus, erat Αχαινοί, quod ab *Agare* matre *Ismaelis* deductum est

Stephanus ita scribit Σάραγα χώρα Άραβιας μέλα τος Ναβαταιος οι οικουῶτι Σαρακηνοι id est, *Saraca, regio est Arabiæ post Nabatæos, cujus incolæ* Saraceni Nullibi, quod sciam, ab ullo Geographo *Saraca*, sive urbs, memoratur in illis partibus septentrionalibus de quibus agitur Bene quidem à *Ptolemæo* ponitur Σάρακα *Saraca* oppidum in Austruliori limite *Arabiæ felicis* sub longit 65 grad 30 min & latit 14 grad 30 min Sed nimium quantum distat, ut inde *Saraceni* nominari possint Sed si *Jakûtum Arabem* Geographum consulamus forte à nobis lucem fœnerabitur, ubi ait ‏الارخ‎ ‏دعج اولا وقدامه والاحا معجمة فردة ف احا احن حملي طى لسى رهم‎ *'Al-Arakh,* [cum Fatahh prima & secunda, & Khâ punctato] *oppidum in* (monte) *Agja, qui est unus è duobus montibus* Tai, *sive* Taitarum Ab hoc oppido *Al-Arakh* melius deducerentur *Arraceni* Plinii, quam ab *Arra* ejusdem, & si præponamus sibilum, fiet Σάρακα Stephani Quoad situm istius oppidi, ex nomine *Tai*, sive *Taitarum*, celebris apud *Arabas* Tribûs, patet illud in regione *Agarenorum*, seu *Saracenorum* deberi collocari, siquidem *Taia* iidem sunt, procul dubio, cum *Taveni* Plinii, de quibus *Bardesanes* apud *Euseb* lib 6 Præpar p 277 Ταινοὶ, Σαρακηνοι, &c ubi *Harduinus* in Parenthesi, (forte pro Τανινοὶ,) ut sic magis conveniat cum *Plinii* voce *Taveni*, sed nihil mutandum arbitror, Ταινοι enim propius accedit ad nor en Arabicum *Tai*

Habemus itaque duas voces, nempe *Arracenos* Plinii, & *Saracenos* Ptolemæi, ita inter se conciliatas & in concordiam revocatas, ut unam eandemque gentem indigitent Habemus etiam veram utriusque derivationem Adeò autem prævaluerat hactenus lectio *Ptolemæi*, ut absque authoritâ codicum MSS *Plinii*, & priorum ejus editionum, lectio *Pliniana*, quæ tantam lucem nobis affudit, prorsus intercidisset, ac ex hominum memoria penitus fuisset abolita

Sect X De Etymo & Originatione Vocis *Saracení*

EX iis quæ in præcedente Sectione de diversa hujus nominis pronunciatione diximus, superfluum videtur variis à doctis viris propositas originationes id examen revocare Quia verò duæ ex illis præsertim magnos habent Patronos, operæ pretium est eas in medium afferre, ut melius judicent eruditi, qua parte in hac controversia standum sit

Tres sunt potissimum ea de voce Sententiæ, quæ omnes in hoc nomine, *Saraceni*, sibilum, sive literam S, esse radicalem, & ad essentiam vocis pertinere supponunt Nemo enim hactenus ambiguitatem ejus pronunciationis observavit

Prima itaque est *Græcorum*, quam *Joannes Damascenus* in Tractatu περὶ Αιρέσεων *De Hæresibus*, apud *Cotelerium* libro *De Monumentis Ecclesiæ Græcæ*, pag 326 sic explicat Εςι δ ἡ ἡ μεχρι τῦ νυν κρατῦια λαολλάνοι Θρησκεια τῶν Ισμαηλιτῶν Σαρακηνος (in margine, al Σαξρακηνοι) δαντες καλῦμοι, ως ἐκ τ σαξρα κενὸι Άγα το γραξας απο δ Άγα το γαν γιλης Σάξρα κενλω μι απελων *Est porro, adhucque obtinet Ismaelitarum Religio populorum Seductiu* Saracenos (al Saracenos) *verò eosdem vocant, quasi ex Sara vacenos, quod ab Agare dictum fuerit Angelo* Sara *vacuam me dimisit* Traditur idem Commentum in *Niceta Choniate* MS

MS Bibliothecæ *Colbert* *Euthymii* Panoplia, & *Sara-*
cenicis Sylburgii, & apud *Cedrenum* ex *Georgio Syncello*
Porrò cùm hæc verba *Agaræ* non legantur in divinis
Scripturis, restat ut efficta fuerint, ut cum *Cotelerio*
loquar

Hæc insulsa opinio jam inoleverat tempore *Hierony-*
mi, qui Comment *Ezech* lib 8 cap 25 scribit Agareni, qui nunc *Saraceni* appellantur falsò sibi assumunt nomen *Saræ*, ut de ingenua & domina videantur esse generati
Et Comment in *Esaiam* lib 5 c 21 asserit *Agarenos*
perverso nomine Saracenos vocari Scilicet isti *Agareni*,
cum se audirent ita vocari ab exteris, id sibi assumen-
tes honori vertebant, quamvis hoc nomen, & talem
ejus derivationem antea prorsùs ignorarent, ut etiam
nunc hodie ignorant Imò *Arabes Agarem* matrem
suam esse palàm profitentur, teste *Iakuto* Geographo
ad vocem العرب امّ *Ommo l-Arab*, i e Mater *Arabum*
وقد كانت امام العرما من ارض مصر. مبها كانت
هاجر امّ اسمعيل ابله علها *Frat* (olim hujus
nominis) *oppidum ex adverso* (urbis) 'Al-Farma *è terra*
Mesr (Ægypti) *unde oriunda fuit Hagiar mater Ismae-*
lis, cui Deus benedicat Meritò itaque refellitur ista deri-
vatio a *Jos Scaligero*, aliisque, sed præsertim à *Fulle-*
ro in Miscellaneis factis, cap 12 quem videsis

Secunda sententia est ejusdem *Scaligeri*, & ex eo
præcipuè laudati *Fulleri* loco citato, ubi doctis & plau-
sibilibus argumentis contendit nomen *Saracenorum* de-
duci ab *Arabico* سرق *Saraca*, i e *Furatus est*, ut pote
qui, exemplo patris *Ismaelis*, rapto & latrociniis vitam agebant Rationes ejus vide apud ipsum Auctorem l c

Tertia demum sententia est summi viri, & in *Ara-*
bicis longe peritissimi, *Edw Pocockii* in No 15 ad Specimen *Hist Arab* pag 33 ubi de *Saracenis* disserens,
priores hujus vocis derivationes sic confutat *At cur*
qui olim Arabes, posteà Saraceni dicti sunt, nondum in iis,
quæ a nostris edita sunt, reperio quod inquirenti satisfaciat
Explosâ est meritò eorum sententia, qui a *Sara* nomen tra-
xisse autumant, & passim jam obtinuit, ut a سرق *Sarak*,
quod furari denotat, appellati existimentur, voce quâ genus
hominum ferox & ἄρπαξ indigitet At à quibus hoc nomen illis inditum? Non ab ipsis, qui famæ suæ pepercissent
sin ab aliis, suâ potiùs linguâ, quam Arabum, quibus hoc
ad opprobrium sonat, locuturos fuisse credibile est Deinde
viderint eruditi an a سرق *Sarak*, quod clam furari significat, nomen, quo publici latrocinii infames designentur,
commode petatur

Hac ita præmissâ brevi quidem, sed doctâ ac nervo-
sâ priorum sententiarum confutatione, suam deinde
sententiam implet, non sine confidentiâ, speque victoriæ elatus, quasi ex Tripode loquens, aliàs homo
modestissimus, depromit his verbis *Me, si quis inda-*
gandis Saracenis, ducem sequetur, ad orientem faciem con-
vertat Quid enim aliud sonat *Saracenus*, & *Saraceni*,
quam شرقى *Sharkion*, & in plurali سرقون ,شرقون
i e الشرق اهل *Ahlo l Shark*, *Orientis* incolas, *Ori-*
entales?

Argumenta quibus assertionem suam probare niti-
tur hæc sunt, ad quorum singula pro nostro modulo
respondebimus

1° *Orientales habiti olim Arabes fuerunt, Judæis præ-*
sertim, Quorum Terræ finesque (inquit *Tacitus*) qua
ad *Orientem vergunt, Arabia terminatur*

Resp Nihil novi profert vir doctus ex *Tacito*, siquidem non solì *Arabes* ratione situs, respectu *Judæorum*,
dicendi sunt *Orientales*, sed etiam alii omnes populi,
ad *Orientem Judæa* positi, ut puta *Chaldæa, Persa, Indi,*
Sinæ, eodem sensu audiunt *Orientales*, nisi quod *Arabes*
propiores sunt *Judæis*

2° Ita *Yocktanis posteros*, qui *Arabes*, ad Orientem
collocat S Scriptura, Gen X 30

Resp Neque hoc quicquam probat quod peculiare
sit *Arabibus*, quin de aliis etiam dicatur

3° *Perhibetur sapientia Salomonis major quam sapien-*
tia קדם בני כל *omnium Orientalium* اهل i e
الشرق *Sharacenorum*

Resp Quid de hoc Argumento sentiamus supra pag
57 declaravimus

4° *Nonnosus* (apud *Photium*) legatione se functum
scribit ad *Æthiopes, Homeritas*, atque *Saracenos* και καὶ
ἄλλα ἀποικία ἔθνη. *Saraceni ergo inter orientis gentes, imo*
non aliam ob rationem Saraceni quàm quòd ad orientem

Resp. *Nonnosus* non solos *Saracenos* inter nationes
orientales, sed etiam *Æthiopas Homeritas* aliosque nominat, æquè orientales ac *Saracenos* Quare istud ob aliam
rationem *Saraceni* vocati sunt, ut pluribus in Sect præ-
ced demonstravimus

5° *Nec alias se ipsi Saraceni meliùs distinxerint ab illis*
quos ipsi vulgo Magrebinos, i e *Occidentales nuncu-*
pant, Mauritaniæ, sci' *incolas*, ut illi 'Al Mogrebini se
المغاربة 'Al Magarabæ, *ita qui Arabiam incolunt* سكانى
Masharacæ & Saraceni meritò audiunt, nomine non à vitæ
instituto, sed à situ imposito

Resp *Magrebini illi*, i e *Occidentales, Mauritaniæ*
incolæ, non i a in nncupantur respectu incolarum *Ara-*
viæ, sed respectu *Ægypti* ad cujus occasum siti sunt
Quod en m *Mauritania* vocetur *Al Magreb*, rationem
reddit *Abu l-Fedah* noster initio ejus Descriptionis,
Regio Al Magreb, inquit, مصر ديار مصاف وي
العرب سى ديار *ut pote quæ Provinciæ Mesr* (Ægypti)
a plag i *Occidentali contermina sit* Ubi nihil de *Arabia*
Masharaca autem, i e *Orientales*, non *Saraceni*, sed interpretatur vir doctus, est appellatio communis omnibus orientis incolis, æquè ac *Arabibus*

6° *Ut & Librum inter celebres alius Philosophi* 'Avicennæ *præcipuos*, cui titulus المشرقية الفلسفة 'Al-Felsa-
piato l Mashrekiah, *Philosophiam Saracenicam recte*
inscripseris, non quod *Barbara*, sed quod *Orientalis*

Resp Mirum sanè virum doctum in suæ sententiæ
probationem allegare titulum libri *Avicennæ*, in quo iste
Philosophus non loquitur, nisi de Philosophia *Indorum*
& *Brachmanorum*, aliorumque Orientalium quibus ipse
erat vicinus, cùm natus esset *Bokhara* in *Transoxana* e
an *Hegiræ* 370 *Christi* 980 & diem extremum clau-
serit *Hamadani* in *Perside* an *Heg* 428 *Christi* 1036
ac proinde nusquam in nostrorum *Arabum*, vel si placet,
quod pejus est, *Saracenorum*, hominum verè barbaro-
rum, & omnis human tatis expertium, Philosophiam
inquisiverit, qui præterea eidem *Avicennæ*, hunc librum scribenti, erant, ratione situs, occidentales

Denique unum tantummodo suis argumentis quod
objici posse existimat, proponit, & uno verbo simul
resolvit Quòd, inquit, *Arabum litera* ش *per Græco-*
rum Σ *efferatur, nullum hic scrupulum injicere debet, cum*
non aliter Hebræorum ש *exprimere soleant*

Rectè omninò, non modo enim non aliter solent
Græci Hebræorum ש & *Arabum* ش per suum Σ efferre,
imò non aliter possunt, instar *Cananæorum*, qui non po-
terant pronunciare primam literam in voce שבלת
Shibbolet, neque habent elementum, quo istum Sibilum exprimant

Sed longè major subit scrupulus, quòd scilicet vir
tantæ eruditionis, & lectionis nullum producat exemplum vel ex Historicis, vel Poetis, Geographis, aut Lexicis, unde probetur *Arabas* appellativo, proprioque
& distinctivo nomine usquam vocatos fuisse, شرقيون
Sharkiun, orientales Nomen illud igitur est generale,
& commune, non speciale & singulare id *Arabas* potiùs quam ad alias nationes ad orientem positas pei-
tinens

Magnum itaque *Pocockium*, hoc loco, priores sen-
tentias refellendo longè feliciorem fuisse quàm suam
Hypothesim astruendo & defendendo, fitendum est

Sect. XI. De regione *Saracenæ* in *Arabia Petræa*, & hujus nominis Etymo

Jam verò, quid fiet de regione illa Σαρακηνή *Saracene* quam idem *Ptolemæus* in *Arabia Petræa* collocat his verbis Παρὰ ἢ ἡ̔ Ἐρημαίαν Ἀραβίας ὅλι τὸ λοιπὸν ἡ γραμμῆς Διατείνει ἢ ἐν τῆ χώρᾳ ὄρη τὰ καλεύμενα Μέλανα ὑπὸ τῷ χθ Φαρὰν μύχη ὡς ὅτι ἡ Ἰουδαίαν Καὶ ἀπὸ μὲν δύσεως ὁ μερῶν τούτων ὕψη ἡ Αἰγύπτω ἥ τι ΣΑΡΑΚΗΝΗ παρήκει. Καὶ ὑπ αὐτὴν ΜΟΤΝΥΧΙΑΤΙΣ Τῷ ἡ αὐτῷ τῷ κόλπῳ εἰσὶ οἱ ΦΑΡΑΝΙΤΑΙ Παρὰ ἢ ἡ ὀρεινὴν τῆς *F. deuconos* Ἀραβίας οἱ ΡΑΙΘΗΝΟΙ *Juxta autem Deserta Arabiæ supra reliquam lineam tendit* Protenduntur in regione montes qui *Melanes* vel *Nigri* appellantur, à sinu qui juxta *Pharan* est quasi ad Judæam Et regio ab occasu quidem horum montium ad Ægyptum SARACENE adjacet Et sub ipsa ad sinum sunt Pharanitæ *Juxta autem montana* Felicis Arabiæ Raitheni Ex hac descriptione regionis *Saracenes* istius, & situ quem *Ptolemæus* ei assignat ab occasu montium Μελάνων, i.e. *Nigrorum* in *Arabia Petræa*, patet illam à gente *Saracenorum*, quorum sedes erat in *Arabia felici* septentrionali plaga in mediterraneis ad ortum *Modiana*, sive *Madiam*, & vicina genti *Thamydenorum*, magna intervallo distitam fuisse, ac proinde diversam

Hæc igitur *Saracene Arabiæ Petræa* regio, nihil habet commune cum *Arabiæ felicis Saracenis* præter nominis similitudinem, quæ viris eruditis occasionem præbuerit utramque & gentem & regionem in unam fine ratione confundendi Haud dubium autem quin hæc vox *Saracene* apud *Ptolemæum* eandem fuerit scriptionis ambiguitatem, perinde ac *Saracens* apud eundem, ut ostendimus Existimo itaque hîc pro *Saracene* legendum quoque *Aracene* sine sibilo, disparitamen ratione quoad originationem *Arracens* enim *Plinii*, ut vidimus, sunt ab *Arra* oppido, sed nostra *Aracene* à nomine loci alterius derivanda est, de quo jam inquiramus operæ pretium est

El *Josephus* Antiq lib 4 cap 4 locum quem quærimus ultro nobis indicat, offertque his verbis Ἄγαγε ἢ δύναμιν διὰ ἡ̓ ἐρημίαν καὶ ἡ̓ ἀραβίας εἰσόδον ἐς εἰς χωρίον ἡ μητρόπολιν αὐτῶν ἀραβίαν πεποιημένοι, πρότερον μὲν Ἀρκὴν λεγομένην, νῦν δὲ νῦν ὀνομασθεῖσαν ἐπειδὴ ὑπὸ Ἀρέκου ὄψες αὐτῷ ἀναβὰς κἀκεῖ ἐν αὐτῷ *Deduxit* (Moyses) *exercitum per Desertum, & per Arabiam cumque veniffet in agrum urbis Arabum Metropoleos, quæ olim Arce, nunc Petia nominatur Hoc loco montem excelsum, quo ager clauditur, Aaron conscendit* Unde manifeste patet, quod quemadmodum posterioribus temporibus *Arabia Petræa*, quam nos *Arabiam* occidentalem appellavimus, nomen sortita est ab urbe *Petra* ejus Metropoli, ita eadem antiquitus ab *Arabibus*, vocabatur Ἀρκὴν *Arcene*, vel, ut forte scripserat, *Ptolemæus*, Ἀρακὴν *Aracene*, interposito σ, ad vitandum concursum duarum consonantium, tum deinde præposito Sibilo Σ, facta fuit vox *Saracene* Atque hanc veram istius nominis originationem esse eo firmius arbitramur, quod *Arabs*, abolito *Petra* nomine, quod iis prorsus incognitum est, antiquam suam appellationem, qualem *Josephus* exhibuit, etiam nunc hodie retinent, in cujus probationem adscribemus locum insignem ex *Al Makrisio* Auctore celeberrimo Historiæ *Ægypti*, è duo codicibus MSS Biblioth *Bodleiana*, quorum unus extat inter Pocockianos num 394 pag 193 alter inter Codd *Narcisi Marsh*, num 149 pag 265 verba ejus hæc sunt

ذكر مدينة رقة

هذه المدينة من جملة مدائن مدين وهما بين
بحر القلزم وجبل الطور ضان دها عند ما خرج
موسى عليه السلام دى الله بنى اسرائيل من مصر
وهم من لحم ال دردون بعديس العمر. واماهم عما

"De Urbe Rakkah

" Hæc Urbs fuit è numero urbium ditionis *Madianitarum*, sita inter mare 'Al-Kolzom, (sive Rubrum,) " & montem 'Al Tûr, (sive Sinai) In hac urbe, quo " tempore *Musâ* (Moses,) cui pax, Propheta Dei, filios " Israelis ex *Ægypto* educebat, erat populus è Tribu " *Lakhm* oriundus', Pharaoni confœderatus Isti bo- " vem colebant Atque hos innuit Deus excelsus his " verbis (Al-Korani Sur VII v 138) *Et transire fe-* " *cimus filios Israelis mare, & venerunt ad populum, qui* " *Idolis suis erat addictus* Huc usque versus

" *Dicit Kottada Iste populus erat è Lakhmanidis* " oriundus, tuncque in Al-Rakkah sedes fixerant Aiunt " Idola eorum fuisse in similitudine Bovis, atque inde esse " quòd Al-Sâmeri eis (Israelitis) vitulum conflavit (Al- " Korani Sur XX v 84 ubi *Maraccius* pro *Sâmeri* in- " eptè reddit *Samarita*)

" Istius urbis ('Al Rakkah) usque in hodiernum diem " remanent rudera, at verò urbium *Phâran*, & *Madian*, " & *Ailah*, nihil superest

" Per illam (Al-Rakkah) Peregrini Meccam trans- " eunt

Quin hæc urbs, cujus vulgaris pronunciatio apud *Arabes* est *Arrakeh*, ut *Josephi* 'Ἀρκὴ non sinunt dubitare tum similitudine nominis, tum ratio situs prope montem *Sinai*, in vicinia urbis 'Ailah, à qua distabat, testibus *Eusebio* & *Hieronymo*, decem milliaria, tum quod montibus ager illius erat clausus, tum denique ex utriusque narratione quam habent de *Mose* ad illam exercitum *Israelitarum*, post emensum Desertum, deducente Quibuscum etiam, quoad situm inter montes, *Strabo* lib XVI pag 779 ante finem, mirè consentit, hanc urbem ita describens Μητρόπολις ὴ ἡ̓ Ναβαταίων ἔστιν ὴ Πέτρα καλεομένην κεῖται γὰρ ὅτι χωρίον ἡ ἄλλα ὁμαλῷ καὶ ἐπίπεδῳ φρωρμένῳ, τὰ ἡ̓ ἐκτὸς κρημνοῦ ἀποτόμου, τὰ ἡ̓ ἐντὸς πηγὰς ἀφθόνως ἔχοντες εἴς τε ὑδρείαν καὶ κηπείας Nabatæorum *Metropolis est ea, quæ Petra nominatur In loco alioquin æquabili & plano jacet* In circuitu verò extrorsum rupibus ad præcipitius munito, introrsum fontes & ad hortos & aquationem uberrimos habente

Antiquissimum adhuc nomen *Petræ* tradit idem *Josephus* Antiq lib IV cap 7 fuisse Ἀρεκήμη, his verbis Παρὰ τὴν ἡ̓ Φαραὼμ, ἣ πόλις ἐπώνυμος τὸ τῶν ἀξίωμα ἡ̓ Ἀράβων ἐγένετο γῆς, καὶ μέχρι τινῶν ὑπὸ παντὸς τοῦ Ἀραβίου τὴ κτίσει βασιλέως ὀνόματι Ἀρεκήμη καλοῦντι, Πέτρα παρ Ἕλλησι λεγομένη Quintus verò Recemus, cui cognomini urbs in terra Arabiæ primas obtinet, ac etiamnum ab omnibus de nomine regis Arabici, qui eam condidit, *Areceme* vocatur In circuitu verò extrorsum rupibus, Græcis *Petra* dicta Nomen istius Regis in S Scriptura Num XXI 8 erat רקם *Rekem*, à quo urbs ab eo condita dicta fuit *Josepho* Ρικήμη, ut scribitur, adnotante viro cl *Hudsono*, in *Vaticano* codice, vel ut in vulgatis exemplaribus præfixo articulo Ἀρικήμη, & deinde per apocopen 'Ἀρκήμη ut mox loco citato vidimus, quæ etiam רקם *Rakâm* dicitur *Arabi* Interpreti Judic VI 3 & 33

Inter varia nomina recentia hujus urbis, quæ referunt

runt noſtri Geographi, & viatores, qualia ſunt apud *Ortelium* & *Bertium*, videlicet *Baraah, Bengaucal, Arach, Herach*, &c nullum invenio quod propius accedat ad *Al-Rakkah Macriſi*, quam iſtud *Rathalala*, ut ſcribit *Sandys Itinerarii ſui lib* 2 p 108 Ita videtur audiiſſe quod *Arabes* indigenæ pronunciabant ربح (رقاط) *Rakat 'Al-'Aſlah*, i e *Rakah* urbis vicina τῇ *Aſlah*, quæ duo loca ab invicem diſtant decem tantum milliaribus Sic autem hanc denominari exiſtimo ad diſtinctionem alterius *'Al-Rakkah* ad *Euphratem* ſitæ in *Meſopotamia*, tum tertii loci etiam *Rakkah*, qui eſt fons prope *Tharſum* in *Cilicia*, juxta quem ultimum diem clauſit *'Al-Mamun Khaliſah*, poſtquam ex illo fonte, cujus aqua erat frigidiſſima, bibiſſet

Relandus Paleſtinæ ſuæ lib 3 de urbibus & vicis *Paleſtinæ* p 933 loquens de *Petra Nomen hodiernum*, inquit, *hujus urbis* حجر (*Hheg r*,) *& vetus* Ἄγρα, *unde* Ἀγραῖοι & Ἀγραῖοι *dicuntur, teſte Stephano ad vocem* Ἀγραῖοι *atque unde nomen Hagarenorum dimanavit* Fallitur vir doctus, quamvis enim *Hheg r* ſignificet *petram*, *lapidem*, tamen nullibi video noſtram *Petram* ita vocari apud recentiores, neque apud ipſos *Arabes*, neque *Hheg'r* eſt nomen recens & hodiernum, ſed vetus & antiquiſſimum, ut pote quod memoratur *Plinio* lib 6 cap 28 ubi ſcribitur *Egra*, jungiturque cum *Domada* in vicinia *Arræ* oppidi *Arracenorum*, ac proinde in *Arabia felice*, eaque certè eſt *'Al-Hheg r* in provincia *'Al-Hhegjâz*, *Abu'l-Feda* noſtri, omniumque aliorum Geographiorum *Arabum*, cujus deſcriptionem v ſupra p 34 num VII ubi dicitur inter montes ſita, quorum nomen eſt *'Al-'Athâleb*, i e *lapidum fragmenta*, unde procul dubio

urbi nomen *'Al-Hheg'r*, i e *Petra* Atque inde natus *Relandi* error, nam inter utramque *Petram* ſunt pluſquam 100 milliaria. Neque eſt vetus Ἄγρα, ut ex *Stephano* affirmat Et quidem hanc *Agram Stephanus* ponit juxta *Elaniticum* ſinum, ſatis confuſè, ſed non dicit eſſe *Petræ* alterum nomen, imo eſt ipſa *Egra* levi mutatione facta τῆ A pro E Quod porrò addit *Hagarenorum* nomen ab Ἀγραῖοις dimanaviſſe, ita falſum eſt, ut contrarium probare non ſit neceſſe, ſunt enim ab *Hagare* matre *Iſmaelis*

Quoad nomen δένδρα Σαρακηνῆ Arboris *Saracena*, quod Cl *Salmaſius* è *Dioſcoride* profert ad probandum hunc *Medicum* ante *Ptolemæum* vocis *Saraceni* mentionem feciſſe, dicimus hic quoque abeſſe debere Σ à principio, & legendum Ἀγακηνοῦ *Aracena* à nomine Ἄρκην ſive Ἄρκημις, quam urbem deinceps *Græci* appellarunt Πήγραν, & *Romani Hadrianam*, *Dioſcorides* enim paulo poſt addit, bdellium ſeu lacrimam iſtius arboris ἀπὸ τῆ Πέτρας φέρεσθ᾽ a *Petra deferri*

Quæ cum ita ſint, nomen iſtud ſpurium *Saracenorum*, ſive in malam partem acceptum, quatenus ferum & λῃστρικὸν genus hominum, & prædatores ſignificat, quodque tanto terrori hactenus fu t orbi Chriſtiano, ſive *Sharacenorum* in magis honorificum ſenſum, nempe *Orientalium* à *Pocockio* emollitum, prorſus ex hominum memoria delendum, aut, ut ita loquar, exſibilandum, i e rejecto Sibilo, cenſeo judicoque Atque tunc non univerſa *Arabum* nationi, ſed alicui dumtaxat genti, vel regioni erum utrumque nomen, & *Aracenis*, & *Aracenes*, unum in *Arabia* felice, alterum in *Arabia Petræa*, rectè tribuetur

---

Πάρεργον ad pag 41 nota 4

Probatio quam ex Hiſtoria *Al-Macini* loco citato attulimus pro aſſerenda manifeſtatione Dynaſtiæ *Fatemitarum* facta in urbe *Africæ Segelmeſſa*, non verò in oppido *Arabiæ* felicis *Adan La ah*, uti in verſione ſua reddiderunt *J Gravius*, & *D La Roque*, mirè confirmatur è Nummo *Africano* aureo rariſſimo, quem nobiſ-

cum benignè nuper communicavit vir cl *Franc Wiſe* e Bibliothecæ Bodl *Gazæ Nummariæ* Κειμηλιαρχίας, cujus eſt cuſtos, quique, ut eſt in omni antiquitate verſatiſſimus, ejuſdem Catalogum ampliſſimum, qui nunc ſub prælo ſudat, prope diem ſummo Reip Literariæ bono in lucem emiſſurus eſt

بسم الله الرحمن الرحيم . عبد الله الامام ادو
القاسم محمد المؤتمن بالله امير المومنين .
القايم بامر الله لدن بن رحمن موسى دالرحيم احمل
السبب .

In facie averſâ

ادن الامام دين عبد الله محمد الشهيم
المهدي ادن الامام العامم بامر الله السرف
المسمى .
ضرب بحصن سحلماسه حامها الله عام اربع
وثلثمه .

In hac quoque Inſcriptione obſervanda eſt inſignis primi iſtius ſpuriorum *Fatemitarum* Dynaſtiæ fundatoris vafrities & calliditas, in eo quod non modo magnificos & venerandos ſibi aſſumit, urrogatque titulos *Emàm*; & *Mahadi*, (ſeu potius *Mahdi*,) i e Antiſtitis ſummi & Directoris ſupremi Religionis, ſed etiam, quo majorem fraudem faciat, prænomen ſuum, quod prius fuerat الله عبد *Obaido'llah*, i e *Servulus Dei*, diminutivè ſcilicet, uti ab omnibus Hiſtoricis, & à noſtro *Abu'l-Fedah* imprimis, vocatur infra, ubi de urbe *Mahdiah*, num CII ille in ipſum primitivum الله عبد *Mahdi*,

"In nomine Dei Miſericordis, Miſeratoris *Abdo llah* "*'Al-'Emàm* (i e Antiſtes ſummus,) *Abu l Kaſem Moh-* "*hammed*, ſecurus in Deo, Imperator fidelium

"*'Al Kaiem Be- Amri'llah*, lenis moribus, miſericors, "educatus, ſicut Princeps populi, pulcherrimus ætatis

In facie averſâ

"Filius τῦ *'Al-'Emàm* (i e Antiſtitis ſummi,) filius "τῦ *Abdo'llah Mohhammedis* ſenioris *'Al-Mahdi* (i e Directoris,) filii Antiſtitis *'Al Kaiem Be-'Amri'llah*, no- "bilis, incolumitatis futuræ præſes

"Cuſus fuit in arce *Segelmeſſa*, quam Deus cuſtodiat, "anno *Hegiræ* trecenteſimo quarto (*Chriſti* 916)

Abdo'llah, i e *Servum Dei*, commutat, quatenus nomini & agnomini falſi Prophetæ *Mohhammedis Abu l Kaſem* præmiſſum majorem ſibi conciliet dignitatem

Quoad illa Auguria ex *Arabiæ* felicis remotiſſimo limite emendicata, vero ſimilius eſt ea diu poſt adveniſſe, ait enim *Abu'l Fedah* hæc pro *Fatemitis Khaliſis* Meſr (Ægypti,) (qui jam *Arabiæ* viciniores erant,) facta fuiſſe, Porrò notatu dignum eſt quod refert *Edriſius* in Libro, qui perperam inſcribitur Geographia *Nubienſis*, p 26 de iſtius regionis incolis, illos nempe eſſe موسوس حجر اهل *celebres in arte magica*

R

DESCRI-

DESCRIPTIO
DIAR MESR (i. e.)
Provinciarum ÆGYPTI.

ذكر

ديار مصر

Finita Provinciarum *Arabum* deſcriptione, ad Provincias *Meſr* (*Ægypti*) deſcribendas ſtylum transferam, illæ enim Peninſulæ *Arabum* à plaga *Tuah*, (ſive deſerti, in quo errarunt, filii *Eſrâiel* (*Iſrael*) finitimæ ſunt

Provinciæ *Meſr* (*Ægypti*) ad occaſum Peninſulæ *Arabum* ſitæ ſunt. Ad auſtrum Provinciarum *Meſr* (*Ægypti*) adjacet regio *Al-Sûdân* (i e Nigritarum,) tam Nubienſium, quarum aliorum Ab iſta plaga advenit *Nilus Meſr* (*Ægypti*,) cujus deſcriptio jam facta eſt in Introductione hujus Libri, quare plura addere hic ſuperſedeo, & decurrit uſque ad duas *Cataractas* ſibi invicem adhærentes in provincia *Al-Saïd*, quarum una prominet ab orientali latere *Nili*, altera vero ab occidentali ripa à monte *Al-Gjanâdel*, quæ eſt ſupra *Oſwan* Eo uſque perveniunt navigia *Al-Nûbah*, quæ ſecundo flumine deſcendunt boream verſùs, & è contra navigia *Meſr* (*Ægypti*,) illuc etiam perveniunt adverſo flumine auſtrum verſus aſcendentia Atque hic eſt mons a quo deſcendit *Nilus Meſr* (*Ægypti*,) ibique ſunt ſaxa ſalebroſa inſtar molarium canum dentium acuta, per quæ navigia tranſire non poſſunt

لما وقع من ذكر ديار العرب انتقل الي ذكر ديار مصر لانها مصاقبة لجزيرة العرب من جهة قبلة بني اسرايل ٠

وديار مصر دفع فى غربى جزيرة العرب وفى حدود ديار مصر بلاد السودان من ' السودية وغيرهم ومن ذلك الجهة ياتي نيل مصر وعن تقدم ذكرها مع ذكر الانهار فى صدر الكتاب واغنى من الاعادة ويمتد ' الحاجران المكتنفان بالصعيد واحدهما شرقى النيل والاحر عربية من الحبادل والحبادل فوق اسوان واليه ينتهي مراكب النوبة فى انحدارها الى الشمال ومراكب مصر تنتهي اليه فى صعودها جنوبا وهو جبل ° تنحدر منه ° نيل مصر وهناك حجارة مصرية لا تتمكن معها عبور المراكب ٠

Deſcriptio Terminorum
Provinciarum Meſr (Ægypti)

Terminus borealis Provinciarum *Meſr* (*Ægypti*) eſt mare *Al-Rûm*, initium ducendo à *Rafahh* pergendo per Tractum *Al-Gjefâr*, ad *Al-Iarama*, ad *Al-Tinah*, ad *Demiât*, ad litus *Raſhid*, ad *Al-Eſcandaraiah*, ad tractum qui inter *Eſcandaraiah* protenditur & inter *Barkah*

Terminus occidentalis incipit ab eo quod inter *Eſcandaraiah* & *Barkah* excurrit ſecundum litus auſtrum verſùs, iter carpendo ad tergum *Al-Wâhât*, ad uſque terminos *Al-Nûbah*

Terminus auſtralis inchoat a terminis *Al-Nûbah* prædictis, in ortum eundo ad *Oſwân*, ad mare *Al-Kolzom*

ذكر حدود

ديار مصر

الحد الشمالي لديار مصر بحر الروم من رفح الي العريش ممتدا على الحفار الي العريما الي الطينة الى دمياط الي ساحل رشيد الي الاسكندرية ابى ما بين الاسكندرية ودروة

والحد العربي ما بين الاسكندرية ودروة على الساحل احذا حذوا الى ظهر الواحات الى حدود النوبة ٠

والحد الجنوبى من حدود النوبة المذكورة احذا مشرقا الي اسوان الي بحر القلزم ٠

---

1 النوبة Al-Nûbiah, *Nubienſium*] Poc 196 Gol 2 Gol Hunt & S 7 omnes habent النوبة Al-Nutib Dubito tamen an ſit vera lectio, nam *Abul Fedâ* non loquitur de Regione ſed de populo, adeo ut النوبة nomen ſumant a maſc نوبى *Nubienſis*, videatur pro ipſa gente *Nubienſium* accipi. Quare noſtri codicis Lectionem retinui 2 الحاجران *duæ Cataractæ*] Codex noſter & Poc 196 habent الحاجران *ſeparationes* minus bene, quia ex Gol Hunt & S 7 veram Lectionem repoſuimus v in Introduct ubi de monte *Gjanâdel* Terminus

والحد الشرقي من بحر القلزم فماله اسوان الي
عيذاب الي القصير الي القلزم الي تيه بنى اسرائيل
ثم يعطف شمالا الي بحر الروم عند رفح حيث
ابتدينا .

ومن بلاد مصر

أَلخُصُوص [بضم الخاء المعجمة وصادين المهملتين
بينهما واو] وهى قرية كبيرة من الصعيد الاوسط
فماله اسيوط وحصوص فى بر الشرق علي نحو شوط
فرس عن النيل .

وكَمُولَا [بفتح القاف ومم مضمومة وواو ولام
الف] وهى بلده بالصعيد الاعلى من بر العرب
كثيرة الساتين ومصب السكر وهى فوق قوص علي
بعض مرحلة .

وَدَشْنَا [بفتح الدال المهملة وسكون الشين وبنون
والف] وهى بلده صغيرة فى بر الشرق من ولاية
قوص علي نحو ثلث مراحل عنها .

ومن بلاد مصر

أَبُوتِط [بهمزه مفتوحة وسكون الباء الموحدة]
قال فى المشترك وهما قريتان احدهما فى كوره
البوصيرية والاخرى فى الاسيوطية والى احدهما
ينسب ابو يعقوب البويطي صاحب الشافعي .

ومن بلاد مصر ايضا

حُلْوَان [بضم الحاء المهملة] وهى قرية فوق مصر
من سرى النيل بينها وبين الفسطاط نحو فرسخين
وهى قرية ذريه .

وحلوان ايضا مدينه فى اخر حد العراق من
جهة الجبل علي ما سنذكرها ان شاء الله تعالي .

ومن بلاد مصر

سَخَا [بفتح السين المهملة والخاء المعجمة] وهى
قرية باسفل ارض مصر. بنسب اليها بعض اهل
العلم .

قال ياقوت فى المشترك ومن بلاد مصر

' أَبْوَان وهو اسم لثلثة مواضع احدها ابوان

Terminus denique orientalis orditur à mari
'*Al-Kolzom* e regione *Ofwân* ad *Aidhâb*, ad
Al-Kofair, ad (Urbem) *Al-Kolzom*, ad *Tiah*
(five Defertum, in quo errarunt) filii *Ifrael*
Inde cum inflexu in feptentrionem ad mare
Al-Rûm (ubi *Mediterraneum*,) ubi eft *Rafahh*,
unde initium fecimus

E (locis) Regionis *Mefr* (*Ægypti*) eft

AL-KHOSUS [cum *Dhamm* fuper *Khâ* puncto, deinde duo *Sâd*, inter quæ eft medium *Wâw*,] eft vicus magnus Provinciæ *Al-
Saïd* mediæ e regione *Ofiût*   *Khofûs* fita eft
in Continente orientali uno ferè equi curfu
à *Nilo*

KAMULA [cum *Fatahh* fuper *Kâf*, deinde
Mim cum *Dhamm*, tum *Wâw*, & *Lâm-Alef*,]
urbs eft in provincia *Al-Saïd* fuperiore à continente occidentali hortis frequentibus culta,
& cannis Sacchari abundans   fita eft fupra *Kûs*
partem aliquam ftationis

DASHNA [cum *Fatahh* fuper *Dâl* puncto
diacritico libero, quiefcente *Shin*, deinde *Nûn*
& *Alef*,] eft urbs parva in continente orientali
Præfecturæ *Kûs* fubdita, ab ea diftans tres circiter ftationes

E locis etiam Regionis *Mefr* (*Ægypti*)

ABWIT [cum *Hamzah* & *Fatahh*, quiefcente
Bâ unico puncto infra notato] Dicit Auctor
libri *Al-Mofhtarec*   Sunt duo vici, quorum
unus eft in territorio *Bûfirenfi*, alter in *Ofiûtenfi*
Ab alterutro ex his duobus denominatur *Abû-
Yakûb Al-Bowaith* focius *Al-Shâfeï*

E locis regionis *Mefr* etiam

HHOLWAN [cum *Dhamm* fuper *Hbâ* puncto diacritico libero,] eft vicus fupra (urbem)
Mefr à latere orientali *Nili*   Inter illum &
inter *Al-Foftât* duæ circiter Parafangæ   Eft
vicus amœnus

Hholwân eft etiam urbs in extremo limite
Al-Erâk, qua fpectat *Al-Gjabal*, ut infra me-
morabimus, fi Deus excelfus voluerit

E locis *Mefr* (*Ægypti*)

SAKHA [cum *Fatahh* fuper *Sin* puncto diacritico libero, deinde *Khâ* punctatum vicus
eft in inferiore parte *Mefr* (*Ægypti*) Ab eo
aliquot viri docti denominantur

Dicit *Yâkût* in libro *Al-Moftarec* E locis
Regionis *Mefr* (*Ægypti*) eft

ABWAN eft nomen trium Locorum 1 *Ab-*

---

1 يعطف *inflectitur*] Ita cum noftro cod Gol Hunt
& S 7   Sed Poc 196 & Grav 2 habent ينعطف in
7 conjug. perinde eft

2 ابوان '*Abwân*] In Lex Geogr *Yakut* hæc tria loci
fic exponuntur ابوان [بالعتح مع السكون والف

[وان]

R 2

wân-*Attah* in territorio *Eshmúnain* 2 *Abwân* in territorio *Al-Bahnaſa* in provincia *Al-Saíd* etiam 3 *Abwân* prope *Demiât*.

Pars illa Regionis ſuperior quæ ab *Al-Foſtât* ſecundum utramque *Nili* ripam extenditur, appellatur *Al-Saíd*, reliqua pars autem ipſi inferior dicitur *Al-Rîf* Longitudo *Al-Saíd* ab *Oſwân* ad *Al-Foſtât*, eſt pluſquam viginti quinque ſtationum, & latitudo ejus fermè ſeſqui diei iter Latitudo autem *Al-Rîf* à finibus *Al-Eſcandaraiah* ad limitem *Al-Hhawf* orientalem, ubi incipit deſertum *Al-Kolzom*, eſt circiter octo ſtationum

Dicit *Ebn Hhawkal* Pars *Nili* borealior infra *Al-Foſtât* vocatur *Al-Hhawf*, auſtralior autem *Al-Rîf* Maxima pagorum & vicorum frequentia *Meſr* (*Ægypti*) in iſtis duobus locis reperitur

Propè *Oſwân* viſitur

MASHHAD (i e *Martyræum*) AL-ROᵈAINI, eſtque Templum magnum ad ripam *Nili*, à latere ejus orientali Situm eſt ad auſtrum *Oſwân* curſûs equi intervallo

SAID *Meſr* (*Ægypti*) [cum *Fatahh* ſuper *Sâd* puncto diacritico liberum,] eſt provincia cujus ſolum in longum porrigitur ferè abſque latitudine, ut pote quod inter duos montes ſecundùm utramque *Nili* ripam coarctatur Ibi ſunt urbes & territoria plurima

Al-Saíd eſt ad auſtrum *Al-Foſtât*, & ab *Al-Foſtât* uſque ad *Oſwân* extenditur

E locis *Saíd Meſr* (*Ægypti*)

TAHHA propè *Oſiut* Ex hoc vico oriundus erat *Al-Tahâwi* Juriſconſultus *Al-Hhaneſi* celeberrimus

In Provinciis *Meſr* (*Ægypti*)

Al-Wâhhât, eſt Regio palmis abundans & aquis è fontibus, qui illic ſunt, decurrentibus irrigua *Al-Wâhhât* undique deſertis inſtar In-

في وسط رمال ومغاور وبينها وبين الصعيد مغارة ثلثة ايام.

وقال في اللباب.

الوَاح [بفتح الالف وسكون اللام وفتح الواو وفي اخرها حاء مهملة] وهي بلدة مشهورة بنواحي مصر مما يلي دريدة طريق المغرب.

وقال ياقوت في المشترك.

واحات [بعبر العـ ولام] قال وفي ثلث كور في عربي صعيد مصر خلف جبل المقتى داره حربان الميل قال ويقال لها واح الاولى وواح الوسطي وواح القصوي واعمرها الاولى وبها ادهار وحمامات سخنة وعبادات وبها ربع وتحمل كثير واهلها اهل مشى في العيش.

ومن كتاب ابن سعيد.

قال وفي سمت اسوان من جهة الشرق طريق الحجاج الي عيذاب وعبرها من المواضي القي يركبون منها الي مكة ومن احدها من اسوان مشرقا وعلي الوصح ثم تلتقي هذه الطريق مع طريق قوص وسميت هذه الطريق بالوصح لخلوها من الجبال المشتبكة التي في طريق القوص.

ومن الادار العربية ديار مصر منارة الاسكندرية وطولها مايه ومادون دراعا بهذا لتهتدي بها المراكب ان بر الاسكندرية منخفض لا علم به ولا جبال وكان بالمنارة مراة من الحديد الصيني دري ومنها مراكب الروم وأحمال عليها النصاري حتى اعدموها في صدر الاسلام في مدة خلافة الوليد بن عبد الملك.

sulæ circumcingitur, sita in medio arenarum & solitudinum Inter eam & *Al-Sa'id* est iter trium dierum

Dicit Auctor libri 'Al-Lobâb·

AL-WAHH [cum *Fatahh* super 'Alef, quiescente *Lâm*, & *Fatahh* super *Wâv*, & in fine *Hhâ* puncto diacritico liberum,] urbs est celebris in Tractibus *Mesr* (Ægypti,) quæ Deserto conterminà est in via *Al-Magreb* (Occidentis)

Dicit Yâkût in libro Al-Moshtarec

WAHHAT [sine (præpositis literis) Alef & Lâm] Sunt, ait ille, tria Territoria ad occasum *Said Mesr* (Ægypti) sita pone montem, qui in adversum cursûs *Nili* porrigitur Hæc tria totidem appellationibus, inquit, distinguuntur, 1. *Wâhh* primum, 2 *Wâhh* medium, 3 *Wâhh* extremum Primum est magis habitatoribus frequens Habet fluvios, & balnea calida, seu thermas, & mira antiquitatis rudera Ibi sunt sativa, & palmeta plurima Incolæ vitam tenui victu & in squalore tolerant

Ex libro Ebn Said

E regione *Oswân*, inquit ille, ab orientali plaga, est via Peregrinorum, qua ad 'Aidhab tendunt, aliosque portus e quibus ad *Maccah* transfretare solent Qui iter carpit ab *Oswân* ortum versùs, viam tenet expeditiorem, deinde hæc via concurrit cum via *Kûs* Appellatur autem via expeditior, quia ab illis montibus est libera, quæ viam *Kûs* implexam & difficilem reddunt

Inter stupenda antiquitatis monumenta Provinciarum *Mesr* (Ægypti) fuit

PHARUS AL-ESCANDARIIAH, cujus altitudo longa erat centum & octoginta cubitorum Eo consilio extructa fuit, ut ejus ope naves dirigerentur, siquidem continens *Al-Escandariiah* adeò humilis est & depressa, ut nullum exhibeat signum, quod procul videri possit, nullique extent montes In *Pharo* eminebat speculum ferri *Sinensis*, per quod naves *Al-Rum* (Græcorum) videbantur Illam dolo malo aggressi *Christiani* sub initiis *Eslamismi* funditus diruerunt tempore *Khalifatus Al-Walid* filii *Abdu l-Malec*

---

1 وهمام & thermas] Cod Hunt habet حمامات Gol. وحمات voces corruptas Poc 196 , quæ vox significat *purgamentum populi, deteriores hominum* Hancque Pocockius in margine interlineari Codicis nostri, qui est ipsius Poc 173 adscripsit ex altero suo codice Poc 196 Sed hanc dictionem in tam ignominiosa significatione huic loco minimè convenire existimo, qui totus est in laudibus istius regionis Quid quod dictio سخنة calidas, quæ sequitur omnino postulat significationem *Thermarum*

2 المواضي *portus*] Ita & S Z cum nostro codice, rectè omnino Est scilicet plurale ن المواضي ا ع *statio navium, portus* Giav 2 & Hunt habent المواضي, Mortuorum, absurdè, & errore manifesto Librariorum, qui duo puncta pro uno posuerunt Gol المواقي

1 ع veniens, et am errore scribentis و pro د Denique codex Poc 196 المواصي ا ع *Deserti, solitudines* Qua Lectio neque huic loco satis aptè conveni

3 يركبون navigare solent] Poc 196 solus præponit negativam لم non, quæ sensum prorsus invertit, quare merito à cæteris non agnoscitur Scilicet quia Librarius scripserat المواصي *Deserta, solitudines*, putavit Auctorem voluisse per ista deserta *non* dari transitum, ac proinda Negativam لم *non* de suo adjecit

4 دراعا *cubitorum*] Addit God ادها وقي *Et illa utique* Desunt cæteris

5 منها *per quod*] Hunt & S Z لها in illo

6 مراكب الروم *naves 'Al-Rûm*] Hæc desunt in nostro codice, sed habent omnes alii, quare supplevimus

AL-Escandariiah eſt Inſula Arenæ inter canalem *Eſcandariiah*, & inter mare ſalſum comprehenſa, in longitudinem dimidiæ ſtationis porrigitur tota vineis & hortis conſita. Solum ejus eſt arenæ mundæ aſpectu pulcherrimæ. Canalis autem *Eſcandariiah* is eſt qui a *Nilo* effoſſus ad illam perducitur, locumque efficit omnium amœniſſimum, anguſto enim alveo decurrens, depreſſaque utrinque ripa hortos fœcundat. De hoc canali ita cecinit *Thâfer Al-Hhadâd.*

(*Ibi*) vitam degis oculo tuo aſpectu jucundam.

    Ibi venit hilaritas cordi tuo ſeſe inſinuans

Eſt locus concinnatus inſtar viridantis ſuperficiei & tabulæ,

    Super quam pinxit manus *Aquilonis* (lineas auræ) refrigerantis

Palmæ quaſi collo cutis molliſſimæ pulcherrimo adornatæ ſunt

    Et *Dactylis* ſuis ut totidem monilibus veſtiuntur

E locis Regionis *Meſr* (Ægypti)

DAMANHUR ad ortum & auſtrum *Al-Eſcandariiah*, eſt Metropolis (regionis dictæ) *Al-Bahirah* (i e maritimæ) Habet canalem a canali *Al-Eſcandariiah* derivatum

Damanhûr [cum *Fatahh* ſuper *Dâl* puncto diacritico liberum, & *Fatahh* ſuper *Mîm*, quieſcente *Nûn*, deinde *Hâ* cum *Dhamm*, tum *Wâw* & *Râ* puncto diacritico liberum] Abeſt ab *Al-Eſcandariiah* una ſtatione. Hæc vocatur *Damanhûr Al-Wahhſhh.* Ab ea denominantur veſtes *Damanhûrienſes*

Damanhûr etiam eſt vicus alter inter *Al-Foſtât* & *Al-Eſcandariiah* dictus *Damanhûr Wahhſhi*

Damanhûr adhuc eſt vicus tertius in Tractu *Al-Kaherah* nomine *Damanhûr Shobra*, & *Damanhûr Al-Shahid*

E locis Regionis *Meſr* (Ægypti,)

FOWWAH [cum *Dhamm* ſuper *Fâ*, & *Taſhdid* ſuper *Wâw*,] eſt oppidum prope *Al-Eſcandariiah* in meditullio Regionis

E locis *Meſr* (Ægypti) celebrioribus in libris antiquis,

AL-FARAMA [per *Fâ* & *Râ* puncto diacritico carente, & *Mîm* cum *Fatahh* deinde *Alef*,] eſt oppidum ad litus maris *Al-Rûm* nunc dirutum prope *Katiah* minus integra dicta

والإسكندرية حزيرة رمل وفي ديمں حليج الاسكندرية وبيں الحر المالح وطولها قدر نصف مرحلة جميعها كروم وبساتين وترابها رمل نطبع حسں المطر وحليج الاسكندرية الذي جادبها مں النبل مں احسں المتنزهات لذة ضيق محصر الحادبيں بالسادبيں وعد بعول ظافر الحداد ٠

وعشبة اهدت لعينك منظرا ٠
حاء السرور ده لعلبك واقدا
روض لمحصر العدار وحدول
نقشت علية يد الشمال مبارذا ٢
والنحل كالعند الحساں قريمت
ولبس مں انمارهم ولايدا ٣٠

وهں بلاد مصر

دمنهور وهي في الشرق والحنوب عں الاسكندرية
وهي قاعدة البحيرة ولها حليج مں حليج الاسكندرية ٠
ودمنهور [بفتح الدال المهملة وفتح المم وسكون النوں ثم هاء مصمومة وراء مهملة] وهي علي مرحلة مں الاسكندرية وهبا تعرف بدمنهور الوحش والبها تسبب الثباب الدمنهورية ٠

ودمنهور ايصا فرية بيں احد بري ديں العسا لط
والاسكندرية تعرف بدمنهور وحشي ٠

ودمنهور ايصا قرية ثالثة مں دواحي القاهرة
وتعرف بدمنهور شبرا ودمنهور الشهبد ٠

وهں بلاد مصر

فوة [بصم الفاء وتشديد الواو] وهي بالعرب مں اسكندرية في وسط البلاں ٠

*وهں امالك ديار مصر المشهوره في الكتب القدمة٠

العربا [دعاء وراء مهملة وهم معلومة ثم العں]
وهي بلدة علي شاطي دحر الروم خراب وهي بالعرب مں قطية علي بعص دوم٠ †

---

1 كانسمیه وvitam] In noſtro codice, & Hunt & Gol male tranſpoſitis literis كانسمیه i e veſpera, quæ ſignificatio huic loco nulla tenus convenit

2 دقشت pinxit] Ita omnes excepto Grav 2 qui habet دعشت omiſſis tribus punctis ſuper م ſcribentis incurit

3 ولبس & veſtiuntur] Eſt ſcilicet tertii fem plur in piſtiva conjugatione verbi لبس induit, veſtivit. Pro hac voce, quam tam in noſtro quam in omnibus aliis codicibus diſerte habetur, Gmil Giiſius, Sam Clericus,

& Henr Wildius in ſuis Apographis ſcripſerunt لبس non eſt. Quæ prava Lectio & ſenſum & elegantiam carminis prorſus corrumpit

* Hinc uſque ad †, deſunt Poc 196 & Grav 2. quia Loca iſta in Tabulas relata ſunt.

4 خراب dirutum] Addit S Z لبس دها ولايالعرب منها نشر ولا مزدبع وفي علي طرف رمل ديار مصر In illo & in vicinia ejus mortalium nullus habitat, neque habet ſativa. Situm eſt in confinio arenarum *Meſr* (Ægypti)

           Dicit

قال ابن حوقل وبها قبر جالينوس .

وعن ابن سعيد عند العريما يقرب بحر الروم من
بحر القلزم حتى يبقى بينهما نحو سبعين ميلا
قال وكان عمرو بن العاص قد اراد ان يحفر ما
بينهما في مكان يعرف الى ذنب التمساح فنهاه
عمر بن الخطاب رضى الله عنه وقال كادت الروم
تقتطف الحجاج .

ومن بلاد مصر

المنصورة قال في المشترك والمنصورة بناها الملك
الكامل بن العادل قباله حوجر عن معترق النيلس
الى دمياط واشمون وهي بين القاهرة ودمياط بناها
في وجه العدو ولما حاصروا الفرنج دمياط قال
والمنصورة اسم لعدة مدن عمراها وهن خربت كلها .

وبما هو بمالة المنصورة بلدة

حوجر وهى عن معترق البيلس نيل اشمون
طماح وهو السرقى منهما ونيل دمياط وهو العربي
وبما بين هذين البيلس حزيرة تقال البشمور

ومن بلاد مصر

الطور وهي مرصد اهل مصر وبها سوق ويصدها
التجار وهى دبر القلزم ودس ادلة وعلى مرحلة من
الطور المذكور .

طور سينا وهو نبر كبير هناك وجبال الطور
داخلة في بحر القلزم حتى يبصرديس الطور وبين
در مصر ابحر وعلى طرف لسان البحر الداخل بين
الطور ودس بلاد مصر مدينة قلزم والسادر من
مصر الى الطور يستدير در على ابحر على القلزم
حتى يصل الى الطور .

ودبر العبوم مخرجه بالعرب من دروت سردبام
وواحد شمال الى البهنسا دم الى الملك معروبة

Ex *Ebn Saïd* Juxta *Al-Farama* mare *Al-Rûm* tam propè accedit verſus mare *Al-Kolzom*, ut inter utrumque relinquatur ſpatium vix ſeptuaginta milliariorum Volebat *Amrû* filius *'Al-As* vallum (ſciſſuram) effodere inter utrumque mare in loco, qui nunc dicitur *Dhanabo l-Tamſâhh* (i e cauda Crocodyli,) ſed abnuit *Omar* filius *Al-Khettâb*, cui Deus ſit propitius, dicendo *Al-Rûm* (Græci) Peregrinos infeſtarent, ſpoliarentque

E locis Regionis *Meſr* (*Ægypti*,)

AL-MANSURAH Dicit Auctor libri *Al-Moſhtarec* Eam extruxit *Al-Malec Al-Camil* filius *Al-Adel* ex adverſo *Gjawgjar*, ibi loci, ubi dividuntur duo *Nili* brachia ad *Demiat* & *Oſhmûn* ſita eſt inter *Al-Kâherah* & *Demiât* In conſpectu hoſtis illam ædificavit, & quo tempore *Al-Frang Demiât* obſeſſione cingebant

Al-Manſûrah, inquit ille, eſt nomen complurium aliarum urbium, quæ omnes dirutæ ſunt
Ex iis locis quæ ſunt ex adverſo *Al-Manſûrah*, eſt oppidum

GJAWGJAR, quod ſitum eſt in loco ubi ſeparant ſe duo *Nili*, videlicet *Nilus Oſhmûn-Tenâg*, isque amborum orientalior, & *Nilus Demiât*, occidentalior Inter hos duos *Nilos* eſt Inſula dicta *Al-Boſhmur*

E locis Regionis *Meſr* (*Ægypti* eſt urbs)

AL-TUR, eaque ſtatio navium incolarum *Meſr* (*Ægypti*) habet plateam, ad eamque adpellunt mercatores Sita eſt inter (urbes, *Al-Kolzom* & *Ailah* Ad unius ſtationis diſtantiamab *Al-Tûr* prædicta (urbe eminet)

Tûr (i e Mons) *Sina*, ubi eſt Monaſterium magnum Montes *Al-Tur* in mare *Al Kolzom* poriguntur, adeo ut inter *Al Tur*, & inter continentem *Meſr* (*Ægypti*) mare intercurrat Ad oram extimam linguæ maris, quæ inter *Al-Tûr*, & inter regionem *Meſr* (*Ægypti*) immittitur, ſita eſt civitas *Al Kolzom* Qui autem à *Meſr* (*Ægypto*) proficiſcitur ad *Al Tur*, neceſſe habet circumire continentem ſecus mare per *Al-Kolzom*, donec ſic ad *Al-Tur* perveniat

Quoad fluvium *Al-Tanum* exitus ejus (e N lo) fit prope *Darwat-Sarabâm*, unde curſum tenet boream verſus id *Al-Bahnaſa* Inde pergit ad

---

1 الى دمياط واشمون [Ho] id Demiât & 'Oſmûn] Horum loco majoris explicationis addit S Z الى دبر واحد انعريبي منهما الى دماط والشروي الى اشمون . quorum occidentale ab ea ('Al Minſurah) ad Demiât, orientale ad 'Oſhmûn tendit

2 اهل مصر incolarum Meſr] In noſtro codice tum اهلها populoſa, quæ videtur vera Lectio ſed pro rem poſuit S Z de ſuo, eamque mulierem, nam revera hic portus ad *Ægyptum* pertinet

3 وهر نبر كبير هناك ماكي ibi eſt Monaſterium magnum] Hæc deſunt in noſtro Habent Po 196 Gray 2 Gol, & S Z

4 في بحر in mare] Hæc deſunt i noſtro Habet Poc 196 Gray 2 & cite i codices

5 دروت سردبام Durwat Sarabâm] In noſtro codice درواط العربان Dhirwat Al-Arian In Po 196 دحروط العربان Dhirwat Al Sarbin In Hunt درواط الصربان Dharwat Al Dhirbin In Gol العربان Dhirwat Al'Arban Tot errores quot variant Lectiones Veram retulimus e Lexico *Takût*, & præcipue Libro Cenſûs Ægypti Et quidem Lexicon habet دروت سردبام [دعلج دم السلون وهكج الواو وانها

urbem dictam *Al-Lâhûn* Inde cum inflexu in occasum ad regionem *Al-Faiûm* allabitur Prope *'Al-Lâhûn* agger extructus est, qui vocatur *Hhegr* (1 e Lapis, five Cataracta) *Al-Lâhûn* Ibi est ampla navium statio, & quando *Nilus* increscit, tunc ex illa statione naves ad *Al-Faiûm* provehuntur

E ditionibus *'Al-Faiûm* est

B u s i r, [cum *Dhamm* super *Bâ* unico puncto infra notatum, quiescente *Wâw*, & *Casr* sub *Sad* puncto diacritico carente, quiescente *Ya* duobus punctis infra notato, tum *Râ* puncto diacritico liberum, prout dicit Auctor libri *Al-Moshtarec*]

"*Busîr*, inquit ille, est nomen plurium loco "rum, quæ omnia in *Mesr* (*Ægypto*) sita sunt *Busîn* autem, quæ est è ditionibus *'Al-Faiûm* appellatur (*Busir*) *Kûridas* Eo loci occisus fuit *Marwân* cognomento *Al-Hhemâr* (1 e *Asinus*) ultimus *Khalif* rum filiorum *Omaiah* Item

Busîn e territorio *Al-Gizah* Item

Busir etiam e territorio *Al-Samanûdiah*, quæ dicitur *Bûser Bâna*, [cum *Fatahh* super *Bâ* unico puncto infra notatum, & *Nûn*] Item

Bûsir etiam oppidum territorii *Bûsh* [cum *Dhamm* super *Bâ* unico puncto infra notatum, quiescente *Hâw*, deinde *Shîn* punctatum] Quæ omnia loca sunt e Provinciis *Mesr* (*Ægypti*)

Lateri *Al-Fostât* à septentrione ejus addita est civitas

A l - K a h e r a h Hanc à fundamentis extruxerunt *Khalifæ Fâtemitæ*, qui quidem in Occidente primo manifestati sunt, deinde *Mesr* (*Ægyptum*) in suam potestatem redegere. Primus ex eis, qui regnum obtinuit in *Mesr* (*Ægypto*), fuit *Al-Moez Maad* filius *Al-Mansûr Ismail* filii *Al-Kaiem* filii *Al-Kâsem Mohammed* filii *Al-Mahdi Obaido llah*, Rex Provinciarum *Mesr* (*Ægypti*) Jacta fuere fundamenta *Al-Kâherah* anno (*Hegiræ*) trecentesimo quinquagesimo nono (De istis *Khalifis Fâtemitis* v. supra pag 41 & 65)

Dicit *Ebn Said* "Quamprimum jacta fuere "fundamenta *Al-Kâherah*, homines illius amo-"re capti sunt, & *Al-Fostât* obliti fastidio ha-"buerunt, qua antea tantopere delectabantur "*Al-Kaherah*, pergit ille, fuerat Hortus per-"tinens ad filios *Thilûn* prope civitatem regiam "ipsorum, quæ dicebatur *Al-Kataie* Appel-lata autem fuit *Kaherah* à fausto omine, seu "victoriæ quam ab adversariis suis reportatura erat *Al-Kaherah* non est locata juxta ripam *Nili*, sed paulo magis ad orientem ejus, *Al-Fostat* autem ipsi margini *Nili* adposita est, ibique exonerantur, & inde solvunt naves Qua

---

باللاهون ثم بنعطف عربا الي دلان العيوم واللاهون سد مسي يعرف بحجر اللاهون وهو درجه عظيمه وانا كان النيل في الزبان كان من هنه العرجه تدخل المراكب الي العيوم ٠

ومن اعمال العيوم

بوصمبر [بصم الباء الموحده وسكون الواو وكسر الصاد المهملة وسكون المثناه التحتية ثم راء مهملة كذا قاله في المشترك] قال

ودوصمبر اسم لعدة مواضع جميعها بمصر ودوصمر التي من اعمال العيوم في قوريدس وبها قتل مروان الحمار اخر خلفا بني اميه ٠

ودوصمبر من الجمره

ودوصمبر ايضا من كورة السمودية وبها لها بوصمبر بانا [بفتح الباء الموحده والنون]

وبوصمبر ايضا بلدة من كورة بوش [بصم الباء الموحده وسكون الواو ثم شين معجمه] جميع ذلك من ديار مصر.

والي جانب الفسطاط من شماليها مدينه

القاهرة احدثها الخلفا الفاطميون الذين ظهرا بالعرب ثم ملكوا مصر وكان اول من ملك منهم بمصر المعز معد بن المنصور اسمعيل بن القايم بن القاسم محمد بن المهدي عبيد الله ملك ديار مصر واحدث القاهرة في سنه تسع وخمسين وثلثمايه ٠

قال ابن سعيد. ولما احدط القاهرة رغب الناس فيها ونسوا الفسطاط وزهدوا فيه بعد شده الاعتناط به وقال وكانت القاهرة بستادا لسي طلطون علي العرب من مدينة ملكهم المعروفه بالقطايع وسميت القاهرة للتفاؤل اي لتقهر من حالف امرها والقاهرة ليست علي سط النيل بل في شرقيه والفسطاط علي حاد النيل وهو ٭٭٭ط واقلاع للمراكب

والما وسمس مهملة وما سوحده ٠٠٠ ٠٠٠٠٠

٠٠٠٠٠٠٠٠٠٠

Fatahh, quiescente (secunda) & *Fatahh* super *Wâw*, deinde *Tâ* cum duobus punctis diacritico liberum, & *Bâ* unico puncto infra notatum] Reliquum Fixionis omittit Locus est hortus & primus fundans, in *Mesr* (*Ægypto*) in proxima *Al Said* In *Cen su* autem *Ægypti* sic scribitur

ترڤوة سرابام

cum vocalibus *Derwah Sarabâm*, ponitque in ditionibus urbe *Manfalût*

الجيزة *Al-Gizah* Gol Hunt & S Z *Al Gîzah*, i. e. Territorio *Al Giziensi*, ubi addit S Z بوصمبر *& vocatur B'sîn 'Al-Sedr* Ita & in *Cens u Ægypti*

Lightning Source UK Ltd.
Milton Keynes UK
UKOW04f2034160217
294589UK00002B/27/P